Inhaltsverzeichnis

psychosozial

Psychosozial-Verlag

Herausgeber: Hellmut Becker†, Dieter Beckmann, Iring Fetscher, Hannes Friedrich, Albrecht Köhl, Annegret Overbeck, Horst-Eberhard Richter, Hans Strotzka†, Ambros Uchtenhagen, Eberhard Ulich, Jürg Willi, Hans-Jürgen Wirth und Jürgen Zimmer.

Redaktion: Dr. Hans-Jürgen Wirth, Friedrichstr. 35, 35392 Gießen, Telefon 0641/77819, Telefax 0641/77742.

Redaktionelle Bearbeitung dieser Ausgabe: Dr. Barbara Wirth, Dr. Hans-JürgenWirth.

Sekretariat: Bettina Knöß, Telefon 0641/77819.

Verlag: Psychosozial-Verlag, Dr. Hans-Jürgen Wirth, Friedrichstraße 35, 35392 Gießen, Telefon 0641/77819, Telefax 0641/77742.

Umschlagsgestaltung: Till Wirth nach Entwürfen des Ateliers Warminski, Büdingen.

Fotos im Text: Die Fotos auf den Seiten 3, 5, 7, 12, 15, 18, 23, 35, 3, 91 stammen von Hans-Werner Schläfer

Umschlagabbildung: Foto von Wolfgang Krolow

Druck und Bindung: Fritz Steinmeier, Nördlingen.

Erscheinungsweise: Viermal im Jahr.

Bezugsgebühren: Für das Jahresabonnement DM 98,- (incl. MwSt.) zuzüglich Versandkosten. Studentenabonnement DM 49,- (incl. MwSt.) zuzüglich Versandkosten. Lieferungen ins Ausland zuzüglich Mehrporto. Das Abonnement verlängert sich jeweils um ein Jahr, sofern nicht eine Abbestellung bis zum 15. November erfolgt. Preis des Einzelheftes DM 32,-.

Bestellungen richten Sie bitte direkt an den Psychosozial-Verlag, oder wenden Sie sich an Ihre Buchhandlung.

Anzeigen: Zur Zeit gilt die Anzeigenpreisliste Nr. 1/1996. Anfragen bitte an den Verlag richten.

Manuskripte: Die Redaktion lädt zur Einsendung von Manuskripten (in zweifacher Ausfertigung) ein. Mit der Annahme des Manuskriptes erwirbt der Verlag das ausschließliche Verlagsrecht auch für etwaige spätere Veröffentlichungen.

Datenbanken: Die Zeitschrift *psychosozial* wird regelmäßig im *Sozialwissenschaftlichen Literaturinformationssystem SOLIS* des Informationszentrums Sozialwissenschaften (Bonn) und in der Literaturdatenbank *PSYNDEX* der *Zentralstelle für psychologische Information und Dokumentation* (ZPID), Universität Trier, Postfach 3825, 54286 Trier erfaßt.

CIP-Einheitsaufnahme der Deutschen Bibliothek: Psychosozial. - Gießen : Psychosozial-Verl. Erscheint jährlich viermal - Früher im Rowohlt-Taschenbuch Verl., Reinbek bei Hamburg, danach in der Psychologie Verl. Union, Beltz Weinheim.- Erhielt früher Einzelbd.- Aufnahme.- Aufnahme nach 53= Jg. 16, H. 1 (1993).

Bitte teilen Sie dem Verlag bei Adreßänderungen unbedingt Ihre neue Anschrift mit.

ISSN 0171-3434 **ISBN 3-930096-48-X**

Schwerpunktthema:

Migration und Gesundheit

herausgegeben von

Georg Siefen und Elmar Brähler

Editorial

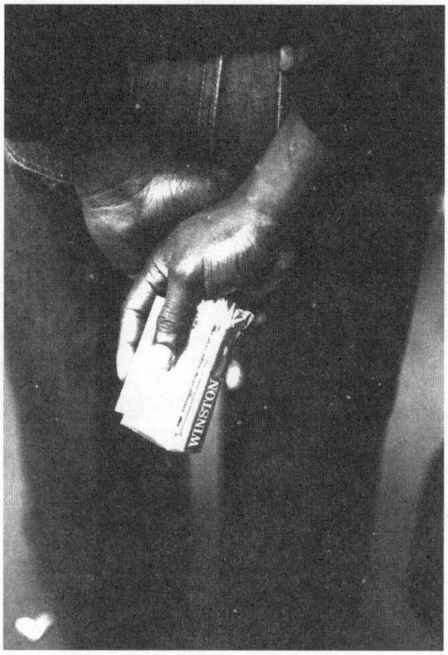

Migration und ihre psychosozialen Folgen sind seit dem Erscheinen des Psychosozial-Heftes 16 (1982): „In deutscher Fremde" ein immer drängenderes Problem geworden - und zugleich zu einem immer mehr europäischen und internationalen Problem (Santel 1995). Eine langfristige und gezielte Migrationspolitik, wie sie im „Manifest der 60" (Migrationswissenschaftler) gefordert wird (Bade 1994), schließt auch eine entsprechende Weiterentwicklung gesundheitlicher Versorgungs- und Beratungsangebote mit ein. Hinzu kommen muß ein wachsendes Verständnis von Beratern und Behandlern für die besonderen psychischen, sozialen, gesundheitlichen und kulturellen Lebensbedingungen sowie Beratungs- und Behandlungserwartungen von Migranten allgemein und auch von besonderen Migrantengruppen. Die ausgewählten Arbeiten sind als wertvolle Diskussionsbeiträge zu diesem Teilbereich der Einwanderungsdiskussion zu sehen. Leider konnten wichtige Themen schon aus Platzgründen nicht berücksichtigt werden, wie etwa die Situation älterer Migranten in der BRD. Gerade dieses Thema sei aber schon jetzt der *psychosozial*-Redaktion ans Herz gelegt. Hingewiesen sei nachfolgend noch auf drei alle Beiträge übergreifende Aspekte. Da ist zunächst die vielfältige Herkunft von Migranten zu nennen. Schon die wenigen Arbeiten dieses Heftes schließen europäische wie griechische und türkische aber auch ostasiatische und andere außereuropäische Migranten ein. Hinzu kommen deutsche Migranten wie Aussiedlerjugendliche. Diese reale Vielfalt von Herkunft und Tradition relativiert Allgemeingültigkeit beanspruchende Erklärungsmodelle und Zuschreibungen. Außerdem spiegelt sich in den vorliegenden Beiträgen das - wissenschaftlich äußerst anregende - Spannungsfeld zwischen den sehr anschaulichen eher kasuistischen Darstellungen und den für die empirisch-wissenschaftliche Entwicklung unverzichtbaren statistischen Untersuchungen an größeren Migrantenstichproben.

Deutlichen Niederschlag findet aber auch die Diskussion über ethnie- und kulturspezifische Beratungs- und Versorgungsangebote einerseits und generell auf Menschen mit „Wanderungserfahrungen" zielende Angebote andererseits, die teilweise ausdrücklich das Ziel einer interethnischen Integration innerhalb der Gesamtpopulation der Migranten verfolgen.

„Sprachlosigkeit" erschwert die Behandlung von Migranten. In der Untersuchung von Yüksel und Kentenich ist es die Behandlung steriler türkischer Paare, die durch das Fehlen muttersprachlicher Therapeuten erschwert werden kann. Mangelnde Vertrautheit mit Kultur und Bildungshintergrund sowie unzureichende sprachliche Kompetenz behindern die Übermittlung notwendiger Informationen zu Körperfunktionen und Untersuchungsabläufen. Ebenso leiden hierunter die Arzt-Patienten-Beziehung und der psychotherapeutische Zugang zu Ratsuchenden, die nicht selten nur ihre Muttersprache beherrschen. Hingegen sieht Kielhorn als Allgemeinärztin Verständigungsprobleme mit Migranten nur teilweise sprachlich bedingt. Vielmehr setzten Wahrnehmen und Verstehen eine Empathie voraus, die auch aus der Akzeptanz der fremden Kultur resultiere. Diese Autorin hebt ihrerseits die Wichtigkeit nonverbalen Verstehens bei der Therapie psychischer und psychosomatischer Störungen hervor. Krankheitssymptome und Leid könnten nämlich von Migranten nicht nur durch sprachliche Mittel, sondern elementar durch Körpersprache ausgedrückt werden.

Möglichen ethnie- und migrationsbedingten Unterschieden in Körperbeschwerdemustern bei griechischen und Aussiedlerkindern und -jugendlichen gehen Siefen und Brähler nach.

Huck beschreibt die therapeutische Arbeit mit „ausländischen" Jugendlichen in einer kinder- und jugendpsychiatrischen Behandlungseinheit für Drogenabhängige. Gerade bei kleineren Behandlungsstichproben hat das Merkmal „ausländisch" gruppenbildende Funktionen - für die Patienten wie auch für die Behandler. Ethniespezifischere Betrachtungsformen setzen größere Inanspruchnahme-Populationen voraus. Außerdem sind Behandler besonders beeindruckt von Migranten anderer, also nichtchristlicher, religiöser Zugehörigkeit. In mehreren Beiträgen werden Migranten islamischer Religion beschrieben. Daß ähnlich hohe Verständigungs- und Empathiebarrieren aber auch bei der Psychotherapie ostasiatischer Migranten überwunden werden müssen, zeigt der Beitrag von Rhee-Park und Löwenberg zu typischen Objektbeziehungsmustern bei koreanischen und anderen ostasiatischen Familien. Die Grenzen zwischen ethniespezifischer Migrationsbewältigung und allgemeinen Belastungen durch besondere Integrationsanforderungen bei anderer sprachlicher, kultureller und religiöser Herkunft von Migranten werden besonders unscharf bei sogenannten bikulturellen Paaren und Familien. Obgleich solche Paare nach Tutar eine lange Tradition haben und in der BRD jede zehnte Eheschließung eine binationale Partnerschaft begründet, sind offenbar viele dieser Paare inneren Wert- und Loyalitätskonflikten sowie von außen kommenden Diskriminierungen ausgesetzt. Bei der Beratung dieser Paare und Familien müssen unterschiedliche Fremdheitserfahrungen und kulturelle Befangenheiten sowohl durch das Paar als auch durch die Berater differenziert wahrgenommen und berücksichtigt werden - auch bei der Gestaltung des Beratungssettings.

Diskriminierungserfahrungen stehen ebenfalls im Mittelpunkt der Arbeit von Vahedi. Er zeigt signifikante Zusammenhänge auf zwischen subjektiv empfundenen Diskriminierungen türkischer Industriearbeitnehmer am Arbeitsplatz und selbstberichteten Körperbeschwerden. Der Autor betont, wie wichtig die betriebliche Integration von türkischen Industriearbeitnehmern ist, um gesundheitliche und emotionale Fehlentwicklungen zu verhindern. Ähnliches gilt sicher auch für die Integration von Migrantenkindern und -jugendlichen in Schule und Institutionen der beruflichen Ausbildung wie auch für die Integration von Migranten und ihren Familien in allen Bereichen unserer Gesellschaft.

Georg Siefen, Elmar Brähler

Literatur

Bade, K. J. (Hrsg.), (1994): Das Manifest der 60: Deutschland und die Einwanderung. München (Beck).

Santel, B. (1995): Migration in und nach Europa. Erfahrungen. Strukturen. Politik. Opladen (Leske & Budrich).

Sterilität türkischer Paare in Migration

Ein multifaktorielles Problem

Emine Yüksel, Anette Siemann, Heribert Kentenich

Ausländische Paare mit unerfülltem Kinderwunsch sind in Ballungszentren wie Berlin keine kleine Minderheit. Rund die Hälfte aller sterilen Paare, die sich in Therapie befinden, kommen aus dem Ausland. Von diesen sind wiederum die Hälfte türkische Paare. Für die Kinderwunschsprechstunde der Universitäts-Frauenklinik Rudolf Virchow in Berlin-Charlottenburg ergab sich folgende Statistik: Von Januar 1992 bis August 1994 wurden insgesamt 1250 Neuaufnahmen registriert, hiervon waren 750 (60%) deutsche sterile Paare, 120 (9,6%) Paare gemischter Nationalität, 380 (30,4%) ausländische, von diesen wiederum 200 (16%) türkische Paare.

Viele dieser türkischen Paare kommen aus ländlich-feudalistischen Regionen, in denen islamisch-patriarchalische Gesellschaftsnormen und Werte herrschen. Die Stellung des Paares wird unter anderem an seiner Fruchtbarkeit, also an seiner Kinderzahl, gemessen. Die Fruchtbarkeit wird allgemein für etwas Selbstverständliches gehalten. Um so mehr trifft es das Paar, wenn es dieses natürliche Recht nicht in Anspruch nehmen kann.

Migrationstyp

Die Untersuchung zeigte, daß rund 51% der Frauen zur zweiten Generation gehören. Ein Teil von ihnen ist in der Türkei geboren und in Deutschland aufgewachsen, während ein anderer Teil bereits in der Bundesrepublik geboren wurde.

Bei 33% der untersuchten Paare war ein Partner durch die Heirat zu dem anderen nach Deutschland gezogen. Diese Gruppe stellt die erweiterte zweite Generation dar. Die Familienzusammenführung ist durch folgende Voraussetzungen erschwert:

1. In Deutschland lebender Ehepartner/lebende Ehepartnerin muß belegen können, daß er/sie genügend Einkommen hat und über genügend Wohnraum für beide verfügt.
2. Beide müssen mindestens ein Jahr standesamtlich getraut sein, bevor die/der Partner/in endgültig nach Deutschland einreisen kann (per Einreisevisum).
3. Erst nach fünfjährigem Aufenthalt kann der/die nachgezogene/r Partner/in erstmals Arbeitserlaubnis beantragen oder der/die

hier lebende/r Partner/in seine/ihre Arbeitserlaubnis auf den Nachgezogenen übertragen.

Die Türkei ist ein assoziiertes Mitglied der EG. Durch *eingeschränktes Bleiberecht* und Nachzugsmöglichkeiten ergeben sich für die türkischen Paare rechtliche Probleme. Ein Großteil der türkischen Arbeitnehmer besteht aus ungelernten oder angelernten Arbeitern, so daß sie viel eher von Arbeitslosigkeit bedroht sind als andere. Hinzu kommt der niedrige Verdienst aufgrund ihrer weniger qualifizierten Ausbildung. Zu diesen sozialen Problemen fügt sich die Schwierigkeit der Wohnungsfindung.

Insbesondere für die zweite Generation stellt sich das Problem der verschiedenen Gesellschaftsnormen und Werte. Sie leben im transkulturellen Umbruch und müssen sich mit Identifikationsfragen auseinandersetzen.

Besonders in den Großstädten wie Berlin leben viele Türken in einer *Ghetto-ähnlichen Situation*. Für viele ist der deutsche Spracherwerb nicht notwendig, um ihr alltägliches Leben zu meistern, da ihr soziales Umfeld (einschließlich Einkaufsmöglichkeiten und diversen Dienstleistungen) ausschließlich aus Türken besteht. Dies trifft besonders auf durch Heirat nachgezogene Hausfrauen zu. Dieses Verhalten ist besonders ausgeprägt bei den Türken, während man bei Ausländern anderer Nationalität eher die Bereitschaft zum Erwerb der deutschen Sprache vorfindet.

Probleme in der Arzt-Patienten-Beziehung

Bei der täglichen Arbeit mit sterilen türkischen Frauen sehen wir, daß sie eine andere Umgangsform mit der *Scham* als europäische Frauen haben. Es ist ein bekanntes Phänomen, daß sich türkische Frauen während der vaginalen Untersuchung sehr schwer tun. Sie versuchen immer wieder, die entblößten Genitalien zu verdecken. Dieses Verhalten erklärt sich mit den Geboten des Koran, in welchem geschrieben steht, daß sich eine gebärfähige Frau, also ab dem Beginn der Menstruationsblutung, einem fremden Mann unverhüllt nicht zeigen darf. Nur der Ehemann darf sie entblößt sehen. Mitunter werden männliche Gynäkologen von den Männern, teilweise auch von den Frauen abgelehnt. Dieses Verhalten erschwert den Untersuchungsvorgang und begünstigt mitunter eine gespannte Atmosphäre zwischen dem medizinischen Personal und der Patientin.

Sexuelle Aufklärung ist in den türkischen Schulen nicht gegeben. Oft werden die jungen Frauen, ohne Wissen über Körperfunktion oder Sexualität, verheiratet. Viele junge, türkische Männer sammeln erste sexuelle Erfahrungen in Freudenhäusern. Frauen hingegen dürfen wegen der Bedeutung der *Jungfräulichkeit* keine vorehelichen sexuellen Erfahrungen gemacht haben.

Im Umgang mit der *unzureichend aufgeklärten* Türkin (Baymak-Schuldt 1982, Meyer-Ehlert und Schneider-Wohlfahrt 1986), resultiert für den behandelnden Arzt zusätzlich zu „Sprachlosigkeit" das Problem, die angegebenen Körpersymptome richtig zu deuten, da diese ätiologisch anders gewertet werden (Dietzel-Papakyriakou 1985).

Die *Sterilitätsdiagnostik* ist sehr komplex aufgrund der Fülle der abzuklärenden Bereiche bei Frau und Mann. Diese sind:

1. Hormonell bedingte weibliche Sterilität: Hyperprolaktinämie, Hyperandrogenämie, Störungen auf der Hypothalamus-Hypophyse-Ovar-Achse, Schilddrüsenfunktionsstörungen, Lutealinsuffizienz.
2. Tubare Sterilität: Tubendurchgängigkeitsprüfung entweder über Hysterosalpingographie oder Laparoskopie mit Blaudurchspritzung und Hysteroskopie zur Überprüfung der Uterusanatomie (Ausschluß von Myomen und Septen oder Tubenostienverschluß).
3. Männlich bedingte Sterilität: Körperliche

Untersuchung und Spermiogramme beim Mann.

Schon für deutsch sprechende Paare sind die diagnostischen, insbesondere aber die therapeutischen Verfahren der modernen Reproduktionsmedizin trotz mündlicher und schriftlicher Erklärung kaum nachzuvollziehen und zu verstehen. Viele der sterilen türkischen Frauen haben nur eine Grundschulausbildung. Dieser Umstand in Verbindung mit der fremden Sprache bewirkt, daß komplizierte Körperzusammenhänge und die der Sterilitätsbehandlung zugrundeliegenden komplizierten therapeutischen Verfahren kaum verstanden werden (Pietruschka 1985). Ähnliches trifft auch auf die Männer zu.

Die so *behinderte Kommunikation* zwischen Arzt und Patientinnen (Theilen 1985) erschwert das Verständnis von Diagnostik und Therapie und begünstigt unnötige Diagnostik und Therapie. Des weiteren behindert die „Sprachlosigkeit" die emotionale Offenheit zwischen Arzt und Patientin. Das Vertrauen für eine Arzt-Patienten-Beziehung und hieraus resultierend eine erfolgreiche Behandlung kann nicht aufgebaut werden (Zink 1985).

Spermiogrammbefunde können wegen großer Variabilität der Spermienproduktion unterschiedlich ausfallen. Außerdem ist der psychische Faktor als Einflußgröße nicht zu unterschätzen. Oft hat man in der Sprechstunde das Problem, Männer mit subfertilen Spermiogrammen über die Bedeutung der Befunde aufzuklären, denn die andrologische Sterilität wird nur schwer akzeptiert (Stute 1981). Nicht selten wird dem Mann aufgrund eines Spermiogramms mitgeteilt, daß bei ihm alles in Ordnung sei. Daraufhin wird die gesamte „Sterilitätsschuld" auf die Schultern der Frau gelegt (Gürkan et al. 1985), ohne die Diagnostik bei der Frau beendet zu haben.

Mit der Frage nach der Sterilitätsursache werden die Frauen konfrontiert. Unter den Männern wird dieses Thema relativ schnell gewechselt.

Ein Teil der sterilen türkischen Paare scheut weder Zeit noch Geld für Untersuchungen in der Türkei während des Urlaubsaufenthaltes. Patienten unterliegen oft dem Glauben, daß die privat bezahlte Leistung besser sein muß. Wichtig erscheint ihnen, sich in ihrer Landessprache verständigen zu können und das bedrückende Problem der ungewollten Kinderlosigkeit von der Seele zu reden.

Sterile türkische Paare zeigen eine andere *Familiendynamik* als Paare aus anderen europäischen Ländern. Zwar führen rund 64% ihren eigenen Haushalt und nur 15% führen gemeinsamen Haushalt mit den Eltern bzw. Schwiegereltern, aber dennoch ist der Einfluß der Familie stark.

Im Rahmen einer Studie vom *Bundesministerium für Forschung und Technologie* wurden Interviews in Landessprache mit 79 sterilen türkischen Paaren durchgeführt und die Ergebnisse unter bestimmten Fragestellungen ausgewertet.

Folgende Bereiche wurden während des Gesprächs erfaßt: Biographischer Hintergrund, Paargeschichte und -dynamik, eigene Vorstellungen zur Sterilitätsursache, Einfluß des sozialen Umfeldes, bisherige Therapie und evtl. Operationen, Kinderwunschmotivation, Sexualität im Rahmen der ungewollten Kinderlosigkeit und der Therapie, Alternativen zum Kinderwunsch bei Ausbleiben des erwünschten Therapieerfolgs.

Die ersten Ergebnisse der Inhaltsanalyse stellen sich wie folgt dar: Hinsichtlich des Wissens und Verhaltens steriler türkischer Paare bezüglich der Sexualität zeigte sich bei rund 65% der Befragten, daß sie über gar keine Kenntnisse der biologischen Grundlagen der Empfängnis (z.B. günstiger Zeitpunkt der Befruchtung, Spermienlebensdauer) verfügen. Von den rund 18% mit recht genauen Kenntnissen nutzen nur rund 6% die günstige Zeit, also Geschlechtsverkehr nach Ovulation ausgerichtet ("scheduled sex"). Rund 88% gaben außerhalb der Therapie ausschließlich Spontan-Sex an.

Andrologische Sterilität

Bei einem Drittel der 79 Paare scheint ein andrologischer Faktor Hauptursache für die Sterilität zu sein. Von Interesse war die Einstellung des Partners zu dieser Diagnose: 17% der befragten Männer konnte die Diagnose männliche Subfertilität akzeptieren. Bei insgesamt 55% war teils Leugnung teils Schwanken zu erkennen.

An diesen Zahlen zeigt sich , daß es türkischen Männern schwerfällt, die andrologische, also eigene Sterilität zu akzeptieren.

Oft sagen die Männer, daß sie keinerlei Beschwerden oder Sexualstörungen hätten. Vielen Männern fällt es schwer, ohne Ausfallserscheinungen oder Krankheitsgefühl eine bei ihnen diagnostizierte Minderung der Spermienqualität zu akzeptieren.

Patientenbedenken bei In-Vitro-Fertilisation (IVF)

Fragt man die sterilen türkischen Paare nach ihren Bedenken, bevor sie in die IVF-Therapie gehen, so haben sie zum Teil mystische Vorstellungen, aber auch gar keine Vorstellungen über das IVF-Verfahren. Ein Drittel der Paare begibt sich ohne Bedenken in die komplizierte Sterilitätstherapie, an erster Stelle steht die Hoffnung, ein eigenes Kind zu bekommen. Ausgesprochene Befürchtungen sind folgende (Mehrfachnennungen möglich):

Möglichkeit einer Mißbildung	48,1%
Samenverwechslung	40,5%
Langzeitrisiken der Hormontherapie	30,4%
Embryonenverwechslung	7,6%

Insbesondere Männer fragen nach den Risiken der Hormonbehandlung. Sie überlassen aber nach einer ausführlichen Aufklärung über das IVF-Vorgehen letzten Endes der Partnerin die Entscheidung, sich dieser Therapieform zu unterziehen. Im allgemeinen sollen die Verwandten von ihrem Entschluß zum IVF nichts erfahren, da sie die Auseinandersetzung vermeiden wollen.

Ihren Erzählungen zufolge besteht eine falsche Vorstellung innerhalb ihres türkischen Umfeldes über „Retortenbaby-Befruchtung". Es wird angenommen, daß das Sperma eines fremden Mannes genommen werde. Es besteht die Befürchtung, ein Kind zu bekommen, welches keine Ähnlichkeit mit den Eltern hat.

Sterilitätsbewältigung in der Partnerschaft

Kinderlosigkeit ist sozial nicht akzeptiert. Für die meisten Frauen ist Kinderlosigkeit ein grundsätzliches, wenn nicht gar existentielles Problem. Wegen ihrer körperlichen Bestimmung und ihrer Sozialisation sind sie weitaus mehr betroffen und fühlen sich oftmals unvollständig, unweiblich, manchmal sogar wertlos. Aus gesellschaftlich-sozialen Gründen hält sich der Partner in der Diskussion um die Kinderlosigkeit gerne im Hintergrund. Dieses Verhalten ist ebenfalls bei den deutschen Paaren zu sehen. Es sind in erster Linie die sterilen türkischen Frauen, die mit der Frage nach der Sterilitätsursache konfrontiert werden.

Oft muß sich die Frau gerade bei männlicher Subfertilität schützend vor den Partner stellen, um seine männliche Potenz nicht zu kränken oder in Frage stellen zu lassen. Nicht selten ist es auch die Mutter des Partners, die den andrologischen Faktor anzweifelt. Die Solidarität unter den Frauen ist nicht sehr ausgeprägt, wobei das Verhältnis Schwiegertochter-Schwiegermutter häufig von hoher Konkurrenz geprägt ist und ein besonderes Problem darstellt. Die Frau fühlt sich alleingelassen. Rund 17% der befragten Frauen gaben an, sich von ihren Partnern unterstützt zu fühlen, wohingegen rund 48% sich über fehlende Unterstützung beklagten.

Abbildung 1: Altersstruktur deutscher und türkischer Kinderwunschpatientinnen

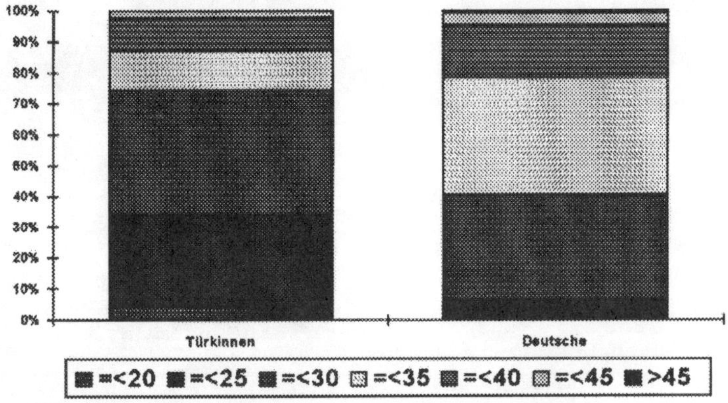

Altersstrukturen

Türkische Frauen gehen viel früher in die Sterilitätsbehandlung als die deutschen Frauen. Das Alter bei Therapiebeginn liegt bei 75 % der türkischen Frauen zwischen 20 und 30 Jahren. Deutsche Frauen, die in unserer Sterilitätssprechstunde betreut werden, sind bei Therapiebeginn älter: 70 % sind zwischen 30 und 35 Jahren, rund 15 % sind 40 Jahre und älter. Oft werden die Paare von ihren Eltern genötigt, für den sehnlichst erwarteten Nachwuchs zu sorgen. Es ist für viele sehr belastend, sich während des jährlichen Urlaubsaufenthaltes immer wieder fragen zu lassen, wann nun der Enkelsohn kommt oder warum er nicht kommt. Kinder, vor allem Söhne, sind immer noch mit sozialem Status verbunden.

Berufsstruktur

Die befragten Türkinnen standen zu 40% als Arbeiterin im Berufsleben, und 35% waren Hausfrauen. Bei den deutschen Frauen ist die Beschäftigungsstruktur anders: 67% sind Angestellte, 6% Hausfrauen, und 8% sind Arbeiterinnen. Der Kinderwunsch, seine Bewältigung sowie der Leidensdruck ist bei den türkischen Arbeiterinnen und Hausfrauen unterschiedlich ausgeprägt. Die Hausfrau sieht in dem erwünschten Kind oft die fehlende Gesellschaft oder die fehlende erfüllende Beschäftigung. Die arbeitende Frau hingegen zeigt eine gewisse Ambivalenz beim Kinderwunsch, da bei dessen Erfüllung eine doppelte Belastung oder die Aufgabe des Berufs ansteht. Dieses würde bedeuten, daß sich für sie

Abbildung 2: Beschäftigungsstruktur türkischer und deutscher Kinderwunschpatientinnen

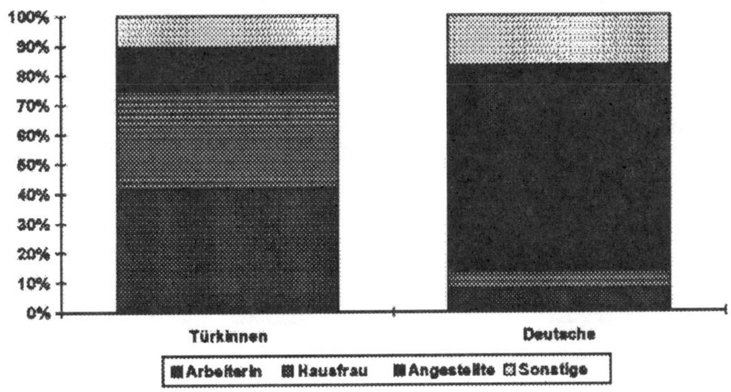

auch das soziale Umfeld ändert. Diese Ambivalenz ist bei den türkischen Angestellten (6%) und türkischen Akademikerinnen (8%) stärker ausgeprägt.

Selbstbeurteilung (SCL 90R)

Zur Erfassung von Besonderheiten in der Persönlichkeitsstruktur sowie psychischen Auffälligkeiten der sterilen türkischen Paare wurde eine Symptom Check Liste mit 90 Item-Antworten von den sich hier in Behandlung befindenden Paaren bearbeitet. Sie dient zur Selbstbeurteilung der Patienten hinsichtlich als belastend beschriebener Symptome. Als Vergleichsgruppe diente eine normale gesunde Population sowie eine Population mit psychiatrischen und psychosomatischen Symptomen. In der graphischen Darstellung unterscheiden sich die türkischen Frauen in ihren Profilen von den Männern, sie zeigen höhere Werte insbesondere in den Dimensionen Somatisation, Depression, Aggressivität und Ängstlichkeit. Insgesamt gesehen bewegen sich beide in der Nähe der gesunden Population. Die Auswertung zeigte, daß die sterilen türkischen Frauen kränker sind als die sterilen türkischen Männer und die Symptomträgerinnen der Sterilität.

Abbildung 3: SCL 90R-Auswertung steriler, türkischer Paare (Mittelwerte).

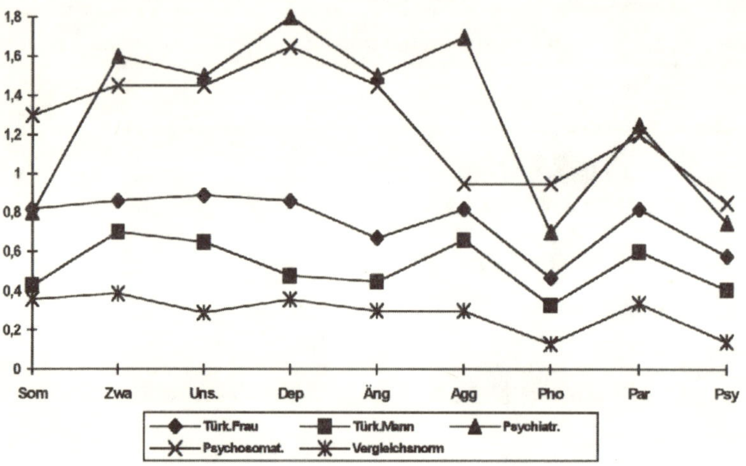

Zusammenfassung und Schlußfolgerungen

1. Der Zugang zum Patienten türkischer Nationalität in der deutschen Sprache ist unzulänglich, da ein nicht zu unterschätzender Anteil erst durch Heirat nach Deutschland nachzieht.
2. Niedrige Schulbildung sowie mangelnde sexuelle Aufklärung bedingen Probleme bei der Erklärung von Körperfunktionen und der Therapie.
3. Bessere Informationen und Aufklärung über Sterilitätsbehandlung kann mystisches Denken bezüglich IVF-Bedenken verhindern.

Empfehlungen für die Praxis

Große Sterilitätszentren sollten sich bemühen, Ärzte und Schwestern einzustellen, die Kenntnis der Landessprache dieser Paare haben, um eine bessere Betreuung und Therapie zu erreichen und unnötige Mißverständnisse zu vermeiden.

Es sollten Broschüren in Landessprache mit Erklärung der Körperfunktionen sowie der aufwendigen Sterilitätsdiagnostik und -therapie geschrieben werden.

Literatur

Baymak-Schuldt, M. (1982): Ausländische Frauen in Hamburg. Gesundheitswissen - Gesundheitsverhalten. Eine empirische Untersuchung im Auftrag der Senatskanzlei. Senatsverwaltung, Hamburg.

Collatz J., Kürsat-Ahlers E., Korporal J. (1985): Gesundheit für alle. Die medizinische Versorgung türkischer Familien in der BRD. Hamburg (EBV-Rissen).

Dietzel-Papakyriakou, M. (1985): Krankheitsverhalten türkischer Arbeiterfrauen - Ergebnisse einer Intervallbefragung. In: Collatz J., Kürsat-Ahlers E., Korporal J. (Hrsg.): a.a.O., S.323.

Gürkan Ü., Laquer K., Szablewski P. (1985): „Ich habe mich selber gekauft." Türkische Frauen in der Bundesrepublik. 3. Auflage. Berlin (Expreß Edition).

Kentenich H., Reeg P., Wehkamp K.-H. (1990): Zwischen zwei Kulturen: Was macht Ausländer krank? 2. erweiterte Auflage (1990) Frankfurt/M.

Pietruschka R. (1985): Erfahrungen einer türkischen Frauenärztin. In: Collatz J., Kürsat-Ahlers E., Korporal J., (Hrsg.): a.a.O., S. 230.

Stute J. (1981): Andrologische Probleme mit Gastarbeitern. Z. Hautkr. 56 (1981) S. 806-809.

Theilen I. (1985): Überwindung der Sprachlosigkeit türkischer Patienten in der BRD. In: Collatz J., Kürsat-Ahlers E., Korporal J. (Hrsg.): a.a.O., S.292.

Zink A (1985): Türkische Frauen als Patientinnen. Interaktionsprobleme aus Sicht der behandelnden Ärzte. In: Collatz J., Kürsat-Ahlers E., Korporal J. (Hrsg.): a.a.O., S.351.

Prof. Dr. Heribert Kentenich
Chefarzt der Frauenklinik und Poliklinik
DRK-Klinikum
Pulsstr. 4-14
14059 Berlin

Dr. med. Anette Siemann
Virchow-Klinikum
Medizinische Fakultät der
Humboldt-Universität zu Berlin
Augustenburger Platz 1
13353 Berlin

Emine Yüksel
Virchow-Klinikum
Medizinische Fakultät der
Humboldt-Universität zu Berlin
Augustenburger Platz 1
13353 Berlin

Krank in der Fremde

Rita Kielhorn

Der Erfahrungsbereich, auf den ich mich im Folgenden beziehen werde, ist ein kleiner Ausschnitt der Auswirkungen von Flucht, Vertreibung und Migration auf Menschen, die davon betroffen waren.

Bedingt durch den Standort meiner Praxis in Berlin-Kreuzberg beziehe ich mich auf türkische Patienten, deren Anteil in meiner Praxis 80 % ausmacht, und die ich nunmehr mit ihren in Deutschland geborenen Kindern fast 20 Jahre betreue.

Um sich ein Bild von dem Kranksein in der Fremde zu machen, ist es unumgänglich, die Gründe der Migration und den sozio-kulturellen Hintergrund der Migranten zu kennen. Das ist auch dann erforderlich, wenn es sich um akkulturierte, motivierte Patienten handelt, die um eine psychotherapeutische Behandlung nachsuchen .

Migration und soziokultureller Hintergrund

Ausländer rekrutierten sich in den 60iger und 70iger Jahren überwiegend aus fünf Ländern (Portugal, Griechenland, Italien, Jugoslawien und der Türkei), aus denen sie als Arbeitskräfte angeworben wurden. Um spätere Fehlzeiten durch Krankheiten auszuschließen, wurden sie von ärztlichen Kommissionen untersucht. So konnte davon ausgegangen werden, daß der ursprüngliche Gesundheitsstatus der „Gastarbeiter" über dem des durchschnittlichen Gesundheitsstatus der Bevölkerung des Entsendelandes und vermutlich auch des Aufnahmelandes, der Bundesrepublik, lag, da nur die Gesündesten vermittelt wurden.

Neben den sogenannten Gastarbeitern gewinnen zunehmend Rückwanderer (Angehörige deutscher Minderheiten, die aus den

Ländern des ehemaligen Ostblocks ausreisen) an Bedeutung, sowie Vertriebene und Flüchtlinge (z. B. aus dem Libanon oder Tamilen aus Sri Lanka).

Allen diesen Menschen ist gemeinsam, daß sie entwurzelt sind, Trennungs- und Verlusterlebnisse erlitten haben, daß sie sich nur ungenügend auf deutsche Verhältnisse vorbereiten konnten und in der Regel nicht über ausreichende Sprachkenntnisse verfügen. Viele von ihnen hatten hier keine Bezugspersonen und gerieten in eine soziale Isolation, die zum Teil durch eine Ghettoisierung in den Großstädten aufgefangen wurde. Die Ghettobildung als Imitation der Heimat erschwerte andererseits die Akkulturation.

Die Betreuung von Italienern, Griechen, Spaniern, Jugoslaven, Polen bereiteten keine überdurchschnittlichen Probleme. Die Behandlung von türkischen, in der islamischen Kultur verankerten, Patienten stellte dagegen den Arzt vor große Schwierigkeiten, und es gab für den Patienten dabei nur geringe Chancen, wirklich verstanden und adaequat behandelt zu werden. Die Verständigungsschwierigkeiten sind nur zu einem Teil rein sprachlicher Natur. Das Wahrnehmen und Verstehen bedeutungsvoller Mitteilungen setzt eine gewisse Empathie voraus, die u. a. aus der Akzeptanz der fremden Kultur resultiert.

Die meisten türkischen Patienten kamen zwar aus der Armut, aber auch aus der Geborgenheit der vorindustriellen Gesellschaft aus patriarchalisch-islamischen Strukturen mit eindeutig definierten Rollenmustern in die Hektik und Anonymität der westlichen Metropolen. Sie wurden mit dem westlichen System konfrontiert, in dem die islamische Religion nicht geschätzt und verstanden wird. Sie gerieten in eine Konsumgesellschaft mit völlig anderen gesellschaftlichen und familiären Strukturen, in der die Vereinsamung und Vereinzelung des Menschen schon zum Alltag gehören und fast als normal empfunden werden. In der Großfamilie hatten sie sich eingebettet und sicher gefühlt. In der Bundesrepublik ist bei vielen diese Sicherheit schlagartig verloren gegangen .

Oft wurde über Nacht aus einem Bauern, einem angesehenem Dorfbewohner mit Erfahrungsschatz und wertvollem Wissen ein Subproletarier, der nur seine Arbeitskraft zu verkaufen hatte und Gefahr lief, seine Würde und Ehre in der Fremde zu verlieren.

Jede Gesellschaft hat kulturspezifische Vorstellungen über Krankheitsursachen sowie besondere Ausdrucksformen des Schmerzes und der Befindlichkeit, die nur aus dem kulturellen Hintergrund zu verstehen sind. Die Selbstverständlichkeiten des eigenen kulturellen Hintergrundes sind für den, der sie täglich erlebt, nicht mehr sichtbar und erfahrbar. Wir werden unduldsam, wenn uns elementarer Ausdruck von Schmerz und Leid übertrieben und ungehörig vorkommt.

Aus der unterschiedlichen Kultur entstehen jedoch Unterschiede im Leidensdruck, in der Symptombildung und in der Symptombewertung. So korrespondiert oft das fremdartige Erscheinungsbild mit der Fremdartigkeit der Leidensäußerung. Ängstlich schamhaftes Verhalten, das bei türkischen Frauen Ausdruck der Ehrenhaftigkeit ist, wechselt mit demonstrativer Krankheitsäußerung; z. B. völlig unerwartetem Umkippen, oder es werden mit überdeutlicher Mimik und Gestik, mit Jammern und Schreien, Angst und Kranksein ausgedrückt. So betont Weiner:

> „Infolge der traditionellen Art, eine Krankheit zu definieren als eine Veränderung oder Störung, wird ein von einem Patienten empfundener Krankheitszustand von den Ärzten nicht toleriert oder gebührend zur Kenntnis genommen" (Weiner 1983).

Hausärztliche Praxen wurden für Patienten aus fremden Kulturkreisen zur ersten, mit vielen Hoffnungen und großen Erwartungen verbundenen Anlaufstelle. Daraus darf nicht der Schluß gezogen werden, daß Migration immer eine Katastrophe oder einen Verlust bedeuten muß. Sie kann eine Herausforderung für den Beginn einer neuen Karriere bei erfolgreichem Einsatz von Bewältigungsstrategien sein. Solche Menschen sehen wir jedoch in der Regel nicht in unseren Sprechzimmern.

Als Anfang der 70'er Jahre die ersten türkischen Patienten in meine Praxis kamen, fühlte ich mich wie von einer Lawine überrollt. Türkische Patienten kamen nie allein, sie kamen in Scharen, in Begleitung ihrer Angehörigen und Freunde. Sie umlagerten die Anmeldung, standen in Trauben im Flur oder hockten sich auf den Fußboden. Männer trugen Turban oder Fez, der „kranke" Kopf war oft mit einem Frotteehandtuch turbanartig umwickelt. Den Schlafanzug trugen sie unter ihrer Tageskleidung. Scham- und Achselhaare* waren rasiert, das Kopfhaar verdeckt.

Frauen waren halbverschleiert, hatten mehrere Pluderhosen und Röcke an. Sie verbargen den Mund vor Fremden und wandten das Gesicht ab. Haare und Hände sind auch heute noch mit Hema gefärbt. Viele trugen Amulette (Muscas)**

Die Patienten wollten sich zunächst gar nicht untersuchen lassen. Sie waren ängstlich, schamhaft und scheu. (Schamhaftes Verhalten ist der Ausdruck ihrer Ehrenhaftigkeit). Gynäkologen durften nur in Anwesenheit des Ehemannes, zum Teil mit verhülltem Gesicht, untersuchen. Eine verbale Verständigung war nicht möglich, selbst einfache Aufforderungen z. B. sich auszuziehen, mußten mit Gesten demonstriert werden. Vom Arzt wurden fast magische Fähigkeiten erwartet. Die Patienten antworteten z. B auf die Frage nach den Beschwerden: „Doktor, Du mußt wissen" oder „Doktor, Du mich verstehen", auch wenn sie das erste Mal in der Sprechstunde waren.

Selbst wenn türkische Patienten in der Bundesrepublik bei Erkrankungen Ärzte aufsuchen, so schlummern doch magische und religiöse Vorstellungen über Krankheit in ihnen, besonders in der ersten Generation der Migranten: sie gilt u. a. als Strafe beim Durchbrechen von Tabus und bei schlechten Handlungen; auch besteht die Vorstellung, daß neidische oder rachsüchtige Menschen in der Lage sind, durch ihren bösen Blick (Nazar) jemandem zu schaden.

Ein nicht unerheblicher Teil der Patienten sucht nach wie vor den Hodscha (Koranlehrer/Würdenträger) auf, der magische Akte ausführt im Sinne von Besprechen. RÖDER und OPALIC fanden, daß ca. 50 % der Psychiatriepatienten auch heute von Hodschas behandelt wurden.

Der vom Islam geprägte Kismetgedanke (Kisma = Los), nach dem ein Mensch keinen Einfluß auf sein Schicksal, also auch nicht auf seine Gesundheit hat, beherrscht viele türkische Patienten .

> „Gott geben mir Krankheit, Gott geben mir Gesundheit wenn will, Arzt nur mir helfen (bißchen)."

Krankheit wird als Strafe, als Prüfung erlebt. Sie kommt von außen. „Warum Allah schicken so viel Strafe", fragt mich ein 45jähriger Patient, Vater von drei Söhnen. Innerhalb von zwei Monaten erlitt ein Sohn eine komplizierte Armfraktur, der zweite mußte wegen einer perforierten Appendicitis ins Krankenhaus, der jüngste fing an zu stottern, und seine Frau erlitt eine Fehlgeburt.

Wie waren Türken auf die deutsche Wirklichkeit vorbereitet?

Die überwiegende Mehrheit der ersten Generation türkischer Gastarbeiter hatte keine, ungenügende oder überhöhte Vorstellungen

* Das Wachsen von Schamhaaren und das offen getragene Haupthaar gelten nach dem Koran als unrein.

** Musca ist eine oder mehrere auf Papier in arabischer Schrift geschriebene Sure, die in ein Stück Stoff eingewickelt und in Form eines Amuletts umgehängt oder an die Kleider geheftet wird. Diese Muscas werden bereits Säuglingen umgehängt.

von der deutschen Wirklichkeit - eine Idealisierung Deutschlands und der deutschen Medizin ging damit Hand in Hand. Die meisten türkischen Patienten aus meiner Praxis stammen aus einer bäuerlichen Lebenswelt und verfügen nur über ein relativ niedriges Bildungsniveau.

Es scheint so zu sein, daß die Anpassungsschwierigkeiten an die deutsche Wirklichkeit umso größer sind, je niedriger das Bildungsniveau ist. Das durch Lesen Vertraute wird nicht mehr als so fremd erlebt und macht weniger Angst. Da insbesondere Frauen zum größten Teil Analphabeten sind, haben sie auch die größten Schwierigkeiten. Je größer das Bildungsgefälle, je stärker das soziokulturelle Gefälle, desto schwieriger gestaltet sich die Akkulturation.

Man hat beobachtet, daß Familien, die eine Binnenwanderung innerhalb der Türkei durchmachten, geringere Anpassungsschwierigkeiten hatten.

Viele türkische Patienten orientierten sich in der für sie unüberschaubaren Welt lediglich an den Zahlen. Noch heute kommt es vor, daß Patienten auf die Frage, bei welchem Arzt sie vorher in Behandlung gewesen sind, weder den Namen noch die Straße angeben können, sondern antworten: „Nr. 3“ oder „Nr. 5“. Bestenfalls erfährt man noch den Vornamen des Arztes. Es erfordert dann detektivischen Spürsinn, anhand einer Hausnummer und eines Vornamens den behandelnden Arzt zu ermitteln. Verständlich wird das, wenn man weiß, daß erst 1935 von der Nationalversammlung der Türkei ein Gesetz verabschiedet wurde, das Männern und Frauen auferlegte, einen Familiennamen zu führen.

Viele meiner Patienten geben als Geburtsdatum den 1.1. eines Jahres an. Weder darauf noch auf die Altersangabe ist Verlass. Das hat verschiedene Gründe:

Einmal können nachgeborene gleichgeschlechtliche Kinder die Geburtsurkunde und den Namen eines Geschwisters erben, wenn dieses verstorben ist. (Solche Kinder sind in Wirklichkeit jünger als im Dokument ausgewiesen.)

Außerdem kam in den ländlichen Regionen der Urkundsbeamte nur einmal jährlich in das Dorf. Die zwischenzeitlich geborenen Kinder wurden zum jeweiligen 1. 1. des nächsten Jahres registriert.

Schließlich sieht die türkische Gesetzgebung vor, daß eine Geburtsurkunde einmal geändert werden kann. Je nach vorliegendem Umstand (Verheiratung oder Migration) werden Kinder und Erwachsene älter oder jünger gemacht.

Der zunächst erhoffte Vorteil kann zu einem erheblichen Nachteil werden, wenn dokumenten- und altersabhängige administrative Entscheidungen wie Volljährigkeit oder Rentenalter zur Debatte stehen. Es sind Fälle bekannt, wo das verschieden angegebene Alter vom Gericht neu festgesetzt wurde.

Die Familie hat für die Türken eine hohe soziale und ethische Funktion. Verheiratete Menschen genießen mehr Achtung. Auch heute noch kommt es vor, daß Ehen gestiftet werden. Der Sohn genießt das höchste Ansehen, insbesondere der älteste Sohn. Eine sehr innige, fast symbiotische Beziehung herrscht zwischen Mutter und Töchtern.

Individuation, im Sinne der Ablösung in der Pubertät, wie wir sie kennen als ständigen Prozeß der Separation Jugendlicher von ihren Eltern, ist unüblich. Nicht die Selbstverwirklichung des Individiums steht an erster Stelle der Tugenden, sondern das Funktionieren der Familie (Akgün 1991). Kinder leben bis zur Verheiratung und oft noch danach bei ihren Eltern. Sie erfüllen weitgehend die Konzepte, Ideale und Erwartungen ihrer Eltern. Viele Eltern haben Angst vor einer weiteren Germanisierung ihrer Kinder und den damit verbundenen Freiheiten, Verführungen und Leichtlebigkeiten, die sich mit dem traditionellen islamischen Lebenskonzept nicht vereinbaren lassen. Sie haben auch Angst vor der deutschen Öffentlichkeit, vor Gerichten und Therapeuten, die sich oft einseitig mit den jungen Türken solidarisieren und versuchen, sie gegen die traditionellen Lebensnormen zu beeinflußen. Ablösungskonflikte fallen sehr heftig aus, bis hin zur Flucht oder zum Suizid als Ausdruck der kulturellen Zerrissenheit und Identitätskrise.

Bei vielen türkischen Jugendlichen besteht der Konflikt darin, daß bereits eine Loslösung von tradierten Normen erfolgt ist, ohne daß eine ausreichende Internalisierung neuer Lebensformen und Kulturinhalte stattgefunden hat.

Bei meinen jugendlichen Patienten sind psychosomatische oder auch psychische Symptome relativ häufig anzutreffen. In letzter Zeit fällt auf, daß Angstkrankheiten zunehmen.

Eine in Mitteleuropa kaum noch anzutreffende Symptombildung mit starkem Leidensdruck habe ich einige Male behandelt, die Erotomanie, die Liebeskrankheit, mit der sich bereits Hippokrates und Avicenna beschäftigt haben.

In einem Fall handelte es sich um einen jungen 21-jährigen Mann, der so verliebt in eine jüngere Frau war, die er nur vom Sehen kannte, daß sein ganzes Fühlen, Denken und Handeln sich mehrere Wochen um das Objekt seiner Sehnsucht drehte.

Er drohte dahinzuwelken, aß nicht, schlief kaum, stand stundenlang in einer Straße, um sie zu sehen. Ob meine Intervention mit dem therapeutischen Ziel der Stärkung der Realitätsorientierung ihn rettete oder ob sein Zustand auch ohne ärztliches Zutun abgeklungen wäre, ist nicht mit Sicherheit zu sagen..

Familiäre Konflikte werden auch heute noch in Berlin Kreuzberg u. U. mit der Schußwaffe gelöst.

Der 17jährige Bruder eines 21 jährigen Patienten, der eine 36jährige Deutsche heiraten wollte, die bereits zweimal geschieden war, erschoß (offenbar im Auftrag der Familie) seine zukünftige Schwägerin in einem Lokal und stellte sich anschließend der Polizei. Es ist zu vermuten, daß der Ehrverlust der Familie, der durch die vorgesehene Heirat zu befürchten war, durch die schreckliche Tat verhindert werden sollte. Der islamische Kodex sieht vor, daß die Frau als Jungfrau in die Ehe geht und ihrem Mann treu ist. Die sexuelle Reinheit hat einen hohen Stellenwert.

Wenn es um enge Familienangehörige geht, die sich den traditionellen Wertnormen entziehen, steht die Ehre bzw. Ehrverlust immer auf dem Spiel. Man kann sich der Pflicht einzugreifen nicht entziehen - nicht um die Ehre des anderen zu retten, sondern um der eigenen Ehre willen.

Durch den plötzlichen Tod der Geliebten ist der 21 jährige T. in eine Krise geraten. Er sieht in seinem Leben keinen Sinn mehr und hat sich die Pulsadern aufgeschnitten, war einige Tage im Krankenhaus und weiß nicht, wie er seinen Konflikt zwischen seiner bedrängenden Familie, die ihn wieder aufnehmen wollte, und seinem Wunsch in Ruhe gelassen zu werden, „um sich mit der geliebten Frau im Himmel zu verbinden“, lösen soll. Er denkt unentwegt an seine verlorene Geliebte.

Er ist Opfer der kulturellen Zerrissenheit, die durch die Familie geht. Als Gehörloser hat er in Deutschland in einer Gehörlosenschule gelernt vom Mund abzulesen. Sein Verhalten wurde durch die deutsche Sprache und mitteleuropäische Wertvorstellungen geprägt. Das Verhalten seiner Brüder ist ihm fremd und unverständlich. Im affektiven Bereich reagiert er jedoch ähnlich wie sein Bruder.

Wir sehen, daß Migration hohe Anforderungen an das Anpassungsvermögen von Menschen stellt, das zu Symptombildungen und seelischen Störungen führen kann, wenn es versagt.

Dafür ein Beispiel: Frau Ayse kommt in die Sprechstunde wegen Kopfschmerzen, die sie seit vielen Jahren plagen, und die besonders dann auftreten, wenn sie sich ärgert oder nachdenkt.„Mein Kopf viel krank“, sagt sie, „denken - nicht besser, nicht denken - besser“.

Frau Ayse hatte den Mut und die Initiative zur Emigration früher als ihr Mann ergriffen, der ihr erst zwei Jahre später folgte. Das bedeutete, eine Phase der Trennung in Kauf zu nehmen. Ihr ursprüngliches Ziel war, rasch viel Geld zu verdienen und in die Heimat zurückzukehren, und so stand die Einwanderung bei ihr wie bei vielen anderen Türken zunächst unter dem Zeichen der Vorläufigkeit. Drei ihrer schulpflichtigen Kinder leben bei ihr und ihrem Mann. Der5-jährige Mehmet lebt bei seinen Großeltern in der Osttürkei. Sie berichtet, daß Mehmet ihr bei ihrem letzten Besuch in der Türkei sagte:

> „Ich auch Deutschland gehen, sehen ob schwarz oder weiß“.

Frau Ayse war einige Jahre wegen der Kopfschmerzen in meiner Behandlung gewesen. Die üblichen U Untersuchungen ‚Blutdruckmessung, Röntgenaufnahmen der Nasennebenhöhlen, des Schädels und CT ergaben keine pathologischen Besonderheiten, jedoch fiel ein trauriger Gesichtsausdruck auf, sie wirkte vorgealtert und verbraucht. Ihre Beschwerden wurden symptomatisch mit Analgetika behandelt. Erst die Worte ihres 5-jährigen Sohnes erhellte mir schlagartig den Konflikt dieser Patientin. Er bezog sich auf die neuen Wertnormen in Deutschland, „schwarz“ oder „weiß“ - „böse“ oder „gut“ und ihre Trennungsproblematik, die sie nicht lösen konnte, weil sie für den kleinen Mehmet keinen Kindergartenplatz bekam, und weil sie den Jüngsten nicht den „Verführungen der westlichen Zivilisation aussetzen“ wollte.

Nach mehreren psychotherapeutischen Gesprächen, die zum Ziel hatten, ihre eigentlichen Bedürfnisse und Gefühle besser wahrzunehmen und ihre Situation zu klären, entschied sich Frau Ayse schließlich, ihren Sohn nach Berlin zu holen. Die Kopfschmerzen verschwanden.

Krankheitssymptome werden häufig als Strafe für das Durchbrechen islamischer Vorschriften oder als Folge des bösen Blicks und bösen Willens anderer erlebt:

Der 23jährige Herr Mahmut sucht wegen heftiger Herzschmerzen die Sprechstunde auf. Körperliche Untersuchung und EKG ergeben keine pathologischen Befunde. Ich erfahre, daß der junge Mann vor drei Tagen erstmals Whisky getrunken und seitdem Angst vor Strafe habe. Ich interpretiere das Symptom als mögliche Antwort auf das Durchbrechen der islamischen Abstinenzvorschrift. Das Besprechen der Befunde und seiner Angst führte zum Verschwinden der Herzschmerzen.

Die Symptombildung ist nicht organbezogen. Vorstellungen über die Anatomie und Physiologie des Körpers fehlen fast gänzlich, besonders bei den Migranten der ersten Generation. Viele Symptome passen nicht in ein übliches Diagnoseschema.

Die Diskrepanz zwischen geäußerten Symptomen und Diagnosen wird an folgendem Beispiel deutlich:

Ein 60-jähriger Patient, Herr C., bei dem ein Hypertonus, koronare Herzkrankheit, Emphysembronchitis, Diabetes mellitus, diabetische Polyneuropathie, Fettleber und eine Herzinsuffizienz festgestellt wurde, leidet lediglich an der Angst, in der Fremde sterben zu müssen, an einer Angst, die ihm die Kehle zuschnürt und ihm den Schweiß auf die Stirn treibt. 18 Jahre beharrte er auf seinen Symptomen:

> „die linke Körperhälfte ist kaputt, die linke Körperhälfte brennt und ist wie abgestorben".

Bei seinen Besuchen in der Türkei fühlt er sich zunehmend entspannt und symptomfrei. Sein Konflikt kann nicht gelöst werden: Frau und Kinder wollen in Deutschland bleiben, er möchte nicht in der Fremde,„im Haus des Krieges" sterben.

Für einen streng gläubigen Moslem ist es unmöglich, im „Haus des Krieges" beerdigt zu werden. Der tote Moslem wird in die Heimat transportiert. Nachbarn und Bekanntenkreis stiften hierfür Geld. Das Haus des Friedens bedeutet Haus des Islams. Das Haus des Krieges ist die nichtgläubige Welt.

Bei vielen Symptomen fällt auf, daß sie nicht ohne weiteres in unser Diagnose-Schema passen, weil die Symptombildung aus magischen Vorstellungen von Blutreinigung und Bestrafung resultiert. Angst und Tod, allgemeines Krankheitsgefühl und psychosomatische Symptome stehen an der Spitze der vorgetragenen Beschwerden.

Charakteristische Beispiele sind:
-müde
-Doktor, alles kaputt
-ganzer Körper krank
-ich viel krank
-Rückenschmerzen, Gelenkschmerzen
-Lendenschmerzen
-keine Luft
-Arme, Beine tun weh
-keine Kraft, keine Moral*
-Klopfen im Bauch
-immer viel Kopfschmerzen
-die Adern tun weh
-Schwitzen
-immer Angst, ich viel Angst
-immer wieder Magenschmerzen und Erbrechen
-ganze Nacht nicht schlafen
-zudrücken Hals
-zudrücken Brust
-Herz ganz tut weh, Essen raus, Schmerzen Kopf, linke
Körperhälfte Schmerzen
-viel heiß, viel kalt
-Brennen der Fußsohlen, Brennen der Hände und Beine
-halbe Seite wie tod
-Schienbeinschmerzen
-eine Körperhälfte ist schmerzhaft und kraftlos
-keine Moral/keine Lust
-Blut nicht richtig fließen
-Blut ganz schlecht
-schwindelig, immer Zittern
-ganzes Bein wie tot, Fuß tut weh, verbrannte Kohle im Ohr
-Blut nicht kommen
-nachts unruhig
-Herzklopfen, Brennen im Körper, Kopfschmerzen, Hände und
Füße brennen
-fühlt sich so, als hätte sie sich mit jemandem geprügelt
-Herzschmerzen
-Kopfschmerzen
-Schwindel, immer kalt
-viel Angst, halbe Körper wie tot
-Husten
-viel Angst
-ich gleich tot machen

Die Feststellung einer Diagnose als Resultat von Anamnese, klinischen Symptomen und er-

* Moral: nicht Lebenswandel, sondern Lebenskraft

gänzender Diagnostik war eher die Ausnahme. Auch der Dolmetscher half bei der Anamnese nicht viel weiter, da chronologische Daten, wie Lebensalter, Geburtsjahre der eigenen Kinder, der Eltern, Zeitpunkt einer Erkrankung, eines Lebensereignisses von untergeordneter Bedeutung sind, und frühere Erkrankungen oft ohne Diagnosen geblieben waren, da ein Arzt nicht aufgesucht worden war.

Depressive Syndrome

Der überwiegende Teil meiner Patienten war Anfang der 70iger Jahre lustlos, müde, apathisch, traurig, wortkarg und antriebsarm. Zum Arzt kamen sie wegen eines allgemeinen Krankheitsgefühles, das sie mit den Worten: „Doktor, alles kaputt" charakterisierten. „Immer nur denken, denken, müde, ich gleich tot machen. Nicht essen, nicht schlafen. Ich viel krank, ich viel Angst. Keine Lust, alles fällt schwer".

Ein 15-jähriger Jugendlicher begleitet seine Mutter Frau Y. in die Sprechstunde und berichtet: „Sie sitzt nur rum, kann nichts machen, alles fällt schwer, immer nur denken, nicht sprechen auch mit uns nicht sprechen." Die Frau ist Analphabetin, Kinder und Mann sind ihr in der Fremde über den Kopf gewachsen. Sie sind integriert, die Mutter hat es nicht geschafft, sie fühlt sich wie gelähmt und ist in der fremden Umgebung verstummt.

Durch den Verlust ihrer heimatlichen Bezugsgruppe und ihres Orientierungsfeldes ist Frau Y., wie auch andere wenig akkulturierte Frauen nicht nur einer sozialen Isolation ausgesetzt, sondern befindet sich durch die sprachliche Barriere auch in Abhängigkeit und Unsicherheit. Als Mutter fühlt sich Frau Y. minderwertig, was u. a. durch die Einschränkung ihres Einflusses im Bereich der Kindererziehung bedingt ist: ihre einzigen zwei Söhne wurden drogenabhängig - ein zusätzlicher schmerzlicher Verlust.

Frau Y. sucht zwar die Sprechstunde in unregelmäßigen Abständen auf, was ihr auch meistens vorübergehende Linderung schafft, sie ist jedoch nicht bereit, sich einer psychotherapeutischen Behandlung bei einem türkischen Psychologen zu unterziehen.

Ein anderer Patient sagt:

> „Wenn Deutschland kommen wie Giftspritze. Ich keine Kraft". „Deutschland hat mich krank gemacht".

Depressive Beschwerdebilder treten auch heute noch häufig auf. Jedoch überwiegen depressive Syndrome mit Somatisierungstendenz.

Die Leiden der depressiven Patienten erinnern an eine Krankheit, die Hofer im Jahre 1678 beschrieb und die in Basel veröffentlicht wurde: *Dissertatio medica de Nostalgia oder Heimwehe.* Er nannte Appetitlosigkeit, Schlafstörungen, Verdauungsstörungen, Druck im Kopf, Traurigkeit, Angst, Apathie, Herzunruhe, Fieber und Stupor.

Auch türkische Patienten klagen häufig über Fieber und Brennen im Körper ohne objektivierbare Temperaturerhöhung.

Hofer beschreibt drei Stadien der Heimwehkrankheit. Im dritten Stadium kann es zu Verwirrtheitszuständen und Wahnideen kommen, die vor 200 Jahren bei den Kranken zu gänzlicher Erschöpfung und zum Tode führten. Die medizinische Literatur des 18. und 19. Jahrhundert befaßt sich eingehend mit der Nostalgie oder dem Heimweh. Es wird als schwere Krankheit von epidemischer Bedeutung geschildert, der vor allem Schweizer Söldner im Dienst europäischer Machthaber verfielen. Ärzte Napoleons schildern die Nostalgiequalen fränzösischer Soldaten in Rußland und Afrika. Die Rückkehr in die Heimat, ja sogar die Ankündigung der Rückkehr, führte zum Verschwinden der Symptome.

Symptome, die Hofer beschrieb, habe auch ich häufig bei türkischen Patienten beobachtet, Verwirrtheitszustände oder Wahnideen allerdings nur selten.

So erinnere ich mich an eine 28-jährige Patientin, die für ihr gesamtes erspartes Geld, für ca. DM 2.500,--, Reinigungs- und Waschmittel einkaufte und diese in ihrer Wohnung ausschüttete, weil sie glaubte, damit Reinheit* wieder herstellen zu können.

Diese psychotische Episode ist schnell abgeklungen.

Vor fast 200 Jahren war die Wiederherstellung menschlicher Bindungen und die Rückkehr in die Heimat die einzige Therapie. Auch heute stehen wir dem Phänomen der psychopathologischen Symptombildung relativ hilflos gegenüber.

Neben den depressiven Symptomen sind in meiner Praxis *hysterische Reaktionen* sehr verbreitet gewesen?

Einige Patienten kippten völlig unerwartet um, waren nicht ansprechbar, stellten sich tot. Andere versuchten, mit überdeutlicher Gestik und Mimik, mit Jammern und Schreien, ihr „Kranksein“auszudrücken. Sie griffen sich verzweifelt an den Kopf, rissen sich an den Haaren, schlugen wild um sich, oder ihr Körper bäumte sich arc-de-cercle-artig auf (hysterische Epilepsie). Wieder andere konnten plötzlich ihren Arm oder ihr Bein nicht mehr bewegen (hysterische Lähmung), nicht mehr sprechen (hysterische Aphasie). Eine Körperhälfte tat von Kopf bis Fuß weh,verbunden mit einer halbseitigen Hypästhesie.

Diese Patienten fühlten sich schwer krank und hatten massive diffuse Ängste. Die Angst der Patienten übertrug sich auch ein paar mal auf mich, die ich in Aus- und Weiterbildung nichts von so hochdramatischen, vor 100 Jahren durchaus auch bei uns häufigeren, Beschwerdebildern gehört hatte, und es kam ein paar Mal zu unnötigen Krankenhauseinweisungen mit der Feuerwehr. Diese Krankheitsbilder wurden oft verkannt und von manchen Ärzten abwertend als „türkischer Totalschaden, fernöstliche Wehleidigkeit, Mama Mia Syndrom, demonstrative Krankheitsäußerung ohne Krankheitswert“ bezeichnet.

Ich habe keinen Zweifel, daß hier Leid elementar durch Körpersprache ausgedrückt wird. Unsere Deutung und Einstufung als Verdrängung psychischer Konflikte, als Konversion oder Somatisierung treffen bei türkischen Patienten, die direkt aus ländlichen Regionen mit zum Teil mittelalterlichen Strukturen in unsere hochkomplexe Industriegesellschaft emigriert sind, nicht zu; vielmehr steht dabei Angst vor Fremdem und unbekanntem Neuen ganz im Vordergrund. Die Herkunft des Konfliktes ist nicht so sehr in frühen Traumatisierungen, sondern in hemmenden Gegebenheiten ihrer Wunschvorstellungen bzw. ihres Lebensentwurfes zu suchen, in Fehlschlagen ihrer Ambitionen und Bemühungen insbesondere auch dann, wenn der Rückweg aus Scham, nichts erreicht zu haben, nicht mehr möglich ist.

Praeverbale Ausdrucksweisen und die Sprache des Körpers stehen ganz im Mittelpunkt der psychopathologischen Symptombildung. Die körperlichen Symptome mobilisieren Unterstützung durch die Umwelt . Der sekundäre Krankheitsgewinn ist enorm.

Was war mit diesen Menschen geschehen? Warum ist so vielen Fremden der Bewältigungsprozess nicht gelungen? Man kann nur vermuten, daß der soziale Wechsel vielen von ihnen zum pathogenen Stressor wurde, durch die Plötzlichkeit des Wechsels (schlagartige Entwurzelung), das Unvorbereitetsein (Analphabeten, mangelhafte Vorstellungen), durch die Unsicherheit und Hilflosigkeit, durch Idealisierung des Gastlandes und damit verbundene Selbstabwertung. Die Unvorhersehbarkeit und Unkontrollierbarkeit der Zukunft („Bleiben wir hier, oder kehren wir in die Türkei zurück, was wird dann aus unseren Kindern?") läßt keine überschaubare Lebensplanung zu. Die Unsicherheit in Bezug auf die neuen Wertnormen (ist Deutschland nun schwarz oder weiß wie der kleine Mehmet es ausdrückt)* führt zur Unsicherheit und zu einem Hilflosigkeitsgefühl,durch das wiederum das Integrationsversagen noch verstärkt wird.

Unsicherheit, Hilflosigkeit und Angst sind häufig die Gründe für den Arztbesuch. Krankheit wird als Kranksein des ganzen Menschen erlebt. So kommt z. B. auch ein Patient mit einer Angina tonsillaris nicht wegen der Halsschmerzen in die Sprechstunde, sondern sagt:

> „Ich ganz krank, alles tut weh, keine Kraft".

Während türkische Patienten in den ersten Jahren ihres Aufenthaltes noch offen über ihre Ängste und ihr Heimweh sprachen -„Immer Angst, weiß nicht warum. Deutschland schön, aber Heimat ist Heimat" - sind heute die psychischen Symptome versteckter - „Heimweh überhaupt nicht, nur mein Magen" „Probleme? überhaupt nicht. Mein Kopf ist mein Problem". Die Tendenz zur Somatisierung nimmt zu. In diesem Zusammenhang möchte ich Kielholz zitieren:

> „In der materialistischen Gesellschaft - es gibt ja kaum eine andere mehr - nimmt der Trend zum Organischen zu, was auch in einfachen Kulturen festzustellen ist. Die Degeneration ist auch dort schon soweit fortgeschritten, daß körperliches Leiden akzeptiert wird, während man psychisch Kranke diskriminiert."
> Bei türkischen, spanischen und italienischen Gastarbeitern kann hinzukommen, daß auch diese bemerkt haben, daß sie im Fall einer körperlichen Erkrankung Versicherungsschutz genießen und eher krankgeschrieben werden, da eine pathologische Veränderung oder eindeutige Funktionsstörung eher als Krankheit toleriert wird".

In Deutschland wurde ein ähnlicher Symptomwandel am Anfang dieses Jahrhunderts beobachtet.

Ähnlich schien es in meiner Praxis in den letzten 20 Jahren. Immer mehr hysterische Symptome manifestierten sich als psychosomatisches Leiden, das Ulcusleiden zählt immer noch zu den häufigsten Erkrankungen bei türkischen Gastarbeitern.

Insgesamt entsteht der Eindruck, daß die Krankheitsbilder immer „deutscher" werden. Während der türkische Patient früher nicht nur nicht verstanden, sondern auch mißverstanden wurde, und bei den subjektiv symptomstarken, jedoch objektiv symptomarmen Krankheitsbildern sogar in den Verdacht geriet zu aggravieren oder zu simulieren, sind diese Krankheitsbilder nicht mehr zu übersehen.

Es gibt Patienten, die eine bunte Palette verschiedener Symptome und Symptom-Verschiebungen aufweisen.

Frau M. kommt 1970, zwei Jahre vor ihrer Familie, nach Deutschland, ohne ein Wort deutsch zu sprechen. Sie besorgt eine Wohnung, für ihren Mann einen Arbeitsplatz und holt die Familie (Ehemann und zwei Töchter) nach. Sie arbeitet in der Wäscherei eines Berliner Krankenhauses im Akkord.

In Kürze die Anamnese:
1972 Ulcus duodeni
1974 Geburt eines Sohnes

* Das muslimische Reinheitsgesetz fordert, daß man nach dem Beischlaf, nach der Menstruation, nach der Geburt, die 40 Tage unrein macht, nach Verrichtung der Notdurft und Gasabgang, nach Schlaf oder einer Ohnmacht, nach Berührung der Haut einer Frau und nach Berührung der Scham sich wäscht.

1976 Rückenschmerzen, Stenocardien, Mißempfindungen im linken Bein,Globusgefühl

1978 ausgeprägtes Asthma bronchiale. Sie ist mehrmals wöchentlich in der Praxis,hat Angst, fühlt sich überfordert. Eines Tages kann sie den rechten Arm nicht mehr bewegen, auch nicht mehr aus dem Bett aufstehen. Diagnose: psychogene (hysterische) Armlähmung, psychogene (hysterische) Gang-lähmung.

Ende 1978 psychogene(hysterische)Aphasie.

1980 Radiusfraktur rechts, deshalb längere Arbeitsunfähigkeit, in deren Gefolge Kündigung (nach 9-jähriger Betriebszugehörigkeit und Akkordarbeit).

Im März 1981 erneut Krankenhauseinweisung wegen einer psychogenen Ganglähmung und Hypästhesie der linken Körperhälfte.

Ende Mai Entlassung aus stationärer Behandlung,nur vorübergehende Besserung.

Im Juli 1981 wieder psychogene Aphasie.

Frau M. stellt einen Rentenantrag. Vom Versorgungsamt wird eine Minderung der Erwerbsfähigkeit ausgesprochen. Die Familie akzpetiert schließlich, daß sie nicht mehr arbeitet. Es geht ihr besser, so daß sie 1982 nur noch 19 mal die Sprechstunde aufsuchen mußte.

Frau M. hat zunächst die wirtschaftliche Existenz der Familie sicher gestellt. Sie ist dann aber offenbar in einen Konflikt mit ihrem traditionellen Verständnis als Mutter geraten. Sie fühlt sich auch für ihre Entbehrungen und ihren Einsatz weder von der Familie noch von ihrem Arbeitgeber belohnt. „Wegschmeißen wie Dreck", sagte sie, als ihr die Kündigung ausgesprochen wurde. Sie selbst fühlt sich minderwertig:„Am besten Mülleimer schmeißen". Sie fühlt sich verlassen und nutzlos, als der Ehemann sich nach längerer Arbeitslosigkeit als Schneider selbstständig

Psychotherapie bei ausländischen Patienten

1. Unbedingte wertschätzende Empathie
2. Symptombejahung Keine Bagatellisierung
3. Keine zu hohen Erwartungen an den Patienten
4. Interpretation des Leidens und der Therapie nach einem plausiblen Konzept entsprechend der kulturellen Situation
5. Sprachunterricht
6. Stärkung der Arzt/Patient-Beziehung über Handeln
7. Symptomzentriert und gegenwartzentriert handeln
8. Ich-Stärkung über suggestive Maßnahmen
9. Abbau von Vermeidungsverhalten und Angstabbau
10. Aufbau der Aktivität
11. Realitätsbezug herstellen
12. Bereitschaft zur Konfrontation stärken
13. Mit Lust und Genuß „Nein" sagen lernen (Agressive Selbstbehauptung versus trotziges Aufbegehren)
14. Klären der Konflikt- und Belastungssituation
15. Wunsch- und Bedürfnisstruktur des Patienten klären
16. Prozesse, die Wachstum versprechen, fördern
17. Nicht an Versagungserfahrungen orientieren
18. Potential entwickeln und nicht nur über die Defizite jammern
19. Vertrauen vermitteln, daß Patient in sich Kräfte findet, die ihn befähigen gesünder zu werden
20. Lernen am Erfolg und Hoffnung machen. Mobilisieren der Zuversicht und der Veränderungsbereitschaft

macht. Frau M. wurde im Krankenhaus psychotherapeutisch behandelt. Zur wesentlichen Besserung ihrer Leiden kam es jedoch erst, als sie in der traditionellen Rolle als Hausfrau und Mutter wieder mehr von ihrer Familie akzeptiert wurde und sie für ihre Leiden durch den Schwerbeschädigtenstatus entschädigt wurde.

Wie sollen wir nun therapeutisch vorgehen?

So wie das Kranksein nur vor dem kulturellen Hintergrund zu begreifen ist, sind auch die Therapievorstellungen und Erwartungen der Patienten nur aus der kulturellen Identität zu verstehen und keineswegs mit unseren Vorstellungen kongruent. Der türkische Kranke kommt zum Arzt mit dem Bedürfnis und der Erwartung einer schnellen Symptombeseitigung („Doktor, du mich gesund machen"), d. h., daß möglichst durch Spritzen oder Medikamente der alte Zustand wieder hergestellt werden soll.

Dort, wo Deutsche zunehmend skeptischer und vorsichtiger geworden sind, bei Schmerz- und Beruhigungsmitteln und bei Operationen, glauben türkische Patienten noch fest an die Segnungen der westlichen Medizin glauben. Dagegen ist es außerordentlich schwierig, Patienten unmittelbar für psychotherapeutische Maßnahmen zu gewinnen, denn sie glauben, daß die Krankheit „von außen" kommt. Der Arzt muß deshalb in der Lage sein, sie „wegzumachen", „wegzuzaubern".

Aus der traditionellen Erziehung hat der Einzelne das Gefühl, daß er nicht viel an seinem Zustand ändern kann. Hinzukommt der individuelle Widerstand gegen Konfliktaufdeckung. Die einmal gefundene Kompromißlösung wird trotz erheblichen Leidensdruckes nicht aufgegeben: der sekundäre Krankheitsgewinn leistet zu gute Dienste im Kampf um die Selbstbehauptung .

Hier scheint zuzutreffen, was Freud sagt:

> „Ganz unbestreitbar steht die Erfahrung da, daß der Arme, der einmal eine Neurose zustande gebracht hat, sich dieselbe nur sehr schwer entreißen läßt. Sie leistet ihm zu gute Dienste im Kampfe um die Selbtbehauptung; der sekundäre Krankheitsgewinn, den sie ihm bringt, ist allzu bedeutend" (Freud 1913).

Der hohe Widerstand dieser Patienten gegen Psychotherapie führt leicht zur Resignation auf Seiten selbst türkisch sprechender Psychotherapeuten, denn es ist schwer, gegen idealisierende Erwartungen, mangelnde Krankheitseinsicht, mangelnde Introspektionsfähigkeit und mangelnde Motivation zur Auseinandersetzung mit inneren Konflikten und Problemen anzugehen. Das therapeutische Ziel, der Abbau neurotischer Reaktionsmuster und eine bessere Bewältigung aktueller Schwierigkeiten, scheint bei diesen Patienten in weiter Ferne zu liegen. Dennoch sollte man den Mut haben, sich der Angst vor der eigenen Ohnmacht und Unvollkommenheit auszusetzen, um auch diesen Patienten zu helfen.

Noch einige praktische Hinweise.
Bei der oralen Medikation ist es wichtig, den Ramadan (Fastenmonat) zu berücksichtigen. Depot- und Retard-Präparate bieten dem Arzt die Möglichkeit, eine entsprechende Therapie durchzuführen, ohne den Patienten in einen Konflikt mit der Vorschrift des Korans zu bringen, die Nahrungs- und Medikamentenaufnahme erst nach Sonnenuntergang erlaubt.

Der Dialog mit diesen Patienten beginnt oft erst nach oder während der Untersuchung. Vertrauensbildung durch Anfassen und Berühren (Be„hand"eln) sind wichtige Grundlagen für den Beginn einer tragfähigen Arzt/Patientenbeziehung. Das türkische Sprichwort:

> „ELINI KALBIME KOY, DOKTOR". „Lege Deine Hand auf mein Herz, Doktor", drückt das aus.

Das Anfassen und Berühren ist wichtiger als das abstrakte Erklären mit Worten. „Anderer Doktor nicht anfassen", beschwert sich ein Patient. „Anderer Doktor reden, reden nichts verstehen". Der türkische Patient zweifelt in der Regel am Sinn des Redens. (So wollten Eltern, dessen Kind an einer Enuresis nocturna litt, ihr Kind nicht mit Worten sondern mit Medikamenten behandelt wissen).

Auch übende Verfahren z. B. Autogenes Training brachten mir nur geringen Erfolg. Ich mußte es spätestens dann als gescheitert ansehen, als Freunde einer Patientin auch zu mir „in die Kirche" kommen wollten, obwohl ich das autogene Training mit Hilfe einer Arzthelferin, die dolmetschte, eingehend und präzise vorbereitet hatte.

Heterosuggestive Maßnahmen scheinen geeigneter zu sein. Bei einigen Jugendlichen konnte ein Blinzeltic, eine Enuresis nocturna oder eine psychogene Ganglähmung durch Hypnose erfolgreich behandelt werden. Im Falle der 17jährigen Patientin mit der psychogenen Ganglähmung traten allerdings kurz danach Symptomverschiebungen auf, zunächst eine psychogene Heiserkeit, später hartnäckige Magenschmerzen.

Der Arzt nimmt für diese Patienten eine besondere Stellung ein. Er ist oft die einzige fremde und gleichzeitig vertraute Bezugsperson in der Fremde, der man glauben kann. Er ist Vertrauensperson und Ersatz für die Heimat.

Um diesen Patienten trotz der Schwierigkeiten zu helfen, wird es darauf ankommen, bei ihnen kompensatorische Kräfte für die Krankheitsbewältigung zu mobilisieren, so etwa durch Sprachunterricht, die Bereitschaft zur Konfrontation, z. B. Auflehnung gegen empfundene Ungerechtigkeit und den Realitätsbezug zu stärken, Aufbau von Aktivität, Abbau von Depressivität, Beziehungsklärung, Abbau von Vermeidungsverhalten und Angst, Ermunterung zum Verbalisieren und schließlich Stärkung der Arzt/Patienten-Beziehung - etwa über eine schmerzlindernde Injektion bei akuter Erkrankung: über das aktive Handeln entsteht Vertrauen.

Das Therapieziel wird nicht so sehr im Aufdecken und Bearbeiten der frühkindlichen Traumatisierung liegen, sondern im Klären der Konflikt- und Belastungssituationen und im Erkennen eigener Bedürfnisse und Wünsche sowie im Lernen am Erfolg und im Wecken von Hoffnung.

Therapieerfolge werden dann möglich sein, wenn es gelingt, den Patienten auch nonverbal zu verstehen, ihn anzunehmen, ihn zu begleiten, ihm eine bestätigende Resonanz zu geben, ohne ihn zur eigenen Selbstbestätigung zu mißbrauchen. Eine einfache Therapie im Dialog, die symptom- und gegenwartszentriert ist, evtl. unterstützt durch Psychopharmaka, hat sich am besten bewährt.

Hier, wie auch sonst in der Psychotherapie, sollte sie nicht der Befriedigung unseres Ehrgeizes im Sinne einer Idealvorstellung dienen, sondern sich immer nach den Möglichkeiten des Patienten richten. Dafür sind Toleranz, Respekt und Akzeptanz des Fremden erforderlich.

Gerade im Umgang mit ausländischen Patienten zeigt sich, daß Psychotherapie im Sinne der Richtlinien der Psychotherapie nur begrenzt zur Anwendung kommen kann. Hier wird besonders deutlich, daß unser Einwirken sehr begrenzt ist, wenn die Möglichkeiten und Fähigkeiten des Patienten nicht berücksichtigt werden.

So möchte ich zum Schluß Mitscherlich zitieren:

> „Einfühlen und Eindenken in die Wertungen fremder Gruppen stellt die meisten Menschen vor eine unlösbare Aufgabe. Die Relativierung der eigenen Gruppennormen erweckt soviel Angst und Schuldgefühl, daß der einzelne dem gewöhnlich nicht gewachsen ist" (A. Mitscherlich 1963).

Rita Kielhorn
Plöner Str. 25
14139 Berlin

Körperbeschwerden bei griechischen Migranten- und deutschen Aussiedlerkindern und -jugendlichen

Georg Siefen, Elmar Brähler

1. Körperbeschwerden und Migrationsstreß

Ein hohes gesundheitliches und körperliches Entwicklungsrisiko von Migrantenkindern ist in der deutschsprachigen Migrationsliteratur schon seit langem bekannt. Als mögliche Ursachen wurden auch folgende soziale Faktoren aufgeführt: ungünstige Wohnbedingungen, zeitweilige Trennungen von den Eltern, Bezugspersonenwechsel, spätes Nachholen der Kinder aus dem Herkunftsland, mangelnder Schulerfolg bei unzureichender Sprachbeherrschung und fehlende Vertrautheit mit dem Bildungssystem. In diesem Rahmen kann nur exemplarisch auf einige Untersuchungen hingewiesen werden. So zeigten ausländische Kinder im Verhältnis zu Kontrollgruppen mit deutschen Kindern häufigere Erkrankungen der Atmungsorgane, Erkältungen und grippale Infekte und Durchfallerkrankungen (Collatz et al. 1977a, Collatz et al. 1977b). Körperliche Entwicklungsprobleme und körperliche Erkrankungen von Migrantenkindern wurden als Ausdruck von psychosozialem Migrationsstreß verstanden. In gleichem Sinne konnte die erhöhte Unfallhäufigkeit interpretiert werden (Viefhues 1982, Zimmermann 1983). Körperlicher Streß und psychosomatische Erkrankungen bei Kindern können auf die Veränderungen der sozialen Lebensbedingungen zurückgehen (Hellbrügge 1980). Andererseits fanden Steinhausen und Remschmidt (1982) bei griechischen Jugendlichen in Berlin weniger psychosomatische Beschwerden als bei einer deutschen Kontrollgruppe. Diese letzte Untersuchung stellte ebenso wie die von Poustka (1984) einen erheblichen methodischen Fortschritt dar, da ethnisch homogenere Gruppen von Migrantenkindern und nicht nur Gruppen von "ausländischen Kindern" mit deutschen Stichproben verglichen wurden.

Einen Zusammenhang zwischen Körperbeschwerden als konversionsneurotische Symptome und Migration stellen Bürgin und Riedesser (1993) fest. Besonders bei Migrantenkindern komme es in der Pubertät bei Ich-Labilisierung durch alterstypische Trieb-, Ablösungs- und Identitätskonflikte zu einer Häufung konversionsneurotischer Symptome. Bestätigend angeführt werden von Bürgin und Riedesser (1993, S. 81) kasuistische Falldarstellungen von Friessem (1974), Wallis (1980) und Lehmkuhl (1983). In allen drei Veröffentlichungen werden Körperbeschwerden und konversionsneurotisch gedeutete Symptome türkischer Mädchen im Jugendalter beschrieben. Bezugnehmend auf diese Fallbeschreibungen warnt Schepker (1996) vor einer einseitigen Diagnostik und Beurteilung der Lebenssituation jugendlicher türkischer Migrantinnen aufgrund von Stereotypien und Vorurteile.

In einer Untersuchung von jugendlichen deutschen und griechischen Migranten und Nonmigranten wollten wir folgende Hypothesen überprüfen:

- Deutsche Kinder und Jugendliche geben weniger psychosomatische Beschwerden an als griechische.
- Migrantenkinder und -jugendliche geben wegen des Migrationsstresses mehr Beschwerden an als Nonmigranten:

Nachfolgend werden Teilergebnisse einer Untersuchung von Migrantenkindern und -jugendlichen mit dem Giessener Beschwerdebogen für Kinder und Jugendliche vorgestellt.

2. Stichprobenauswahl nach Migrationsstatus und nationaler Zugehörigkeit

Dieser Fragebogen stellt eine Weiterentwicklung für Kinder und Jugendliche des in zahlreichen Untersuchungen bewährten Giessener Beschwerdebogens dar. Er enthält 59 Items.

Die fünf Unterskalen erfassen Allgemeinbefinden, vegetative Symptome, Schmerzen, Emotionalität und Kinderbeschwerden. Alle Items werden außerdem zum Gesamtwert als "Beschwerdedruck" zusammengefaßt (Brähler 1992).

Befragt wurden mit dem GBB-KJ

- 103 griechische Migrantenkinder und -jugendliche in der BRD (52 Mädchen und 51 Jungen);
- 128 griechische Kinder und Jugendliche in Griechenland (67 Mädchen und 61 Jungen);
- 100 deutschstämmige Aussiedlerkinder und -jugendliche (52 Mädchen und 48 Jungen) aus Polen;
- 111 deutsche Kinder und Jugendliche (57 Mädchen und 54 Jungen), die mit ihren Familien immer in der Bundesrepublik gelebt haben.

Das Alter der Kinder und Jugendlichen lag zwischen 12 und 18 Jahren (eine genauere Stichprobenbeschreibung findet sich bei Loof 1996 und Peponis 1994). Es handelte sich um `normale´ Kinder.

Somit besteht von den zwei griechischen und den zwei deutschen Stichproben jeweils eine aus Nonmigranten: griechische Kinder und Jugendliche, deren Familien immer in Griechenland gelebt haben, sowie deutsche Kinder und Jugendliche, deren Familien immer in Deutschland gelebt haben. Daneben gibt es zwei Migrantengruppen: griechische Kinder und Jugendliche und deutschstämmige Aussiedlerkinder, die jetzt in der Bundesrepublik leben.

Der Vergleich von vier Gruppen von Kindern und Jugendlichen erlaubt es, sowohl Auswirkungen der nationalen Zugehörigkeit wie auch des Faktors Migration zu erfassen.

3. Ergebnisse

3.1 Beschwerdedruck bei Migrantenkindern und -jugendlichen

Abbildung 1 zeigt den Beschwerdedruck für alle vier Untersuchungsstichproben getrennt nach Jungen und Mädchen.

Es zeigt sich, daß Mädchen mehr Körperbeschwerden angeben, also unter einem höheren Beschwerdedruck leiden als Jungen. Dieser Unterschied ist hochsignifikant. Er zeigt sich bei jugendlichen Migranten ebenso wie bei Nichtmigranten.

Abbildung 1: Beschwerdedruck

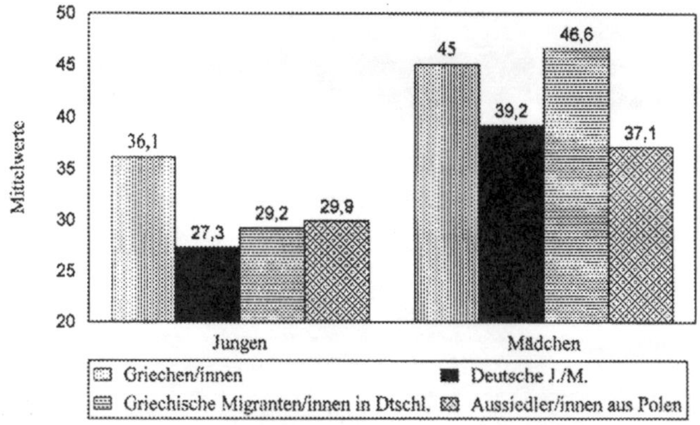

Eine Ausgangshypothese der Untersuchung war, daß deutsche Kinder und Jugendliche im Vergleich mit Nonmigranten weniger Körperbeschwerden angeben als Kinder und Jugendliche mit einem anderen kulturellen Hintergrund. Für die Mädchen trifft das zu. Griechische Mädchen geben einen höheren Beschwerdedruck durch Körperbeschwerden an als deutsche Mädchen.

Bei den Jungen weisen die deutschen Jungen, die immer in der BRD gelebt haben, den niedrigsten Beschwerdedruck auf. Dieser Wert ist aber im Mittel kaum erhöht im Vergleich mit deutschen Aussiedlerjungen und griechischen Jungen in Deutschland. Nur die männlichen griechischen Jugendlichen in Griechenland geben weit mehr Beschwerden an.

Eine weitere Hypothese ging davon aus, daß Migrantenjugendliche höhere psychosomatische Bewerdewerte erreichen als Nichtmigrantengruppen: Körperbeschwerden als Indikator für psychosozialen Migrationsstreß.

Diese Hypothese konnte nicht bestätigt werden. Bei den Jungen wiesen die griechischen Nichtmigranten den höchsten Beschwerdedruck auf. Bei den Mädchen erreichen die beiden griechischen Stichproben deutlich höhere Werte als die beiden deutschen Stichproben.

Diese Ergebnisse legen nahe, daß eher kultur- und gesellschaftsbedingte Einflüsse die Wahrnehmung von Körperbeschwerden und ihre Mitteilung beeinflussen (vgl. auch Siefen et al. 1996).

Abbildung 2: Die häufigsten Beschwerden bei griechischen Mädchen

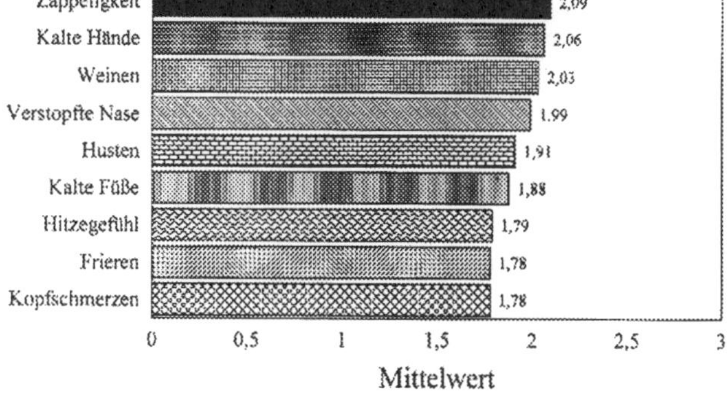

Abbildung 3: Die häufigsten Beschwerden bei griechischen Migrantinnen in Deutschland

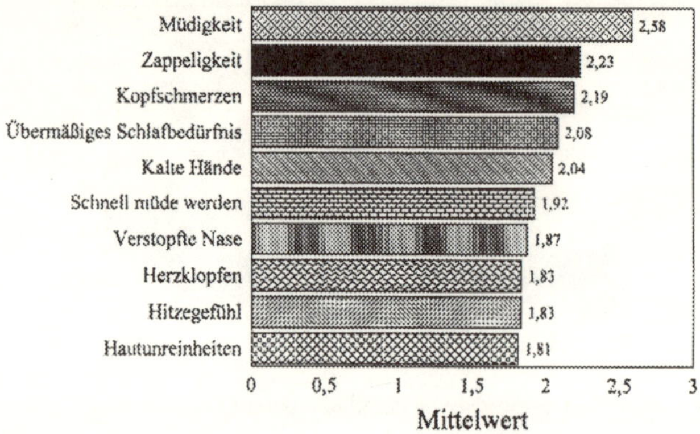

Abbildung 4: Die häufigsten Beschwerden bei Aussiedlermädchen aus Polen

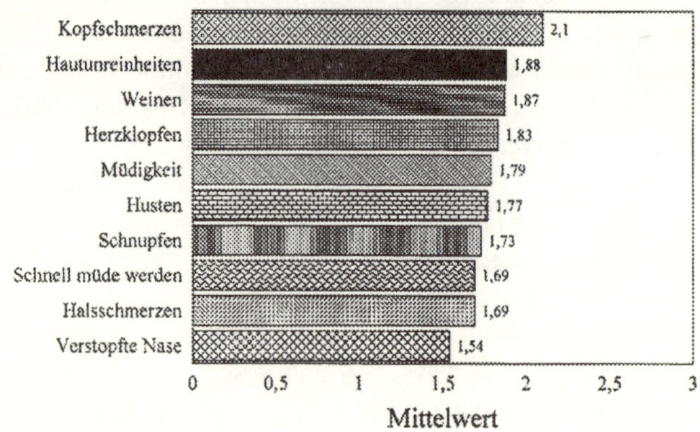

Abbildung 5: Die häufigsten Beschwerden bei deutschen Mädchen

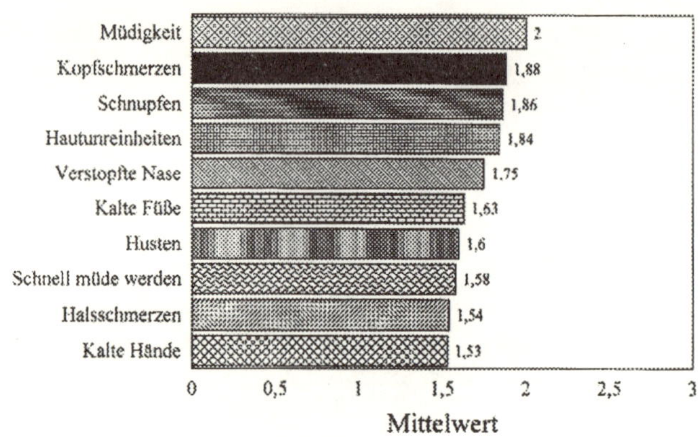

3.2 Häufige Körperbeschwerden bei Migrantenkindern und Jugendlichen

Die Abbildungen 2 bis 5 zeigen die häufigsten Beschwerden bei den Mädchen der Untersuchungsstichproben.

Die Mädchen klagen am häufigsten über Müdigkeit - mit Ausnahme der Aussiedlermädchen. Diesen machen Kopfschmerzen am häufigsten zu schaffen, während Müdigkeit bei ihnen erst an fünfter Stelle steht.

Bei griechischen Mädchen - unabhängig davon, ob sie in Deutschland oder in Griechenland leben - ist hingegen das zweithäufigste Symptom jeweils "Zappeligkeit". Im Vergleich dazu belastet dieses Körpersymptom die deutschen Mädchen beider Stichproben kaum. Es taucht bei Ihnen nicht einmal unter den zehn häufigsten Körperbeschwerden auf.

Müdigkeit ist offenbar eine körperliche Beschwerde, die kulturübergreifend leicht wahrgenommen und auch mitgeteilt werden kann und darf. Die unterschiedlichen Angaben zur Zappeligkeit dagegen weisen auf kultur- und erziehungsspezifische Einflüsse hin. Korrektes Benehmen spielt bei der Erziehung von griechischen Mädchen möglicherweise eine noch größere Rolle als bei der Erziehung von deutschen Mädchen. Griechische Mädchen müssen Haltung und Ruhe in sozialen Situationen wahren können. Für griechi-

Abbildung 6: Die häufigsten Beschwerden bei griechischen Jungen

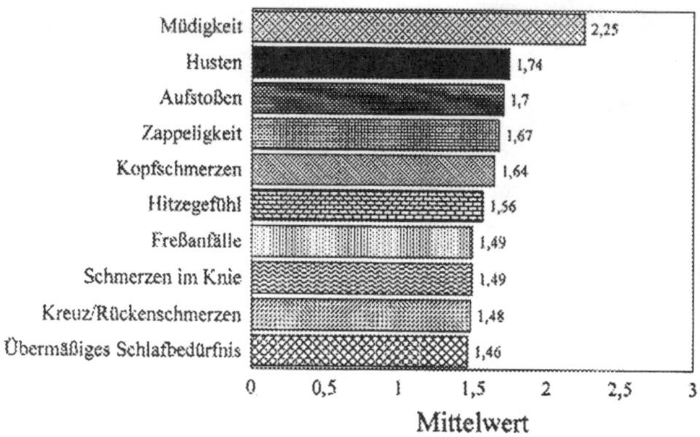

Abbildung 7: Die häufigsten Beschwerden bei griechischen Migranten in Deutschland

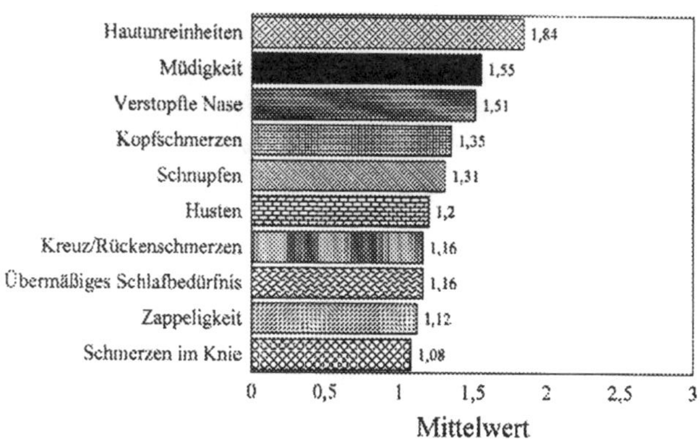

Abbildung 8: Die häufigsten Beschwerden bei Aussiedlerjungen aus Polen

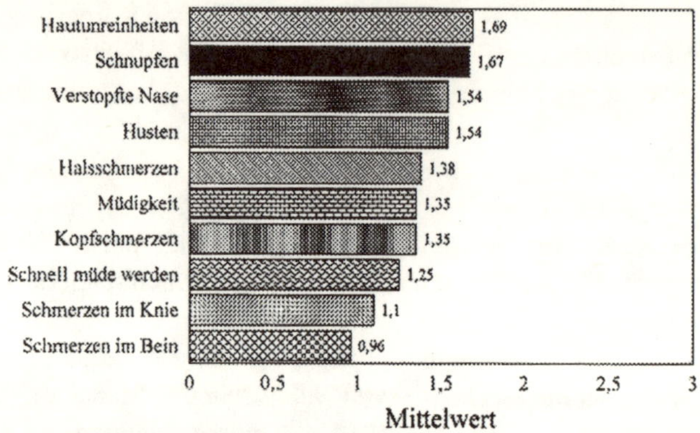

Abbildung 9: Die häufigsten Beschwerden bei deutschen Jungen

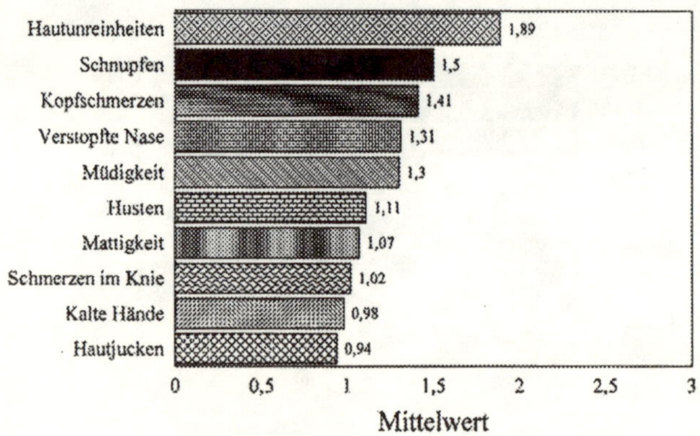

sche Jungen gilt dieser Verhaltensstandard nur abgeschwächt. Aber auch bei den griechischen Jungen beider Stichproben kommt Zappeligkeit unter den zehn häufigsten Beschwerden vor - bei deutschen Jungen nicht (vgl. Abb. 6 - 9).

Mit Kopfschmerzen als dritthäufigstem Symptom zeigen griechische Migrantenmädchen eine Annäherung an die deutschen Altersgenossinnen, bei denen Kopfschmerzen als Körperbeschwerde an zweiter Stelle (Nichtmigrantinnen) oder sogar an erster Stelle (Aussiedlermädchen) stehen. `Weinen´ wird von Aussiedlermädchen an dritter Stelle genannt, von griechischen Mädchen in Griechenland an vierter Stelle. Dagegen ist dieses Symptom weder bei deutschen Mädchen noch bei griechischen Migrantinnen in Deutschland unter den meistgenannten Beschwerden. Dieses Ergebnis könnte ein Hinweis auf eine erbrachte kulturelle Anpassung der griechischen Migrantenmädchen sein.

Bei den Jungen sind unter den zehn häufigsten Symptomen nur vier Beschwerden in allen Gruppen anzutreffen: Müdigkeit, Husten, Kopfschmerzen und Schmerzen im Knie.

In den beiden deutschen Jungengruppen ist Schnupfen die zweithäufigste Beschwerde. Diese Beschwerde steht bei griechischen Migrantenjungen erst an fünfter Stelle. Alle drei in Deutschland lebenden Gruppen männlicher Jugendlicher leiden auch unter verstopfter Nase.

Die Häufigkeit von Schnupfen und verstopfter Nase könnte auf das unterschiedliche Klima in Griechenland und in Deutschland zurückgehen. Bei den in Deutschland lebenden männlichen Jugendlichen stehen Hautunreinheiten an erster Stelle. Hingegen weist die häufige Nennung von Hautunreinheiten auf die vermutlich größere Bedeutung hin, die in Westdeutschland dem perfekten Aussehen zugeschrieben wird. Lediglich folgende Körpersymptome sind bei den beiden griechischen Jungenstichproben häufiger: Zappeligkeit, Kreuz-/Rückenschmerzen und übermäßiges Schlafbedürfnis. Dagegen sind unter den bei den deutschen Jungen oft genannten Beschwerden Mattigkeit und Hautjucken.

Insgesamt weicht das Profil der häufigsten Körperbeschwerden bei griechischen Jungen in Griechenland erkennbar ab von den Beschwerdemustern der drei in Deutschland lebenden Gruppen (von Jungen).

5. Zusammenfassung und weiterführende Überlegungen

Abweichend von den Hypothesen kann die Häufigkeit von Körperbeschwerden nicht ohne Einschränkungen als Maß für psychosoziale Migrationsbelastungen angesehen werden.

Kulturübergreifend und unabhängig von Migrationserfahrung geben Mädchen hochsignifikant mehr Körperbeschwerden an als Jungen. Dies läßt einen universellen Geschlechterunterschied vermuten analog zu Geschlechterdifferenzen im Selbstkonzept (vgl. Wistl und Brähler 1992), der durchaus kulturell determiniert sein kann.

Dadurch liegt eine genauere Betrachtung der häufigsten Körperbeschwerden für die Jungen einerseits und die Mädchen andererseits nahe. Dabei nehmen vor allem die in Deutschland lebenden Migrantenjugendlichen eine Mittelposition ein. Sie weisen ebenso Gemeinsamkeiten mit den in Griechenland lebenden Altersgenossen auf wie (andererseits) auch mit den Jugendlichen der beiden deutschen Stichproben.

Diese Einflüsse von Geschlechtszugehörigkeit und kulturellem Hintergrund sind in weiteren Untersuchungen noch vertiefend zu analysieren. Das gewählte Viergruppendesign erweist sich als ein besonders geeigneter Ansatz, um Migrations- und Nationalitätseffekte zu untersuchen.

In einem De-facto-Einwanderungsland wie Deutschland ist die weitere Erforschung dieser Effekte von besonderem Interesse, um ein besseres Verständnis für die Beschwerdemuster bestimmter ethnischer Gruppen und die Unterschiede in Körperselbstwahrnehmung und -mitteilung zwischen Jungen und Mädchen zu erreichen und die jugendmedizinische Versorgung zu verbessern. Sowohl in der Migrationsliteratur wie in der klinischen Praxis finden sich zahlreiche Beispiele für die unglücklichen Folgen einer unangemessenen `Übersetzung´ der Körperbeschwerden von Migranten. Durch weitere systematische Untersuchungen an ethnisch-kulturell homogenen Stichproben könnten globale klinische

Einschätzungen weiter differenziert und die Kommunikation und Beratung wie auch Behandlung von Migranten verbessert werden.

Literatur

Brähler, E. (1992): Giessener Beschwerdebogen für Kinder und Jugendliche, Handanweisung. (Huber).

Bürgin, D. (1993): Konversionsstörungen, S. 77-98. In: Bürgin, D.: Pychosomatik im Kindes- und Jugendalter Stuttgart, Jena, New-York (G. Fischer & Rüdesser), S. 1.

Collatz, J., Natzschka, J., Schwoon, D. (1977): a. Krankheiten, Einweisungshäufigkeit und Krankheitsverläufe bei ausländischen Kindern im Krankenhaus. Öffentliches Gesundheitswesen 39, S. 746-758.

Collatz, J., Natzschka, J., Schwoon, D. (1977): b. Ausländische Kinder im Krankenhaus. Mschr. Kinderheilk. 125, S. 594-596.

Friessem, D. H. (1974): Psychiatrische und psychosomatische Erkrankungen ausländischer Arbeiter in der BRD. Ein Beitrag zur Psychiatrie der Migration Psychiatr. Neurol. med. Psychologie 26, S. 78-90.

Hellbrügge, T. (1980): Die Kinder ausländischer Arbeitnehmer, München (Urban und Schwarzenberg).

Lehmkuhl, U. (1983): Psychogene Gangstörung und transkultureller Konflikt. Acta Paedopsychiatr. 49, S. 211-219.

Loof, S. (1996): Psychosoziale und psychosomatische Belastungsindikatoren bei Aussiedlerjugendlichen aus Polen. Inaugural-Dissertation, Ruhr-Universität Bochum.

Peponis, M. (1994): Psychosomatische Belastungsindikatoren bei Jugendlichen im Kulturvergleich, Diplomarbeit an der Fakultät für Psychologie, Ruhr-Universität Bochum. (Publikation in Vorbereitung).

Poustka, F. (1984): Psychische Störungen bei Kindern ausländischer Arbeitnehmer. Eine epidemiologische Studie. Klinische Psychologie und Psychopathologie, (Enke).

Schepker, R. (1996): Identitätsentwicklung von Mädchen türkischer Herkunft: Befunde und Stereotypien. In: Hartmannbund, Landesverband NRW (Hrsg.), Psychosoziale und pädagogische Belastungen für Migrantenkinder und Jugendliche und ihre Familien, Unna (Ärzte-Verlag).

Siefen, G., Kirkcaldy, B. D., Athanasou, J. A., Peponis, M. (1996): The self-image of Greek, Greek migrant and German adolescents Soc Psychiatry Psychiatr Epidemiol 31 (in print).

Steinhausen, H. C., Remschmidt, H. (1982): Migration und psychische Störungen. Ein Vergleich von Kindern griechischer Gastarbeiter und deutschen Kindern in West-Berlin. Z. Kinder- und Jugendpsychiatrie 10, S. 344-364.

Viefhues, H. (1982): Gesundheit und Medizinische Versorgung ausländischer Arbeitnehmerfamilien. (Dr. N. Brockmeyer, Studienverlag).

Wallis, H. (1980): Interkulturelle Rollenkonflikte islamischer weiblicher Gastarbeiterkinder, 5. Pappenburger Symposion, München (Nestle-Schriften).

Wirth, H.-J., Brähler, E. (1992): Das Selbstkonzept von jungen Frauen und Männern im transkulturellen Vergleich. In: Brähler, E., Felder, H. (Hrsg.): Weiblichkeit, Männlichkeit und Gesundheit. Opladen (Westdeutscher Verlag).

Zimmermann, E. (1983): Ausländische Kinder - Gesundheitlicher Zustand und Risiken. Informationsdienst Ausländerarbeit 1.

Dr. Georg Siefen
Westf. Klinik für Kinder- und Jugendpsychiatrie
Halterner Str. 525, 45770 Marl-Sinsen

Prof. Dr. Elmar Brähler
Abteilung für Medizinische Psychologie und Medizinische Soziologie
Liebigstr. 21
04103 Leipzig

Besonderheiten und Probleme in der Behandlung ausländischer jugendlicher Drogenabhängiger

Wilfried Huck

1. Zur allgemeinen Situation junger ausländischer Drogenabhängiger

Das Leben in der Fremde bringt für Menschen, die von einem „Entwicklungsland" in ein hochindustrialisiertes Land kommen, körperliche und seelische Belastungen mit sich. Die Lebenssituationen von Immigranten zeichnen sich zunehmend durch einen schlechten sozialen Status, Diskriminierung, vorangegangene Folter und politische Verfolgung, gesundheitliche Probleme und rechtliche Unsicherheit aus. Das in der BRD erreichte Wohlfahrts- und Wohlstandsniveau ist für ausländische Familien kaum zu erreichen. Häufig sind die Väter erste Opfer von Maßnahmen auf dem Arbeitsmarkt, d. h. sehr schnell droht Arbeitslosigkeit, die die Familie ins gesellschaftliche Abseits bringt. Häufig werden dadurch finanzielle Zuwendungen an Verwandte im Heimatland hinfällig. Letztendlich resultieren daraus unausgesprochene *Delegationsaufträge* an die Jugendlichen, für ihre Familien zu sorgen. In vielen Begutachtungssituationen für Gerichte habe ich erlebt, daß Jugendliche glauben, für ihre Familien sorgen zu müssen. Dadurch ist auch das hohe kriminelle Potential u.a. mitbegründet. Andererseits kommen sie damit auch wiederum mit ihrem eigenen Wertesystem in Konflikt (Saberschinsky).

Der *Kernprozeß* in den Immigrantenfamilien ist die Auseinandersetzung mit den eigenen Werten und Normen und mit denen der neuen Umwelt. Die Familien bewegen sich auf einem *Kontinuum* zwischen den Polen der traditionellen Lebenswelt und der Überanpassung an die neue Umgebung. Sowohl die *familiäre Struktur* als auch das damit korrespondierende kulturelle *Symbolsystem* verändern sich unter dem Druck neuer Werte wie persönliche Autonomie, Selbstverwirklichung, Gleichberechtigung und Emanzipation (Akön, Göc).

In dem Prozeß der „Rationalisierung" und „Entzauberung der Welt" (Max Weber) werden massive Ängste vor der Individualisierung frei. Gerade in einer gesellschaftlichen Situation, wo man von einer „Anomie als Fundamentalbedingung der (Post-)Moderne" sprechen kann, werden Ängste frei, in der Fremde verloren zu gehen, was zu Gegensteuerungsmechanismen führt. Gerade bei Familien aus dem *islamischen Kulturkreis* kommt es zu umso stärkeren Rückgriffen auf vertraute und bewährte Normen, zur „Reinhaltung" der eigenen Kultur, indem z.B. Mädchen nur unter der eigenen Gruppe verheiratet werden. Besonders in türkischen Familien nimmt der Begriff der Familienehre (Namus) einen wichtigen Platz im Leben eines Menschen ein. Die Familienehre wird durch die Enthaltsamkeit und Keuschheit der weiblichen Familienmitglieder hergestellt. Sie werden von den männlichen Familienmitgliedern streng überwacht und haben zahlreichen Gewalterfahrungen durchlitten (von Frankenberg, Moll, Kayankaya).

Durch die Konfrontation mit einer Vielzahl individueller Lebensformen fehlt vielen Kindern und Jugendlichen ein orientierender Erziehungsrahmen, familiäre Bindungen gehen zunehmend verloren. Sozio-demographische Statistiken machen deutlich, daß auch bei Ausländern Ehe und Familie kontinuierlich an Bedeutung verloren haben bzw. daß man sich an die Normen deutscher Familien stärker anzupassen versucht (Scheinhardt). Um nicht immer mehr in die Isolation zu geraten, sind Cliquen, Gangs und die jeweilige Szene zum wichtigen „Auffangbecken, Identitätsstifter und Regulativ" geworden, gerade weil die Kinder und Jugendlichen erleben, wie ihre Eltern sich manchmal bewußt von der hiesigen Realität isolieren und ihren nostalgischen Träumen von einer Rückkehr in die Heimat nachhängen.

Dies zeigt sich auch an dem schon nahezu süchtigen Videokonsum von Heimatfilmen (im Durchschnitt sollen türkische Familien am Wochenende bis zu 13 Videofilme konsumieren). Die Kluft zwischen den Eltern und Kindern vertieft sich und verschärft den Generationenkonflikt. Wenn die Jugendlichen sich mehr an Peergroups zu orientieren beginnen, wächst bei den Eltern die Angst vor Entfremdung, und sie reagieren meist mit einschränkenden Maßnahmen und Forderungen, die zur hiesigen Gesellschaft oft im Widerspruch stehen. Häufig drohen sie mit der Rückverschickung in die Heimat. Diese Peergroup-Beziehungen haben als Phase des Übergangs und der Ablösung vom Elternhaus hohe sozialisierende Wirkungen, insbesondere auf die Ausbildung der Identität. Sie haben aber auch negative Begleiterscheinungen, weil meistens körperliche, seelische und auch sexuelle Gewalterfahrungen nicht ausbleiben, zumal diese Jugendlichen in der Gefahr stehen, das, was man nicht bekommt, sich im kriminellen Milieu zu holen. Die Gewaltakte sind auch Ausdruck dafür, daß ihnen wichtige soziale und psychische Entwicklungsmöglichkeiten und Ressourcen vorenthalten werden.

Es wird in den Familien wenig emotional kommuniziert (Akgön, Göc). Verlassenheitsgefühle und -ängste werden nicht ausgetauscht. In die konfliktträchtigen Arrangements werden meistens die Kinder und Jugendlichen mit einbezogen. Wenn die Drogenabhängigen als Kinder nach Deutschland kamen, wurde ihnen eine doppelte Integrationsleistung abverlangt. Die relativ schlechten Schulleistungen eines beträchtlichen Teils der türkischen Schüler kann auf eine *dreifache Belastung* durch Regelschule oder sprachlichen Unterricht und Koranschule zurückgeführt werden (Tikarslan & Troker). Dieser geringe Schulerfolg ist oft mit ein Grund für eine spätere Drogenabhängigkeit. Durch einen mangelhaften schulischen Erfolg wird auch unterstrichen, daß die berufliche Perspektive von vornherein sehr begrenzt ist, weshalb sich dann häufig die Frage für die Jugendlichen stellt, ob man sich nicht von vornherein das Entsprechende über die „kriminelle Schiene erwirtschaftet". Beruflich gerät man auf diese Art und Weise immer weiter ins Abseits.

Der hohe Anteil an psychiatrischen Auffälligkeiten ist unter diesen Aspekten nicht verwunderlich (Schepker & Eberding). Während bei „verstrickten" Familien die engeren familiären Beziehungen doch eine Orientierung vermitteln, kommt es bei den „Losgelösten" zur Desorientierung, Auffälligkeiten, Delinquenz und Sucht. In der vom Zerfall bedrohten Familie wird „Drogenabhängigkeit" des einzelnen Familienmitgliedes zum *Stabilisator* des Systems.

2. Zur speziellen Situation junger ausländischer Drogenabhängiger in der Behandlung

2.1. Statistik

In der Abteilung für Drogenabhängige des Westfälischen Institutes für Jugendpsychiatrie und Heilpädagogik, Hamm, wurde zwichen 1970 und 1981 lediglich ein ausländischer Klient behandelt.

Erst ab 1983 wurden kontinuierlich pro Jahr zwei ausländische Klienten, im Mittel 4,4% der Gesamtbelegung, aufgenommen (überwiegend Italiener (4), Spanier (2), Jugoslawen (2), Ecuadorianer (2), Griechen (1), Protugiesen (1), Marokkaner (1)).

Ab 1990 betrug der prozentuale Anteil der Klienten ca. 10 % der Aufnahmen. Seit diesem Zeitpunkt stieg der Anteil aus dem mohammedanischen Kulturkreis deutlich an, insbesondere durch die stärkere Zunahme an Anmeldungen und Anfragen durch Drogenberatungsstellen, Gefängnisse etc..

Herkunftsländer ausländischer Klienten in den Jahren 1993 und 1994

Türkei:	10
Griechenland	1
Jugoslawien	2
England	1
Polen	1
Marokko	2

2.2. Besondere Schwierigkeiten in der therapeutischen Arbeit

Zwei Problemkreise sollen insbsondere in der Langzeittherapie deutlicher in den Vordergrund gestellt werden:

Gewalterfahrung

Bei ausländischen männlichen Drogenklienten werden im Verlauf der Therapie häufiger Eifersuchts- und Gewaltakte offen gemacht. Meistens findet sich eine Einstellung, sie hätten Anspruch und das Recht, die Frauen zu beherrschen. Häufig werden jedoch hinter der „Macho-Fassade" starke Abhängigkeits- und Symbiosewünsche deutlich. Die Fähigkeit, Kritik anzunehmen, insbesondere von Frauen, ist äußerst mangelhaft entwickelt. Kritik wird immer als persönliche Kränkung und Ehrverletzung erlebt. Dadurch, daß jedoch die Ungleichheit der Geschlechter bei ausländischen Jugendlichen eine noch tiefergehende gesellschaftliche Realität als bei der deutschen Jugend ist, haben sie es meist noch schwerer als die anderen Gruppenmitglieder zu lernen, die Verantwortung für ihr gewalttätiges Handeln zu übernehmen und die „dahinterliegenden Muster" zu verstehen. Im Rahmen der Therapie lernen sie, daß ihre Gewalt oft eine mehr oder weniger bewußte Kontrollstrategie ist, gleichzeitig allerdings auch einen erschreckenden, verwirrenden Kontrollverlust darstellt.

Die Aufarbeitung der Gewalt umfaßt Untersuchungen von Gedanken, Meinungen und tieferliegenden Selbst- und Fremdrepräsentationen. Häufig sind die Akte der Gewalt Pseudolösungsversuche des Widerspruchs, den die Männer empfinden, wenn sie Gefühle haben, die sie für unmännlich halten wie: Gefühle der

Abhängigkeit, Angst und Traurigkeit. Diese Gefühle sind inakzeptabel, weil sie nicht zu den durch die Sozialisation vorgegebenen geschlechtsbezogenen Prämissen der Männlichkeit passen.

Die Frauen müssen lernen, sich besser gegen Gewaltübergriffe zu schützen und sich in diesem „Dramadreieck“ abzugrenzen, wenn sie sich ausgeliefert fühlen, ohne sich mit erneuten Schuld- und Schamgefühlen in einen erneuten Selbstzerstörungsprozeß zu begeben. Die heranwachsenden Frauen lernen zu verstehen, welchen Forderungen und Rollenanforderungen der Familie sic unterworfen sind. Imperative, die auch von den Müttern weitergegeben worden sind, d.h. ohne Rücksicht auf die eigene Person Beziehungen aufrechtzuerhalten und diese auszuhalten. Gerade bei ihnen wird viel Leid deutlich, so daß erhebliche autoaggressive Akte, bis hin zum Suizidversuch bzw. vollendetem Suizid nicht verwunderlich sind (von Frankenberg). Sie leben häufig in der Angst, mit einem unbekannten Mann verheiratet zu werden. Sie müssen auch im Hinblick auf die Sexualität zwei völlig verschiedenen Wertewelten genügen, ohne sich klar für die eine oder andere entscheiden zu können, weil der emotionale Rückhalt des Elternhauses genauso lebenswichtig ist wie die soziale Anerkennung in Schule und Arbeitsstelle. Die Suizidversuche stellen so ein Mittel da, in einer solch verworrenen Lebenssituation eine Zäsur zu setzen. Gerade türkische Mädchen leiden viel stärker als andere Jugendliche nach einem Ausreißversuch unter „Ausbruchsschuld“.

Sexuelle Auffälligkeiten

Gerade bei dem erheblichen „Männlichkeitswahn“ ausländischer Jugendlicher bietet die drogenspezifische Kultur ein Ausleben bisher nicht gelebter Qualitäten. Ausländische Drogenabhängige gebrauchen Drogen, um auf diese Art und Weise einer Ejaculatio praecox vorbeugen zu können und um auf diese Art und Weise ihre Partnerin zum Orgasmus führen zu können. Die Angst vor dem Versagen ist extrem ausgeprägt. Die dargestellte Intensivierung des sexuellen Erlebens ist häufig vorgespielt. Das eigene Männlichkeitsbild darf auf keinen Fall erschüttert werden. Bei den ausländischen Drogenpatienten hat der sexuelle Kontakt meist mit Enttäuschung geendet, insbesondere durch die Begleitumstände wie Anschaffen, Vergewaltigung, brutalisierte Übergriffe und Grenzverletzungen, so daß die Orgasmusfähigkeit immer mehr gelitten hat und letztendlich bei den Frauen Frigidität aufgetreten ist. Meistens haben die Frauen dann auch das Problem, in Zukunft überhaupt als vollwertige Frau gelten zu können, da sie befürchten müssen, durch ihre Familie zu einem Gynäkologen gebracht zu werden (Kayankaya).

3. Funktion der Drogen

Die Funktion der Droge besteht häufig darin, die eigene Problematik, d.h. die eigenen Entwicklungsdefizite, erhebliche Identitätsstörung und Perspektivlosigkeit nicht bewußt machen zu müssen. Mittels Drogen werden Ausbruchversuche angestrebt, die meistens mißglücken. Massive Selbstwertprobleme und extreme Kränkbarkeiten werden häufig deutlich, die durch Drogen kompensiert werden. Die Suche nach dem „Kick“ oder „Thrill“ ist ein Gegenprogramm zu den „Narkotisierungsversuchen“ der Eltern mittels Videokonsum, der dazu dient, Heimatersatzgefühle zu erzeugen. Zum anderen breitet sich ein immer stärkeres Konsumdenken aus, was auch durch eine „fundamentalistische“ Ideologie nicht kompensiert werden kann. Der Verlust in der Fremde wiegt doppelt schwer. Die Eltern erleben häufig, daß ihr Wagnis mit und in der Fremde mit einem „Fluch“ bezahlt wird. Durch die „Rückbindungsversuche“ der Eltern in die eigene, nun aber „verfälschte und verkitschte“, den Medien unterworfene Kultur werden Entwicklungsprozesse, die notwendigerweise anstünden, verhindert.

4. Therapeutische Arbeit

Das Ziel der therapeutischen Arbeit besteht in erster Linie darin, die Beziehungsfähigkeit herzustellen und wegzukommen vom technischen Anspruch und von der Maßzahl der Orgasmen (Huck). Sie haben die Chance zu lernen, Nähe und Distanz zu regulieren. Sie können lernen, den Partner als getrennt von sich zu erleben und lernen zu akzeptieren, daß man in einer Partnerschaft gleichwertig Verantwortung übernehmen muß, auch für das Sexualleben. Hier erlebe ich häufig, gerade vor dem Hintergrund ihrer spezifischen Sozialisation, welche Mühe es bedeutet, den anderen als „autonomes Zentrum" eigener, auch sexueller Bedürfnisse zu akzeptieren. Hier kommt es häufig zu erheblichen inneren wie äußeren Konflikten mit der Normwelt ihrer jeweiligen Herkunftsfamilie.

In der therapeutischen Arbeit wird deutlich, wie wenig verbal kommuniziert wird. Die Eltern haben sich im Dauerprovisorium bei gleichzeitiger Fixierung auf Rückkehrpläne eingerichtet. Diese Ambivalenz blockiert häufig nicht nur Entscheidungsprozesse, sondern vermittelt den Jugendlichen auch keine Perspektiven und Klarheit für eigene zukünftige Planungen. Häufig verleugnen die Eltern eigene Bedürfnisse. Der Trauerprozeß um den Verlust der Heimat erstarrt. Durch „Parentifizierung der Kinder" kommt es zu einer Veränderung der hierarchischen Familienstruktur. Väter sind häufig die Randfiguren, auch wenn nach außen ein völlig anderes Bild vermittelt wird. Zu Hause wird der Vater als „Patriach" und „Chef" erlebt, aber innerlich nicht wirklich akzeptiert. Die Stellung der Mutter, die nach außen eher randständig erscheint, ist innerhalb der Familie äußerst stark. Man spricht vom „heimlichen Matriachat" (Göc). So lassen sich z.B. männliche Jugendliche meist nur von ihren eigenen Müttern etwas sagen und lehnen andere Frauen, auch Mitarbeiterinnen im stationären Alltag massiv ab. Den Schwestern der Klienten kommt häufig eine Vermittler- oder „Transducer-Rolle" zu, was sie jedoch in hohem Maße belastet.

Die Autonomieentwicklung der Jugendlichen wird als Bedrohung erlebt. Diese sitzen selbst häufig zwischen den Stühlen und kommen mit ihrer Rolle und Identitätsfindung überhaupt nicht klar. Sie erleben verschiedene Wertsysteme und Grundannahmen. Dies macht sich im stationären Alltag mit männlichen Mitarbeitern auch bemerkbar. Häufig geraten die Jugendlichen mit den Wertesystemen insofern in Widerspruch, weil in unserem Verständnis ein Konzept der Selbstfindung vorrangig ist, während in türkischen Familien ganz andere Autoritätssysteme existieren. So sind die Familien häufig durch Rituale in sich verbunden. Die Jugendlichen fühlen sich zu Hause wesentlich stärker fremdgesteuert und möchten eigentlich aus dieser Enge der familiären Welt ausbrechen, finden aber auch hier nicht die nötigen Möglichkeiten einer Integration beider widerstrebender Kräfte. Einerseits verhalten sie sich „servil", auf der anderen Seite bringen sie kaum die nötige Achtung, Akzeptanz und den Respekt auf. Letztendlich ist das symptomatische Verhalten der Kinder und Jugendlichen auch ein Appell an die Eltern, klar Stellung zu beziehen.

5. Zusammenfassung

Diese Problemkreise machen deutlich, daß die Integration ausländischer Jugendlicher, insbesondere aus dem islamischen Kulturkreis für unser therapeutisches Setting ein erhebliches Problem darstellt.

Eine Schlußfolgerung daraus bestand u.a. darin, eine „Ausländergruppe" zu installieren, um gemeinsam herauszufinden, was die Besonderheit dieses Klientels ist. Auf der anderen Seite sollte die „Ausländergruppe" den Jugendlichen das Gefühl geben, verstanden zu sein, um gemeinsam nach Lösungswegen zu suchen, nicht nur in Bezug auf die bessere Integration bei uns, sondern in Bezug auf eine zukünftige gesellschaftliche Integration. Dies hat zur Voraussetzung, daß in gemeinsamen Familiengesprächen die bislang nicht erfolgte Auseinandersetzung um die oben dargestellten Probleme stattfindet.

Gerade die Arbeit mit der „Ausländergruppe" als integrativer Bestandteil unseres therapeutischen Konzeptes gab uns die Möglichkeit, von der „Expertenrolle" abzurücken. Hier sind wir noch Fragende, die den „Geschichten", den „Narrativen", die die ausländischen Patienten über sich selbst und ihre Familien erzählen, zuhören (Ahlers). Wir tauchen in eine „andere Welt" ein, um zu lernen und zu verstehen. Indem wir ihren Geschichten zuhören, geschieht oft das, was die Jugendlichen gerade bei ihren Vätern vermißten. Gleichzeitig ist es ein Trainingsfeld für das Familiengespräch, wo sich die Jugendlichen häufig zum ersten Mal trauen, Fragen an ihre Eltern, insbesondere an ihre Väter, zu stellen, Meinungen und Positionen zu vertreten und so letztendlich einen lang ersehnten Dialog in Gang setzen. Gerade der Umgang mit den ausländischen Jugendlichen und deren Familien hat uns gelehrt, durch eigene innere Veränderung und neugierige Haltung des Nichtkennens eine therapeutische Atmosphäre herzustellen, in der das bisher Unsagbare und scheinbar Unmögliche sagbar und möglich wird. So können dann mit den Klienten gemeinsam neue Bilder und Lösungen entworfen werden.

Literatur

Ahlers, C. (1994): Möglichkeiten und Grenzen narrativer Hermeneutik. Darstellung einer Kontroverse. Z. System Therapie 12 (2) S. 97-105.

Akgön, L. (1991): Strukturelle Familientherapie bei türkischen Familien, Familiendynamik 1, 1b S. 24-36.

Frankenberg, St., von (1982): Transkulturelle Aspekte des Suizidversuches, Curare Vol. 5, 3, S. 185-191.

Göc, F. (1991): Ein familientherapeutisches Konzept in der Arbeit mit Immigrantenfamilien, Familiendynamik 1, 16, S. 3-23.

Huck, W. (1991): Sexuelle Auffälligkeiten bei jungen Drogenabhängigen, in: W. Rotthaus (Hrsg.), Bd. 9: Sexuell deviantes Verhalten Jugendlicher. Dortmund (Verlag Modernes Lernen), S. 226-238.

Kayankaya, J. (1980): Vorstellung und Konzepte türkischer Frauen für den Bereich der Gynäkologie und Geburtshilfe, Curare Vol. 3, 2, S. 85-88.

Moll, U. (1990): Der Islam und das Leben der Moslems, Kinderkrankenschwester, 9. Jahrgang: Nr. 3, S. 86-88.

Saberschinsky, H.: Drogenbanden haben Europa fest im Griff, Drogenreport 1/91, S. 10-21.

Scheinhardt, S. (1983): Familienstruktur und Rollenverteilung in türkischen Familien in der Türkei und in der BRD. in: W. Rotthaus (Hrsg.): Systemische Familientherapie im ambulanten und stationären Bereich. Dortmund (Verlag Modernes Lernen).

Schepker, R., Eberding, S. (1990): Probleme der Inanspruchnahme kinderpsychiatrischer Versorgungsangebote durch Immigrantenfamilien, Essener Forum 16.-17. November 1990 „Versorgungskonzepte in der Kinder- und Jugendpsychiatrie".

Tikarslan, E., Troker, M. (1990): Von der Regelschule bis zum Koranunterricht, Psychol., Erz. Unterr. 37. Jahrgang. S. 301-306.

Dr. Wilfried Huck
Arzt für Kinder- und Jugendpsychiatrie/Psychotherapie
Heithofer Allee 64
59071 Hamm

Das Fremde in der Psychotherapie mit Fremden

Typische Objektbeziehungen bei Ostasiaten am Beispiel einer an Bulimie leidenden 18-jährigen Koreanerin

Worl-Sheon Rhee-Park, Hagen Löwenberg

Einleitung

Bei der psychotherapeutischen Arbeit mit Migranten müssen die soziale Realität, die Matrix von Familienstrukturen und Traditionen in der Genese von psychischen Konflikten und Konfliktlösungen angemessen berücksichtigt werden (Kohte-Meyer 1993). Der Wechsel des kulturellen Lebensraumes und die damit verbundene Trennung von der vertrauten Gruppe führen häufig zum Verlust der Ich-Stabilität. Die Anpassungsmechanismen des Ich reichen nicht aus, um die Ich-Organisation aufrechtzuerhalten und sich mit den neu übernommenen Rollen identifizieren zu können (Parin 1977). Das narzißtische Gleichgewicht wird durch die Verunsicherung der psychosozialen Identität massiv beeinträchtigt, was mit dem Manifestwerden psychischer Störungen verbunden sein kann (Trimborn 1979). Die Kinder dieser Migranten versuchen oft den Balanceakt zwischen der Kultur des Herkunftslandes und der des Aufnahmelandes. Bezüglich Familie und Moral werden die Rollenerwartungen der elterlichen Urspungsgesellschaft an sie gestellt, bezüglich schulischem und beruflichem Erfolg die Rollenerwartung der westlichen Industriegesellschaft (Veneto Scheib 1993, Akgün 1993). Der „Antagonismus zwischen Familie und Kultur" wird insbesondere in der Adoleszenz relevant, der entscheidenden Phase des Enkulturationsprozesses (Erdheim 1988). Die Aufgabe der Ablösung ist um so schwieriger, je größer dieser Antagonismus ist bzw. je verschiedener sich die kulturellen Anforderungen für die Generation der Eltern und die der Kinder darstellen.

In psychotherapeutischen Kontexten nehmen wir die Subjektivität der Wirklichkeitsbestimmung wahr, wenn diese sich extrem von der unsrigen unterscheidet. „Nie läßt das Fremde uns gleichgültig. Wir verhalten uns ihm gegenüber immer ambivalent: Es weckt einerseits Angst und treibt uns in unsere Welt zurück, andererseits vermag es uns aber auch zu faszinieren und aus unserer Welt herauszulocken" (Erdheim 1993, S. 180). Es besteht die Gefahr, auch in der therapeutischen Beziehung mit Menschen eines anderen Kulturkreises, aber auch des eigenen, wenn sie etwa einer anderen Schicht angehören, dem Fremden mit einer von zwei Extrempositionen zu begegnen. Das Fremde wird als etwas „Exotisches" idealisiert, zur Projektionsfläche eigener Sehnsüchte und Bedürfnisse. Im anderen Extremfall wird das Fremde nicht gesehen, verleugnet oder sogar abgelehnt, indem es beispielsweise aufgrund normativer Vorstellungen über Gesundheit und Krankheit in den Bereich des Psychopathologischen verwiesen wird (Zwiebel 1993). Sowohl im Falle des Exotismus als auch in dem der Xenophobie braucht das Eigene nicht infrage gestellt oder verändert zu werden (Erdheim 1988b). Eine hilfreiche Beziehung entsteht wohl nur dann, wenn sich Therapeut und Patient als zwei Personen mit ihren jeweils eigenen Persönlichkeiten begegnen, die auch die unterschiedlichen sozialen Identitäten umfassen. Über das ihm Vertraute findet der Therapeut die Brücke zu dem Fremden. In dem Prozeß, das Fremde zu verstehen, ist die Fähigkeit des Therapeuten gefragt, dazwischen zu oszillieren, sich auf das Befremdliche des Fremden einzulassen und sich das Eigene bewußt zu machen (Bittner 1993).

Dieser therapeutische Prozeß wird am Beispiel der Arzt-Patient-Beziehung zwischen einem deutschen Arzt und einer aus Korea stammenden, hier aufgewachsenen Patientin deutlich gemacht. Um auch dem Leser einen besseren Zugang zu dem Fremden in dieser Beziehung zu ermöglichen, wird eine ausführliche Erörterung typischer Objektbeziehungsmuster bei Ostasiaten vorangestellt. Die solche Beziehungsmuster fördernden Sozialisationsbedingungen werden erläutert. Zum Schluß folgt eine Interpretation des Fallbeispieles vor dem Hintergrund des Migrationsschicksals der Eltern und der Folgen für die betroffenen Kinder.

Typische Objektbeziehungsmuster bei den Ostasiaten (Koreaner, Japaner, Chinesen)

Amae (Doi 1963, 1973)

Doi beschreibt verschiedene Beziehungsmuster der Japaner mit dem Begriff Amae. Amae stammt von Ama und bedeutet Hunger des Säuglings nach der Mutterbrust oder Nahrung. Ama bedeutet auch Himmel oder etwas Vereintes. Amae bedeutet Wunsch und Sehnsucht des Kindes nach der Geborgenheit der Mutter, nach der versorgenden Mutter. Amae beinhaltet nicht nur, daß der Mensch von der Liebe eines anderen abhängig ist, sondern auch, daß er es sich in dieser Abhängigkeit wohl ergehen läßt und sich dem Wohlwollen des anderen hingibt: Auch er selbst erlaubt dem anderen, sich gehenzulassen, sich auf die besondere Beziehung zwischen beiden zu verlassen. Diese Amae-Objektbeziehungsmuster, bei denen es sich um frühe Mutter-Kind-Beziehungsmuster handelt, lassen sich in Ostasien allgemein als kulturspezifisches Phänomen beobachten. Im folgenden sind einige Beispiele solcher Amae-Beziehungsmuster aufgeführt, wie sie sich in verschiedenen sozialen Kontexten darstellen.

- Kinder sind der ganze Sinn des Lebens der Eltern. So stehen die Kinder meistens im Mittelpunkt des Familienlebens. Die männliche Nachkommenschaft zu sichern, hat eine große Bedeutung in dieser Gesellschaft, weshalb heute noch viele Schwiegertöchter unter Druck gesetzt werden, einen Sohn zu gebären.
- Die Paarbeziehung in Ostasien kann man als *diagonale* Beziehung beschreiben im Vergleich zur westlichen *horizontalen* Paarbeziehung. Diagonal meint, daß der Anteil, zu dem sich die Eheleute gegenseitig als versorgende Mutter- bzw. Vaterfigur auf der einen und geliebtes Kind auf der anderen Seite erleben, gegenüber den partnerschaftlichen Aspekten, die in horizontalen Beziehungen im Vordergrund stehen, überwiegt. Beim interkuturellen Vergleich stellte Trommsdorff dennoch interessanterweise fest, daß die Paarbeziehung bei Japanern weniger eng ist als bei Amerikanern (Trommsdorf 1991). Das bedeutet, die Versorgung hat keinen einengenden Charakter. Distanz ist dadurch möglich, daß die Amae-Beziehungswünsche auch außerhalb der Paarbeziehung in der Beziehung zu den Kindern oder beispielsweise

auch in der Beziehung zwischen Ehemann und Schwiegermutter ausgelebt werden dürfen. Die stärkere Gruppenorientierung der Paare trägt zusätzlich dazu bei, daß die Partner weniger fixiert aufeinander sind.

- Ebenso beruhen die bekannte und im Westen teils als abwegig bewertete Lehrer-Schüler-Beziehung und Vorgesetzten-Untergebenen-Beziehung auf diesen Beziehungsmustern. Wohlwollen und Vertrauen werden in solchen Beziehungen vorausgesetzt, ebenso aber auch Verpflichtung.
- Gruppenverhalten: Eine Gruppenzugehörigkeit ist wichtig für die Regulierung des Selbstwertgefühls. Die Familie ist die primäre Gruppe, in der die Amae-Beziehungswünsche besonders intensiv ausgelebt werden. Die Menschen werden oft nach ihrer Gruppenzugehörigkeit eingeschätzt und entweder als dem „inneren Kreis" zugehörig, dann als Freund, oder dem „äußeren Kreis", dann als der Fremde erlebt. Gegenüber Fremden hegt man nur Gleichgültigkeit, sobald sie aber als Feinde eingeschätzt werden, wird versucht, sie in den Innenkreis zu integrieren. Die hohe Fähigkeit, das Fremde zu integrieren, auf der einen Seite und die Gleichgültigkeit gegenüber dem Leiden der Fremden auf der anderen Seite sind oft beobachtete Extremphänomene in Asien.
- Die Mutter hat eine besondere Machtstellung in der asiatischen Familie (Jong 1979), nicht aber die Frau an sich, das heißt, die hohe Stellung ist direkt mit der Geburt des ersten Kindes, besonders eines Sohnes, verknüpft. Hier sehen wir wieder die kulturspezifischen Ursprünge der engen Mutter-Kind-Objektbeziehungsmuster. Die Stellung der Frau in der eingeheirateten Familie wird erstmals durch die Geburt eines Sohnes gesichert. Die Mutter bekommt ihre ganze Macht aber erst dann, wenn die Schwiegermutter gestorben ist. Dann ist sie das mächtigste Mitglied innerhalb der Familie. Die Mutter ist sowohl die emotionale Stütze der Kinder als auch die versorgende mütterliche Ehefrau. Der Ehemann verlagert seine anderen Beziehungswünsche wie die erotischen und die leistungsorientierten Wünsche nach außen, so daß sein Einfluß zu Hause oft sehr gering ist. So gesehen ist die östliche Welt matriarchalisch strukturiert. Es ist zu vermuten, daß die außerordentlich patriarchalisch geprägten konfuzianischen ethischen Prinzipien und Verhaltensregeln diesen zu Hause einflußschwachen Vätern als Ausgleich gedient haben und dienen.

Die Abhängigkeitswünsche und die idealisierende Übertragung der Psychotherapie (Tatara 1974, 1982)

Tatara beobachtete Unterschiede zwischen amerikanischen und japanischen Patienten in der Übertragung. Gleich zu Anfang einer Psychotherapie neigen die japanischen Patienten dazu, eine stark abhängige Bindung zum Therapeuten zu entwickeln, ihn zu idealisieren, wodurch eine frühe Symptomauflösung erfolgt. Diese relativ „infantilen" und „unreifen" Abhängigkeitswünsche gehen mit Angst vor Ablehnung seitens des Therapeuten einher, so daß der Therapeut die idealisierende Übertragung erst einmal annehmen muß. Der Therapeut ist der weise Lehrer oder der weise Buddha, der mit seiner Autorität alles vergibt. Die meisten Therapien enden mit der Identifikation mit dem Therapeuten und der damit verbundenen Symptomauflösung. Klare Ich-Abgrenzung ist nicht erwünscht und sozial nicht möglich. Der Patient bekommt in der Therapie die Möglichkeit, die Flexibilität und Durchlässigkeit seines individuellen Ichs zu erfahren, indem der Therapeut seine Ich-Grenzen öffnet und dem Patienten eine gemeinsame Gruppen-Ich-Struktur anbietet.

„Oralität" (Münsterberger 1951)

Auffallend orale, abhängige Beziehungswünsche wie das Angebot zum gemeinsamen Essen oder Identifizierungsangebote stellt Münsterberger bei seinen aus China eingewanderten amerikanischen Interviewpartnern fest.

Auch Alkohol- und Spielsucht sind häufige Formen der oralen Persönlichkeitsmerkmale bei Chinesen. Die hohe Eßkultur ist ebenfalls als Ausdruck dieser Oralität zu betrachten.

Kindheit und Sozialisation

- Hohe Akzeptanz der positiven emotionalen Mutter-Kind-Beziehung in der Gesellschaft: Bei der Geburt stehen die Kinder im allgemeinen im Mittelpunkt der Geschehnisse in der Familie. Besondere Aufmerksamkeit bekommen die Söhne als Familienstammhalter und als Stellungssicherer ihrer Mütter (Cha 1977). Daher funktioniert das oben erwähnte diagonale Beziehungsmuster von der Geburt eines Sohnes an, die Töchter sind zweitrangig. Diese Benachteiligung der Töchter trägt aber wiederum zu einer „pathologischen" Entwicklung bei.
- Abhängigkeit und Passivität statt Individuation: Arai u. Mitarb. stellten Unterschiede in der motorischen und sprachlichen Entwicklung japanischer und amerikanischer Kinder von der 16. Lebenswoche an fest (Arai u. a. 1958). Die japanischen und die amerikanischen Säuglinge zeigten zwischen der vierten und 16. Woche keine Unterschiede in der Entwicklung, aber mit Beginn der 16. Woche bis zur 36. Woche verminderten sich die motorischen und die sprachlichen Entwicklungsschritte der japanischen Kinder im Vergleich zu ihren Altersgenossen in Amerika stetig. Caudill u. Mitarb. stellten fest, daß die japanischen Mütter von ihren Kindern eher ein stilles und passives Verhalten erwarten (Caudill u. a. 1969). Sie wiegen, schaukeln oder tragen das Kind auf dem Rücken, meistens um das Kind zu beruhigen. Sie reagieren prompt auf unzufriedene Laute des Kindes. Sie halten mehr Körperkontakt und pflegen weniger verbale Kommunikation. Ein Japaner oder Koreaner schläft nie alleine in seinem Leben.
- Harmonie statt Konfrontation: In Ostasien ist der Dreijahrestrotz nur schwach ausgeprägt, die pubertären Konflikte mit den Eltern gibt es kaum (Han 1972). Viele Eltern der ersten Generation von Koreanern in Deutschland zeigen daher Schwierigkeiten im Umgang mit ihren jugendlichen Kindern, die sich oft in einer schwierigen Konfliktsituation zwischen den Abhängigkeitswünschen und den Anforderungen ihrer Umwelt befinden, in der die Individuation als Maxime herrscht. Gehorsam und Achtung der Eltern sind die wichtigsten Verpflichtungen der Kinder gegenüber den sie liebenden und versorgenden Eltern, Konfrontation bedeutet Verletzung. Auch die verbale Widerrede wird von den Eltern als verletzend erlebt, sie reagieren sehr emotional, entweder mit Mitleid erheischendem Appell (Mütter) oder mit Zornesausbrüchen (Väter). Väter können auch tätlich werden und später das eigene Verhalten bereuen. So bleiben den Kindern nur noch die Geschwister und die Altersgenossen, um ihre Streitkunst erlernen zu können. Die gegenseitige Abhängigkeit und die Vermeidung der offenen Konfrontation zwischen Mutter und Kind ist besonders gut in dem koreanischen „Froschmärchen" dargestellt: Die Froschmutter wird krank und stirbt schließlich aus Kummer, weil die Kinder immer das Gegenteilige von dem tun, was die Mutter von ihnen verlangt. Mit diesem Märchen werden die Kinder erzogen: Die ungezogenen Kinder könnten die Mutter töten, was die Kinder lebenslang bereuen würden.

Die kulturspezifischen Merkmale der Sozialisation der Ostasiaten liegen darüber hinaus in der Offenheit der Beziehungs- und Wohngestaltung innerhalb des Familiensystems. Wir vermuten, daß die Ostasiaten ihre individuellen Ich-Grenzen in der Auseinandersetzung zwischen dem Sog und dem Zwang des Gruppen-Ichs entwickeln. Dazu ist das gegenseitige Aufeinandereingehen in der frühen Mutter-Kind-Beziehung notwendig. Die Mutter hat ein besonderes Auge für die Bedürfnisse des Kindes, das Kind entwickelt frühzeitig die soziale Fähigkeit, die Bedürfnisse der Mutter einzuschätzen, die „Nun-Chi" (Augenmaß)-Fähigkeit, mit den Augen die Bedürfnisse der anderen zu lesen. Diese Fähigkeit ist ein Bestandteil der späteren Beziehungsgestaltung. Zuviel „Nun-Chi"-Fähigkeit wird aber oft auch negativ bewertet, weil gerade Menschen, die besonders von anderen abhängig sind, diese Fähigkeiten einsetzen müssen, beispielsweise Frauen oder Untergebene.

Pathologische Formen der Amae-Beziehungsentwicklung

Pathologische Formen scheinen dann zu entstehen, wenn die Amae-Beziehungswünsche zwischen Mutter und Kind entweder nicht erfüllt werden oder zu groß sind. Leichte Formen sind häufiger bei Männern zu beobachten (Doi 1963). Diese Formen der Pathologie treten besonders bei erstgeborenen Söhnen auf, bei denen wir eine besonders enge Mutter-Kind-Beziehung innerhalb des Familiensystems vermuten. Diese Symptome treten insbesondere dann auf, wenn diese Söhne erstmals den „Innenkreis" verlassen, wenn sie beispielsweise ins Ausland gehen. Diese Pathologie ist also auch kulturabhängig. Hypochondrische Fixierung und Angst vor Fremden sind bei diesen Menschen ausgeprägt. Sie sind leicht verletzbar, kränkbar, leicht aufbrausend, depressiver Stimmung und zeigen verschiedene psychosomatische Störungsbilder.

Han als die typisch koreanische Seele, vor allem typisch für Frauen (Han u. Kim 1980, Lee 1979, Mun 1983, Kim 1975, Rhee 1980).

Han ist ein Gefühl ungelösten Grolls gegen erlittene Ungerechtigkeiten, so daß ein hartnäckiger Drang besteht, Rache zu nehmen und Wiedergutmachung des Unrechts einzufordern. Objekt dieses Gefühls sind oft nicht bestimmte Personen wie die Eltern, sondern es ist ziellos bzw. auf einer kollektiven Ebene angesiedelt. Han wird als Resultat langewährender Kränkung und Verletzung der menschlichen Gefühle und Existenz betrachtet und ist daher als das Gemüt vieler unterdrückter Frauen bzw. des unterdrückten Volkes zu sehen. Sowohl die politische, ökonomische und gesellschaftliche Geschichte als auch die persönliche Leidensgeschichte, die archaischen, spirituellen Einflüsse werden zur Ergründung dieser Persönlichkeitsmerkmale herangezogen. Die individuelle Mutter-Kind-Beziehung oder Eltern-Kind-Beziehung wird als krankmachender Faktor aber oft außer acht gelassen oder idealisiert. Die mütterliche Versagung gegenüber den Amae-Beziehungswünschen der Tochter wird sozial akzeptiert, als von der Mutter persönlich nicht zu Verantwortendes entschuldigt, so daß die Aggression gegen die Mutter nicht aufkommen darf und kann, weil diese selbst ein Opfer der bestehenden Gesellschaftsnormen ist. Die Unterdrückung der Aggression führt zu Han, dessen unkontrollierter Ausbruch in Hwa-Byung (Feuerkrankheit) mündet, dessen Sublimierung in vielen traditionellen Formen der Kultur, in der Gesangs- und Tanzkunst, in der Literatur und Kunst, vor allem bei den Heilberuflern wie den Schamanen zu finden ist.

Hwa-Byung (Feuerkrankheit) (Kim 1984, Min 1989, 1991, Min u. a. 1990, 1993)

Hwa-Byung ist die Manifestation des latenten Han, durch besonders gravierende äußere Leidenserlebenisse ausgebrochen wie z.B. durch den Konflikt mit der Schwiegermutter oder eine außereheliche Beziehung des Ehemannes. Epidemiologisch sind meist Frauen ab dem mittleren Lebensalter mit niedrigem Bildungsniveau betroffen. Symptomatisch sind unvollständige Verdrängungstendenzen zu beobachten. Impulsive Gefühlsausbrüche, Schlafstörungen, innere Unruhe, Magenbeschwerden, Verdauungsstörungen, Kopf- und Leibschmerzen sind häufige Symptome. Mit der Feuerkrankheit sind vor allem solche körperlichen Empfindungen verknüpft wie Druckgefühl in der Brust, Hitzegefühl im ganzen Körper, Durst, nach außen drängender Druck, Tachykardie, Kloßgefühl im Hals und in der Brust, Seufzen, Ausbruchsimpulse. Klagen ist das typische Verhalten dieser Menschen mit Hwa-Byung. Die Symptome haben eine ähnliche Dynamik wie das Feuer, daher dieser Name. Daneben werden eine generalisierte Angstsymptomatik und Depressivität als Hauptsymptome angegeben. Ausagieren der Aggression, unkontrollierte Wutausbrüche in Form von Beschimpfen der Familienangehörigen oder öffentliches Wehklagen gehören genauso zu den Symptomen.

Therapeutische Möglichkeiten
Die stützenden, sehr klar strukturierten Psychotherapiemaßnahmen von westlich geschulten Medizinern stehen neben traditionellen Heilmethoden. Die traditionellen Heilmethoden ermöglichen dem Patienten emotionale Identifizierungs- und Ausagierungsgelegenheiten in der Gruppe. So ist etwa eine schamanistische Zeremonie eine öffentliche Zeremonie für die Familie, für das ganze Dorf. Die Möglichkeit, sich mit dem Therapeuten zu identifizieren und ihn zu idealisieren, muß nach Tatara auch in der psychoanalytischen Psychotherapie als modifizierte, der asiatischen Kultur angepaßte Form genutzt werden.

Fallbericht Frau K.

Frau K., eine 18jährige Koreanerin, stellt sich auf Veranlassung ihrer Psychiaterin in der Ambulanz unserer Klinik mit der Fragestellung vor, ob eine stationäre Psychotherapie indiziert wäre. Es handelt sich um eine attraktive junge Frau, die akzentfreies, fließendes Deutsch spricht. Äußeres Erscheinungsbild und Sprachgebrauch passen ohne weiteres zu einer Gymnasialschülerin. In ihrem Auftreten wechseln eine sehr selbstbewußte, wortgewandte, leistungsorientierte Seite mit einem schamhaften, schüchtern zurückhaltenden Gebaren ab, so daß sie bei offenem Blickkontakt verlegen errötet. Während die erste Seite mit dem typischen Bild einer gebildeten hiesigen Adoleszentin im Einklang steht, mutet die Schamhaftigkeit eher fremd an und paßt zu der Vorstellung, die man sich hier von einer jungen Ostasiatin macht.

Symptomatik
Frau K. wendet sich wegen einer seit einem Jahr bestehenden bulimischen Symptomatik an uns. Als eigentlichen Beginn ihrer Eßstörung gibt sie das 13. Lebensjahr an. Damals habe sie angefangen, viel zu essen, sie habe „ständig etwas im Mund haben müssen". Bei einer Körpergröße von 1,73 m wog sie maximal 74 kg. Vor einem Jahr habe sie begonnen, sich zu übergeben, anfangs einmal im Monat, mittlerweile sei es einmal am Tag. Zeitweilig gäbe es Episoden, wo sie nur noch ein „Essen-Kotzen, Essen-Kotzen, ..." habe. Darüber hinaus berichtet Frau K. über anhaltende Schwierigkeiten sowohl mit ihren Eltern als auch in der Schule. Sie werde die Klasse wiederholen müssen, da sie die meiste Zeit des laufenden Schuljahres „blau gemacht" habe. Mit den Eltern komme es sehr häufig zu Streitereien, in deren Verlauf der Vater ihr gegenüber tätlich werde. Beide Eltern arbeiteten ganztägig, Frau K. sei den Tag über sich selbst überlassen, verbringe viel Zeit damit, auf dem Bett zu liegen, Musik zu hören, Videos zu sehen. Nachmittags und abends treibe sie sich in Cafés und Drugstores herum. Frau K. wirkt verzweifelt über ihre Symptomatik, eine große Hilfs- und Anlehnungsbedürftigkeit wechselt sich im Gespräch - oft ganz abrupt - mit jugendlichem Trotz ab, der sich vor allem gegen die Eltern, aber auch gegen die „Scheißkoreaner" im allgemeinen richtet.

Biographisches Material
Frau K. wird als erstes Kind ihrer Eltern in einer ländlichen Region Südkoreas geboren, wo sie auch bis zum sechsten Lebensjahr aufwächst. Zwei Jahre wird ihr die ungeteilte Fürsorge ihrer Mutter zuteil, dann wird ihr einziger Bruder geboren. Als sie drei Jahre alt ist, verläßt der Vater aus wirtschaftlichen Grün-

den die Familie und emigriert nach Deutschland. Er siedelt sich im Ruhrgebiet an, wo er Arbeit als Bergmann annimmt, kein ungewöhnliches Unterfangen für einen Koreaner Mitte der 70er Jahre. Die Mutter arbeitet in Korea, ihre Hauptfürsorge gilt nun dem Bruder. Frau K. ist viel allein oder hält sich bei Verwandten auf. Schon als kleines Kind läuft sie oft allein durch den kleinen Ort. Ihre ganze Sehnsucht gilt dem Vater. In ihrer Vorstellung arbeitet der Vater in der Fremde sehr viel, nur für die Familie und insbesondere für sie, um alles für ein zukünftiges, schönes Leben vorzubereiten, in dem sie wieder mit ihrem Vater vereint ist.

Als Frau K. sechs Jahre alt ist, folgt die Mutter mit ihr und dem Bruder dem Vater nach Deutschland, obwohl die Mutter sich bis zuletzt dagegen gesträubt hatte. Anstatt eines sehnsuchtsvoll die Familie erwartenden Vaters trifft die Familie ihn „trinkend, rauchend, krank, die Nächte durchmachend und Geld verspielend" an. Der Vater hat in seiner Isolation den inneren Halt und alle Struktur verloren. Der Vater setzt nach dem Eintreffen der Familie sein haltloses Leben zunächst fort, zeugt ein außereheliches Kind. Zu Hause erleidet er häufig Wutausbrüche, schlägt Frau K. mit unkontrollierter Heftigkeit. Schließlich kommt es etwa um das zehnte Lebensjahr herum auch zu sexuellen Übergriffen des Vaters, ein weiteres Zeichen seiner Orientierungslosigkeit. Die Mutter erduldet den Lebenswandel ihres Mannes, lehnt sich nicht auf, bleibt ihrer traditionellen Rolle verhaftet, indem sie sich als Dienende für die Familie aufopfert. In der elterlichen Ehe scheint das Sexualleben unerfüllt zu bleiben. Die Mutter habe „nie Lust auf Sex", sei immer „gestreßt". Der Vater wiederum fühlte sich durch die heranwachsende Tochter stimuliert. Später wirft er ihr vor, mit Männern „rumzumachen", was mehr Licht auf die Phantasien des Vaters wirft als auf den Lebenswandel von Frau K., die zu Beginn der Behandlung angibt, noch nie mit einem Mann geschlafen zu haben.

Als Frau K. elf Jahre alt ist, tritt eine plötzliche Verwandlung des Vaters ein. Er findet zur Gruppe der Koreaner zurück, tritt der koreanischen evangelischen Kirchengemeinde bei und „hört von heute auf morgen mit den Lastern auf". Die jetzt regelmäßigen sonntäglichen Kirchenbesuche stoßen Frau K. eher ab. „Jeder wollte das kleine, süße Ding hätscheln." Im Alter von zwölf Jahren kam es mehrmals zu sexuellen Berührungen durch ein Mitglied der Kirchengemeinde. Die Wutausbrüche des Vaters hätten auch nach der Bekehrung nicht an Häufigkeit und Heftigkeit nachgelassen. Seit der Pubertät entstehen ständig Konflikte zwischen den traditionellen koreanischen Rollenvorstellungen der Eltern, insbesondere vom Vater repräsentiert, und den vom westlichen Umfeld geprägten Autonomiebestrebungen der Kinder.

Nach anfänglichen Schwierigkeiten mit der deutschen Sprache sei sie schnell in der Schule klargekommen. Obwohl die Eltern sie auf die Gesamtschule schicken wollten, habe sie durchgesetzt, das Gymnasium besuchen zu dürfen. Bis vor zwei Jahren sei sie auch immer eine gute Schülerin gewesen. Ihr Bruder besuche ebenfalls das Gymnasium. In der Konfliktsituation mit den Eltern setzt sich bei Frau K. zunehmend eine Verweigerungshaltung durch, die mit dem Nachlassen ihrer schulischen Leistungen verbunden ist. Engere Kontakte unterhält sie überwiegend zu Jugendlichen, die weder Koreaner noch Deutsche sind. In ihren Träumen verführt Frau K. ihren Vater, hat sexuellen Verkehr mit ihm. Tatsächlich weise ihr Vater sie zurück, wenn sie ihn in den Arm nehmen wolle. Er sähe in ihr nicht die Tochter, sondern die Frau. Frau K. geht ihrerseits keine intimen Beziehungen zu Gleichaltrigen ein. Mit 17 Jahren entwickelt sie die massive bulimische Symptomatik, die sie zu uns in die Behandlung führt.

Indikation

Unter der Diagnose „Bulimia nervosa" stellten wir die Indikation zu einer stationären Psychotherapie. Die psychoanalytisch orientierte stationäre Psychotherapie (Becker u. Senf 1988) umfaßt neben Einzel- und Gruppentherapie, Gestaltungstherapie und Konzentrativer Bewegungstherapie zusätzlich ein spezielles in mehreren Stufen aufgebautes symptomorientiertes Behandlungsprogramm für eßgestörte Patientinnen, das auf eine Normalisierung des Ernährungsverhaltens abzielt. Frau K. hält sich insgesamt für die Dauer von vier Monaten in unserer Klinik auf.

Behandlungsverlauf, Anfangsphase

Bereits während der Vorgespräche, die sich über einen Zeitraum von etwa drei Monaten erstrecken, kommt es zu einer dramatischen Entwicklung. Frau K. verläßt überstürzt das Elternhaus, nachdem ihr Vater sie erneut zusammengeschlagen und Frau K. akute Todesangst bekommen hat. Sie kommt kurzfristig bei einer Freundin und dann für ein paar Wochen in einem Kinderheim unter. Sie hat ihrerseits zum Jugendamt Kontakt aufgenommen, wo eine Regelung bezüglich ihres finanziellen Unterhalts getroffen sowie Kontakt zu einem sozialen Dienst vermittelt wird. Frau K. zeigt in ihrem Umgang mit den Institutionen einen kompetenten, zielgerichteten Eindruck. Auf Einmischung reagiert sie sehr empfindlich, fühlt sich dann nicht als Erwachsene ernstgenommen. Bei der Aufnahme in die Klinik ist Frau K. praktisch ohne festen Wohnsitz.

In den ersten Tagen nach ihrer stationären Aufnahme fühlt Frau K. sich einsam und verloren. Weder Freunde noch Eltern kümmern sich um sie. Vor ungebetenen Besuchern der koreanischen Gemeinde ergreift Frau K. die Flucht. In der Beziehung zum Therapeuten zeigt sie sich hilfe- und schutzsuchend, abhängig, dann wieder auf Selbstbestimmung bedacht. Wie eine Vorausleistung verzichtet sie vom Tag der Aufnahme an auf ihre bulimische Symptomatik, die erst nach etlichen Wochen wieder auftritt. In der Gruppe der eßgestörten Patientinnen entwickelt sich rasch eine heftige Konkurrenz. Frau K. fühlt sich aufgrund ihres noch jugendlichen Lebensalters von den anderen nicht ernst genommen, kann sich dank ihrer verbalen Überlegenheit allerdings durchaus gut behaupten.

Die Schilderung ihrer bulimischen Symptomatik ist eindrucksvoll. Sie beschreibt das immer wieder absichtlich herbeigeführte Würgen außerordentlich plastisch, die Destruktivität, den Haß, welchen sie in das Symptom hineinlegt. Die sehr körpernah erlebte aufgestaute Wut findet in der exzessiven, quälerischen Bulimie bewußten körperlichen Ausdruck, ohne daß es zu einer Verbalisierung der Affekte kommt. In den Stunden läßt Frau K. ihrer Phantasie freien Lauf. Sie möchte die ganze Klinik rot anstreichen, sie „will Blut sehen". In der Gestaltungstherapie gelingt es ihr, ihre inneren Bilder zu Papier zu bringen. Ihre Bilder sind kraftvoll, fast gewalttätig in ihrer Ausdruckskraft, erschrecken und faszinieren zugleich in ihrer Fremdartigkeit. Frau K. verleiht ihrem Bedürfnis nach der Nähe ihres Vaters offen Ausdruck. Die Träume über den sexuellen Verkehr mit dem Vater und Erinnerungen an den Mißbrauch werden von ihr thematisiert. An körperlichen Symptomen entwickelt Frau K. Bauchschmerzen, einen Furunkel im Schambereich, schließlich Juckreiz am ganzen Körper.

In den therapeutischen Sitzungen erscheint Frau K. zunehmend ungesteuert. Obwohl die Behandlung im Sitzen durchgeführt wird, wirft sie sich auf die Analysecouch, wälzt sich darauf und zerzaust sich die Haare. Sie läßt sich gehen. Zu Hause habe sie gelegentlich einige Bücher, überhaupt alle Gegenstände aus dem Regal durchs Zimmer geschleudert. Dabei fixiert sie das Regal des Therapeuten, der sich innerlich bereits darauf einstellt, sich ihr in den Weg zu werfen, um sein Hab und Gut zu schützen. So weit kommt es dann aber doch nicht. Verblüffenderweise läßt Frau K. sich immer wieder mit nur wenigen Worten eingrenzen und strukturieren. Die Erfahrungen in der konzentrativen Bewegungstherapie sind sehr ähnlich. Von einer Sekunde auf die andere vermittelt Frau K. den Eindruck guter, stabiler Ich-Funktionen. Je deutlicher es wird, daß das ungesteuerte Sichgehenlassen nicht einem gravierenden strukturellen Defizit entspricht, desto größer wird therapeutischerseits der Mut, Frau K. freien Raum für die Darstellung ihrer kaum gezügelten Affekte zu lassen, um dann gemeinsam nach Verbalisierungsmöglichkeiten zu suchen.

Thematisch im Vordergrund steht für lange Zeit die Sehnsucht nach dem Vater, der alles, auch alles Mütterliche, in sich zu vereinigen scheint. Es entsteht ein Idealbild des Vaters, er erscheint als dringlich erwarteter Geliebter, auf den sich durchaus bewußte Inzestwünsche richten. Gleichzeitig hegt Frau K. aber auch Groll gegen den Vater, weil er sie nicht liebe, Rachgelüste werden wach wegen der schlimmen Dinge, die er ihr angetan hat. Ihre Haltung erinnert an die einer koreanischen Frau, die ihrem Geliebten nachtrauert, der sie verschmäht.

Der Bruch zwischen diesem traditionell koreanisch anmutenden Frauenbild und dem der westlich sozialisierten, autonomiebestrebten jungen Frau wird anläßlich eines Familiengespräches, das gegen Ende der vierten Behandlungswoche geführt wird, in aller Schärfe deutlich. Beide Elternteile, Frau K. und ihr Bruder nehmen daran teil. Die Eltern sprechen überwiegend koreanisch, Frau K. übersetzt, wobei sie vieles wegläßt. Insbesondere die Affekte der Eltern werden nur unzureichend wiedergegeben, erschließen sich erst durch eine spätere Übersetzung des mitgeschnittenen Videobandes. Leitender Affekt ist die Gekränktheit des Vaters darüber, daß die Kinder nicht gehorchen, sich aus der Familie entfernen, gar Institutionen wie das Jugendamt einschalten, ihn als Vater und die Familie insgesamt nicht achten, sich den koreanischen Wertvorstellungen entfremden. Die höhere Bildung und wesentlich bessere Adaptation an die hiesige Umwelt macht diese Kinder den verunsicherten Eltern überlegen, denen sie dadurch nicht mehr den gebührenden Respekt entgegenbringen können. Der Vater, eine stattliche Erscheinung, sitzt aufrecht und lange Zeit unbewegt auf seinem Stuhl, macht dennoch schließlich einen hilflosen, beinahe gebrochenen Eindruck. Die eher unscheinbare Mutter verharrt in ihrer mitleiderheischenden Haltung. Sie beklagt, wie schlecht es dem Vater und ihr der Kinder wegen gehe, und versucht, auf diese Weise eine Versöhnung herbeizuführen. Den Bruder betrifft dies alles im Grunde in gleichem Maße wie Frau K. Er wirkt noch „deutscher" als sie, es wird ihm offenbar aber eher zugestanden. Die Kluft zwischen den verschiedenen Wertsystemen, harmonisches Einfügen in die Familie auf der einen Seite, Individuation und Selbstbestimmung auf der anderen, erscheinen unüberbrückbar. Auch in Frau K. selbst scheinen beide Welten unvereinbar nebeneinander zu existieren. Therapeutisches Ziel ist jetzt nicht mehr allein Selbstfindung im Sinne von mehr Autonomie und Individuation, sondern auch im Sinne von Integration der eigenen kulturellen Wurzeln und Geschichte der frühen Objektbeziehungen.

Behandlungsverlauf, mittlere Phase

In der Folge entwickelt Frau K. eine Fülle von Phantasien und inneren Bildern. Gewaltphantasien, in denen sich Frau K. als Opfer sieht, werden abgelöst von aggressiven, zum Teil sexuellen Phantasien, in denen Frau K. sich an kleinen Mädchen vergeht, ihnen das antut, was ihr selbst geschehen ist. Frau K. nimmt sich jetzt selbst als „männlich" wahr, empfindet diese Seite an sich zunächst als fremd. Unter „männlich" versteht sie dominant, sadistisch, aktiv, bestimmend. Die Phantasien eskalieren schließlich zu grausamen Zerstückelungsphantasien. Frau K. entwickelt starke Ängste vor „Geistern" und „Schattenspielen". Mehrere Nächte hintereinander schläft sie im Aufenthaltsraum der Station. In der Gruppe möchte sie andere provozieren, mit ihren Bildern schockieren.

Parallel zu diesen primärprozeßhaft anmutenden, gelockert assoziativ verlaufenden Therapiesitzungen ist Frau K. sehr wohl in der Lage, sich mit Unterstützung des Sozialdienstes auf Wohnungssuche zu begeben und schließlich auch eine Wohnung auf dem freien Markt zu finden. An den Wochenenden besteht nach wie vor Kontakt zu den Eltern. In der neunten Behandlungswoche, nach einem Besuch bei der Mutter, die ihr erneut Schuld zuweist, weil es dem Vater wegen Frau K. schlecht gehe, tritt erstmalig wieder ein Bulimieanfall auf. Kurz darauf folgen Beschwerden in der Herzgegend. Die nächsten Wochen sind von phasenweise chaotischem Agieren seitens Frau K. gekennzeichnet. Sie besucht am Wochenende ein Dorfschützenfest, läßt sich dort mit einem aggressiven Betrunkenen ein, schafft es jedoch in letzter Sekunde, sich dem sexuellen Verkehr zu entziehen. Sie träumt wieder von sexuellen Erlebnissen mit dem Vater und mit Patienten. Aus Wut auf sich selbst schneidet sie sich aus einer Laune heraus die Haare ab.

Als die Mutter ihr bei einem Besuch die Tür weist, treten unvermittelt starke Einsamkeitsgefühle auf. Frau K. verletzt sich selbst, indem sie sich am Arm ritzt. In dieser Zeit intensiviert sich der Kontakt zum Pflegepersonal, mit dem sie unter anderem über quälende Zustände sexueller Erregung spricht. Sie vergleicht ihre sexuelle Lust mit Heißhunger. Wut und Haß auf den Vater werden allmählich verbalisierbar, konkrete Erinnerungen an oralen Mißbrauch durch ihn treten erstmals klar auf. Die Mutter unternimmt einen neuerlichen Versuch der Annäherung. Um Frau K. an sich zu binden, droht sie sogar mit Suizid. Frau K. reagiert wütend, die bulimischen Attacken nehmen zu. Auch der Selbstekel nimmt zu. Erinnerungen an eigene sexuelle Manipulationen mit Tieren werden wach, sie schildert die Mißhandlung ihres Wellensittichs bis zum Tode. Frau K. empfindet sich als abartig, fügt sich multiple Schnittverletzungen am Arm zu.

Die therapeutischen Sitzungen mit Frau K. sind nicht immer leicht auszuhalten. Auch beim Gegenüber werden heftige Affekte wachgerufen, hin und wieder tritt auch Sorge über ihren regressiven Zustand auf, die sich letztlich als unbegründet erweist. Die Sehnsucht nach Vaterliebe richtet sich jetzt zunehmend auf den Gruppentherapeuten, der auch die ersten ambulanten Vorgespräche geführt hat. Der Einzeltherapeut wird eher zum Förderer ihrer inneren Befreiung, auch ihrer Selbstbestimmung, indem er an ihre Eigenverantwortung appelliert, ihr etwas zutraut. Durch den intensiven Prozeß von „Erinnern und Durcharbeiten“ kündigt sich zu Beginn des letzten Behandlungsmonats mit Trauergefühlen eine schrittweise emotionale Lösung vom Vater an. Im Traum sieht Frau K. ihren Vater als großen Drachen, gegen den sie gemeinsam mit dem Bruder kämpft. Als Waffe dient ihr - ernüchternderweise - ihr Bulimieprotokoll, in dem die Untaten des Vaters festgehalten sind. Es scheint, als ob Frau K. mit ihrem siegreichen Kampf im Traum Herrin über ihre eigene Besessenheit geworden wäre. In der Folgezeit macht sie einen geradezu kindlichen, unschuldigen Eindruck.

Behandlungsverlauf, Schlußphase

Frau K. beginnt, aktiv an der Überwindung ihres Leidens zu arbeiten. Mit ihrem Schritt in Richtung auf eine Ablösung vom Vater wird es ihr möglich, in der Gruppentherapie ihre Übertragung auf den Gruppentherapeuten zu thematisieren und zu bearbeiten. Erst jetzt wird Frau K. selbst der fehlende mütterliche Halt bewußt und zum zentralen Gegenstand der letzten Therapiewochen. Frau K. verliebt sich spontan in eine etwas ältere, ebenfalls eßgestörte Patientin, von der sie sich mütterliche Zuwendung wünscht und zum Teil auch im Sinne einer regressiven Bedürfnisbefriedigung durch intensiven körperlichen Kontakt erhält. Zudem wendet sich Frau K. nun auch vermehrt der Stationsärztin als Bezugsperson zu. In den therapeutischen Sitzungen verleiht sie ihren kindlichen Wünschen Ausdruck, malt sich einen Kindergeburtstag zu ihren Ehren aus. Sie bedauert, daß ihre Mutter so wenig für sie da gewesen ist. Im therapeutischen Team ebben die Diskussionen über präpsychotische Erlebensweisen ab.

Auch unter der Perspektive der in greifbare Nähe rückenden Entlassung findet endgültig eine Hinwendung zum Alltagsleben statt. Frau K. hat inzwischen an den Wochenenden ihre Wohnung renoviert und befaßt sich nun mit der Einrichtung. Sie widmet sich der Suche eines ambulanten Therapieplatzes in ihrer Heimatstadt, bereitet sich auf den Wiedereinstieg in die Schule vor. Im Zusammenhang mit der Entlassung nimmt die bulimische Symptomatik zunächst wieder zu. In den ersten Nachgesprächen macht Frau K. einen niedergeschlagenen Eindruck. Der Anschluß in der Schule fällt ihr schwer. In der neuen Jahrgangsstufe kommt sie nur zögernd in Kontakt, in der ehemaligen Jahrgangsstufe nimmt sie die Position einer Außenseiterin ein, da sie nicht mehr auf dem laufenden ist. Dessen ungeachtet knüpft sie in dieser Zeit die erste intime Beziehung zu einem Mann an, einem iranischen Studenten. Die anfängliche Schilderung der Beziehung enthält viele quälerische Elemente. So fühlt sich Frau K. von ihrem Freund manipuliert und herumkommandiert, sieht sich andererseits in der sexuellen Beziehung als „Domina".

Etwa zwei Monate nach der Entlassung beginnt Frau K., sich deutlich zu stabilisieren. Sie nimmt von sich aus wieder das Führen des Bulimieprotokolls auf, strukturiert sich zunehmend. Die bulimische Symptomatik tritt nur noch ein- bis zweimal wöchentlich auf. Frau K. besucht jetzt regelmäßig die Schule, schreibt mit Erfolg ihre Klausuren. Sie findet Zugang zu den anderen Schülern ihrer Jahrgangsstufe. Ihren Lebensunterhalt bestreitet Frau K. mit BAFöG und Einnahmen aus verschiedenen Jobs (Nachhilfeunterricht, Aushilfe in einem kleinen Laden). Den Kontakt zu ihrem Vater, den sie während ihres stationären Aufenthaltes abgebrochen hat, hat Frau K. nicht wieder aufgenommen. Die Mutter hingegen besucht sie von Zeit zu Zeit an dem ihrer neuen Wohnung nahegelegenen Arbeitsplatz der Mutter. Die Beziehung zu ihrem iranischen Freund scheint sich ein Stück zu festigen. Offenbar gelingt die Regulierung von Nähe- und Distanzwünschen inzwischen besser.

Frau K. hat zwar eine ambulante Therapeutin gefunden, der Therapieantrag wird aber letztlich abgelehnt, da diese Therapeutin mit ihrer Krankenkasse nicht abrechnen kann. Frau K. muß sich erneut auf Therapeutensuche begeben. Angesichts ihres Abschiedes von ihrem Einzeltherapeuten nach nunmehr insgesamt einjähriger Therapiedauer besteht vorsichtiger Optimismus. Insgesamt ist es Frau K. offenbar gelungen, sich weiter zu entwickeln. Sie hat eine Trennung zwischen frühkindlichen und sexuellen Beziehungsaspekten vollziehen können. Sie hat sich in Maßen von den Primärobjekten ablösen und dabei in der hiesigen westlichen Welt Fuß fassen können, ohne sich ihrer koreanischen Wurzeln und Beziehungsgeschichte zu berauben.

Interpretation des Fallbeispiels

Schon die Wahrnehmung der Unterschiede im äußeren Erscheinungsbild zwischen der schamhaften und schüchternen Koreanerin und der selbstbewußten und wortgewandten Europäerin gibt uns einen Hinweis auf das Spannungsfeld in der Persönlichkeit dieser Patientin. Daß dieses Spannungsfeld zwischen zwei Kulturen bei der Patientin Überforderung in der postpubertären Phase der Persönlichkeitsentwicklung, aber auch eine Möglichkeit zur persönlichen Entfaltung bedeutet, möchten wir im folgenden zu belegen versuchen.

Die Spannungen sind innerhalb der koreanisch erlebten Kultur durch Brüche der eigenen Biographie und der Biographie der Eltern gekennzeichnet. Sie konnte schon als Kind in

Korea kein realistisches Bild des Vaters und seines Lebens in Deutschland entwickeln. Der Vater blieb bis zu ihrem sechsten Lebensjahr eine stark idealisierte Person. Sie erfuhr einen Bruch dieses Bildes, als sie nach Deutschland kam und dort einen ausschweifenden Vater vorfand. Die Entwicklung eines tragbaren Vaterbildes wurde erneut durch die sexuellen Übergriffe des Vaters gestört.

Der Vater hat selbst viele Brüche in seiner Biographie erlebt. Drei Jahre lebt er alleine in der Fremde, hat seine Familie nicht mehr als den schützenden „inneren Kreis“, erlebt Grenzüberschreitungen als Freiheit, aber auch Schutzlosigkeit. Er kann sich anscheinend nicht wieder dem Kreis der Familie zugehörig erleben. Die räumliche Distanz und der innere Beziehungsabbruch zur koreanischen Familie, zu Großeltern und Verwandten, zur Nachbarschaft, die oft äußere soziale Kontrolle und äußere Gruppen-Ich-Struktur bedeuten, sind zu groß. Er gehört in Deutschland zu keiner Gruppe, in der er sein Gesicht wahren muß. Dieses Verhaltensmuster des Vaters setzt sich fort, auch als es zur Familienzusammenführung kommt. So kann sich der Vater sexuelle Übergriffe an seiner Tochter erlauben, ohne von der sozialen Gruppe ausgestoßen zu werden. Die Ehefrau ist hier keine Instanz, die dem Mann Grenzen setzt. Erst der Anschluß an die koreanische Kirchengemeinde scheint ihm und der Ehepartnerin Grenzen zu ermöglichen, wodurch das abrupte Aufhören seiner Laster zu erklären wäre. Daß die Familie trotz des väterlichen Lasters zusammenbleibt, weist auf das besondere Mutterbild hin, die mit Duldung Macht ausübt. Die Mutter erscheint uns äußerlich als eine schwache Person, mit der sich die Tochter nicht identifizieren will, aber sie ist auch diejenige, zu der die Tochter noch Kontakt aufrechterhält. Durch diese Fähigkeit der Mutter ist zwar der innere Kreis gebildet, aber es scheint sehr schwierig zu sein, daß ein enger Innenkreis durch die Familie gebildet wird, in dem sich das individuelle Ich flexibel gestalten kann im Schutz des Familien-Gruppen-Ichs. Die Kinder haben daher wenig Möglichkeiten, die durch die enge Mutter-Kind-Beziehung erfahrene Durchlässigkeit und Flexibilität ihrer Ich-Grenzen im weiteren Gruppenbeziehungsgefüge auszuprobieren. Die Symptombildung ist der Ausdruck der Ohnmacht der Tochter, sich dem Sog und der Starrheit dieser idealisierten Familienharmonie zu widersetzen.

Um die Starrheit dieser Beziehungsmuster zu lockern, müßten die Impulse zur Beziehungsentwicklung von Heranwachsenden mehr aus der Auseinandersetzung mit der deutschen Kultur und den Deutschen kommen. Aber die Eltern der Patientin gehen dieser Auseinandersetzung aus dem Wege. Unsere Patientin stellt sich der Spannung, aber sie ist in ihrer adoleszenten Entwicklung überfordert, weil sie ihre sexuellen Bedürfnisse und Autonomiewünsche als etwas sehr Konträres, Unvereinbares erlebt, nicht zuletzt auch wegen des sexuellen Mißbrauchs. Die Eltern stehen der deutschen Gesellschaft sehr ambivalent gegenüber: Sie lehnen die deutsche Gesellschaft einerseits ab, andererseits sprechen sie dieser Gesellschaft sehr viel Macht zu. Dies sieht man vor allem an ihren mangelhaften deutschen Sprachkenntnissen auf der einen Seite und ihrem langjährigen Aufenthalt in Deutschland auf der anderen. Sie nutzen vor allem die wirtschaftlichen Möglichkeiten, die die deutsche Gesellschaft ihnen bietet. Mit dieser Macht können sie sich aber nicht identifizieren, weil sie nur „Gastarbeiter“ sind. Sie fühlen sich daher den Deutschen unterlegen und von ihnen ausgestoßen. Auch die fremdenfeindliche politische Stimmung gibt ihnen keine Möglichkeit der Identifizierung mit dieser Machtgesellschaft. Um die innere, nicht bewältigbare Spannung besser zu ertragen, versuchen sie, diese Gesellschaft als moralisch schlecht abzuwerten und abzulehnen. Die verführerische Art der Tochter dient nicht nur der Projektion eigener Schuldgefühle, sondern wird auch als etwas Deutsches erlebt, was sie als unmoralisch ablehnen. Die Fähigkeit der Tochter, sich verbal stark auszudrücken, sich in der deutschen Gesellschaft besser zurechtzufinden (Besuch eines Gymnasiums) erleben sie ebenso ambivalent. Einerseits sind sie stolz, andererseits fühlen sie sich der Tochter gegenüber unterlegen und in ihrem Selbstwertgefühl verletzt, weshalb sie diese Stärke gleichzeitig ablehnen müssen. Hinzu kommt das Gefühl des Verrates an dem Mutterland Korea, das wirtschaftlich Deutschland unterlegen ist. Verrat begangen zu haben, indem sie das Land, die Eltern, die Familie verlassen haben, ist ein häufiges Gefühl bei Emigranten. Die Eltern haben die Spannung zwischen dem Verrat und der Anpassung dadurch abgeschwächt, daß sie sich der Idealisierung der frühen Mutterwelt hingegeben und aus der deutschen Welt zurückgezogen haben. Alles Koreanische erscheint ihnen schön und positiv, die Kritik der Kinder führen sie auf deren mangelndes Wissen über die koreanische Kultur zurück. Dagegen wird alles Deutsche als negativ bewertet. Es lohnt sich aus ihrer Sicht nicht, sich mit den Deutschen einzulassen. In der Kirche treffen sie mit Landsleuten zusammen, die ähnliche Erfahrungen gemacht haben. Ihr idealisiertes Koreabild hat kaum eine Chance, durch den Vergleich mit dem realen Korea heute korrigiert zu werden, weil kaum Kontakt zu in Korea lebenden Koreanern besteht. Somit ist die idealisierte koreanische Mutterwelt kein Ort für die Bildung eines realen Gruppen-Ichs. Die abgelehnte deutsche Welt ist ebenfalls kein Ort für die Bildung eines Gruppen-Ichs, zumal die deutsche Gesellschaft generell den Schutz durch die Gruppe als äußere Gruppen-Ich-Struktur in dieser Form nicht kennt.

Vor diesem Hintergrund der elterlichen Beziehungsmuster bzw. Verhaltensmuster wird es uns nochmals deutlich, wie gespalten sich die Patientin zwischen zwei Polen, zwischen zwei Kulturen erleben muß, vor allem wegen der Starrheit und Unbeweglichkeit dieses Kulturverständnisses der Eltern. Die Patientin scheint aber noch so viele bewegliche, positive, typisch ostasiatische Objektbeziehungsmuster in sich zu tragen, daß sie dazu befähigt ist, sich an die deutsche Gesellschaft anzupassen. Ihre flexible Anpassungsfähigkeit an das deutsche Leben weist auf eine gute „Nun-Chi“-Fähigkeit hin, die sie in ihrer frühen Mutter-Kind-Beziehung gelernt haben muß. Sie verfügt über gute schulische Leistungen, bewältigt die deutsche Sprache sehr gut. Auch die Fähigkeit, sich schnell mit dem Therapeuten zu identifizieren, weist auf die spezifischen Objektbeziehungsmuster von Ostasiaten hin. Sie idealisiert ihn, identifiziert sich mit ihm und kann dadurch auch zeitweise ihre Symptome aufgeben, was einen Ansporn zu weiteren Schritten mit sich bringt.

Weiterhin fällt uns besonders auf, wieviel Flexibilität sie in ihrer Ich-Struktur zeigt, wenn sie die äußere Gruppen-Ich-Struktur als schützend erlebt. Ihre Fähigkeit zum emotionalen Ausagieren erinnert uns auch an die Phänomene der an Feuerkrankheit erkrankten Frauen: heftige Ausbrüche bisher unterdrückter Aggressionen, Gefühle und Sehnsüchte. Auch die Öffentlichkeit, in der dieses Ausagieren möglich ist, die Station, die Einzel- und Gruppentherapiesituation kann sie als Gruppen-Ich-Struktur zu Hilfe nehmen. Es ist ihr möglich, ihre Ich-Grenzen zeitweise aufzulösen und mit Hilfe der Gruppen-Ich-Struktur bis auf archaisches Niveau zu „regredieren“, ohne die Integrität ihrer Persönlichkeit zu verlieren. Die Auseinandersetzung zwischen den Ich-Bedürfnissen und dem Sog und Zwang des Gruppen-Ichs ist in diesem Stationsrahmen möglich geworden. Weiterhin konnte sie die verschiedenen Beziehungswünsche mit Hilfe des individuellen Therapeuten differenzieren, vor allem zwischen den frühen mütterlich-väterlichen Beziehungswünschen und den sexuellen Beziehungswünschen. Die Therapeuten erlebten zwar die asiatischen Beziehungsmuster der Patientin und ihre ausagierende Art als befremdend und Angst auslösend, weil sie präpsychotisch anmuteten, sie wurden aber in der Therapie als etwas Fremdes zugelassen, und es wurde versucht, dieses Fremde durch die Konfrontation mit dem Eigenen zu verstehen. Hierdurch konnte die Differenzierung der verschiedenen Beziehungserlebnisse bei der Patientin stattfinden. Wir erinnern uns an ihren kindlichen Ausdruck am Ende der Therapiephase.

Weiterhin war es wichtig, daß die Patientin erlebte, daß sie differenziert bestimmte Anteile der koreanischen Welt ohne Schuldgefühl ablehnen kann, aber auch manche anderen Anteile der koreanischen Welt nicht ablehnen muß, um sich der deutschen Welt zuwenden zu können. Dies wird auch in der Wiederaufnahme der unterschiedlichen Kontakte zu den Eltern deutlich. Ihren Individuationswünschen wurde Raum und die Möglichkeit zur Realisierung gegeben, besonders weil die Therapeuten diese ihnen vertrauten Wünsche als ihrem Alter entsprechend verstehen und annehmen konnten. Somit gelingt es der Patientin zunehmend, die Spannung und die Diskrepanz zwischen dem Rückzug in die idealisierte koreanische Welt und dem Hineinbegeben in die dominante deutsche Welt zu mildern und eine Brücke zwischen der mütterlichen und der väterlichen Welt zu errichten. Diese Erfahrung gibt ihr Kraft, den überspannten Bogen zwischen zwei Welten zu lockern und eine eigene Welt zu erschaffen. Die Hoffnung ist, daß diese beiden Welten immer näher in Kontakt kommen, sich versöhnen, damit sie eine „dritte Welt“ erschaffen kann, in der die Realität neben der Idealisierung Platz hat.

Literatur

Akgün, L. (1993): Psychokulturelle Hintergründe türkischer Jugendlicher der zweiten und dritten Generation. In Lajios, K.: Die psychosoziale Situation von Ausländern in der Bundesrepublik: Integrationsprobleme ausländischer Familien und die seelischen Folgen. Opladen (Leske + Budrich).

Arai, S., J. Ischikawa, K. Toshima (1958): Developement psychomoteur des enfants japonais. La Revue de Neuropsychiatrie Infantile et d'Hygiene Mentale de L'Enfance .6 (1958) S. 262.

Becker, H., W. Senf (1988): Praxis der stationären Psychotherapie. Heidelberg (Thieme).

Bittner, G. (1993): „...nach unseren eigenen psychischen Konstellationen zu deuten“ (S. Freud). Psychoanalytisches Verstehen als Scheitern des Eigenen am Fremden. In: Streeck, U.: Das Fremde in der Psychoanalyse: Erkundungen über das „Andere“ in Seele, Körper und Kultur. München (Pfeiffer).

Caudill, W., H. Weinstein (1969): Maternal Care and Infant Behaviour in Japan and in America. Psychiatry 32 (1969) S. 12.

Cha, J.H. (1984): gugmisong ui whalsongwha (Aktivierung des Nationalcharakters). hangugin ui songgyok, Seoul.

Doi, T. (1963): Some thoughts on helplessness and the desire to be loved. Psychiatry 26 (1963) S. 266.

Doi, T. (1982): Amae, Freiheit in Geborgenheit: Zur Struktur japanischer Psyche. Frankfurt/Main (Suhrkamp).

Erdheim, M. (1988 a): Adoleszenz zwischen Familie und Kultur. In: Psychoanalyse und Unbewußtheit in der Kultur: Aufsätze 1980-1987. Frankfurt (Suhrkamp).

Erdheim, M. (1988 b): Zur Ethnopsychoanalyse von Exotismus und Xenophobie. In: Psychoanalyse und Unbewußtheit in der Kultur: Aufsätze 1980-1987. Frankfurt (Suhrkamp).

Erdheim, M. (1993): Das Fremde - Totem und Tabu in der Psychoanalyse. In: Streeck, U.: Das Fremde in der Psychoanalyse: Erkundungen über das „Andere“ in Seele, Körper und Kultur. München (Pfeiffer).

Han, D. S. (1972): Maturity in Korea and America. Transcultural Research in Mental Health 3 (1972).

Han, W.S., S.K. Kim (1980): Han e daehan minzung sahoe hakzuk siron (Volks-Soziowissenschaftliche Theorie des Han). Hangisa, Seoul.

Jong, S.H. (1979): Hanguk yosong ui sahoehwa (The Womensocialization in Korea). Yosonghak, Ewha-Mungo, Seoul.

Kim, J.K.(1975): Hanmekwonlue (Die Wurzeln des Han). Zuu, Seoul.

Kim, K.I.(1984): Hanguk chuntong munhwa ui chunsin bunsuk (Die psychoanalytische Betrachtung der koreanischen traditionellen Kultur). Siinsa, Seoul.

Kohte-Meyer, I. (1993): „Ich bin fremd, so wie ich bin." Migrationserleben, Ich-Identität und Neurose. In: Streeck, U.: Das Fremde in der Psychoanalyse. Erkundungen über das „Andere" in Seele, Körper und Kultur. München (Pfeiffer).

Lee, H.J. (1979): yo sung kwa sahoe (Die Frau und die Gesellschaft). Chungusa, Seoul.

Min, S.K. (1989): A Study of the Concept of Hwabyung (in koreanisch). J. Korean Neuropsychiatr. Assoc. 28 (1989), S. 604.

Min, S.K. (1991): Hwabyung and the Psychology of Han. J. Korean Med. Assoc. 34 (1991), S. 1189.

Min, S.K., K. Namkoong, H.Y. Lee (1990): An Epidemiological Study of Hwabyung. J. Korean Neuropsychiatr. Assoc. 29 (1990), S. 867.

Min, S. K., C. S. Park, J. O. Han (1993): Defence Mechanisms and Coping Strategies in Hwabyung. J. Korean Neuropsychiatr. Assoc. 32 (1993).

Münsterberger, W.(1951): Oralität und Abhängigkeit. In: Der Mensch und seine Kultur. München (Kindler).

Mun, S.T. (1983): Han iran muudinga (Was ist Han?) Minsok Kwa Munhak 1 (1983) 194.

Parin, P. (1977): Das Ich und die Anpassungsmechanismen. Psyche 31 (1977) S. 481.

Rhee, B.Y. (1980): Wonrung zunsulkoa hanui simri (Mythologie der Geister und Psychologie des Han). In Kim, H.K.: Chuntongsahoe oa minchunjesul. Miumsa, Seoul.

Tatara, M. (1974): Problem of separation and dependency: some personality characteristics met in psychotherapy in Japan and some technical considerations. J. Am. Acad. Psychoanal. 2 (1974) S. 231.

Tatara, M. (1982): Psychoanalytic psychotherapy in Japan: The issue of dependency pattern and the resolution of psychopathology. J. Am. Acad. Psychoanal. 10 (1982) S. 225.

Trimborn, W.(1979): Der progressive Charakter des Über-Ichs. In: Cremerius, J., S.O. Hoffmann, W. Trimborn: Psychoanalyse, Über-Ich und soziale Schicht: Die psychoanalytische Behandlung der Reichen, der Mächtigen und der sozial Schwachen. München (Kindler).

Trommsdorff, G. (1991): Sympathie und Partnerwahl: Enge Beziehungen aus interkultureller Sicht. In Ameling, M.: Partnerwahl und Partnerschaft. Göttingen (Hogrefe).

Veneto Scheib, V. (1993): Psychosoziale Versorgung ausländischer Frauen und Mädchen in der BRD. In Lajios, K.: Die psychosoziale Situation von Ausländern in der Bundesrepublik: Integrationsprobleme ausländischer Familien und die seelischen Folgen. Opladen (Leske + Budrich).

Zwiebel, R. (1993): Psychoanalyse in der östlichen und westlichen Welt: Am Beispiel von Indien und Deutschland. In Streeck, U.: Das Fremde in der Psychoanalyse: Erkundungen über das „Andere" in Seele, Körper und Kultur. München (Pfeiffer).

Dipl.-Psych. Worl-Sheon Rhee-Park
Herzzentrum Duisburg
Kaiser-Wilhelm-Krankenhaus
Gerrickstr. 21
47137 Duisburg

Hagen Löwenberg, Arzt
Klinik für Psychotherapie und Psychosomatik
Rhein. Landes- und Hochschulklinik Essen
Virchowstr. 174
45147 Essen

Psychologische Beratung bikultureller Paare

KatrinTutar

Einleitung

Bikulturelle Paare und Familien sind in ihrer alltäglichen Konfrontation mit dem 'Fremden' und dem 'Eigenen', in ihrer Lebenssituation und ihren Lebensprozessen Vorreiter für allgemeine Lebensprozesse in multikulturellen Gesellschaften. In ihrem Zusammenleben, in ihrem 'Andere anders sein lassen zu können' oder auch ihrem Verstehen des 'Anderen' in seiner 'Fremdheit', in der Art und Weise ihrer Auseinandersetzung können diese Beziehungen Modellfunktion für das Zusammenleben von Menschen unterschiedlicher Kulturen, von Minoritäten und Majoritäten haben, was bisher zu wenig Beachtung fand und findet.

Die Partnerschaft/Ehe mit einem Menschen einer anderen Nationalität oder aus einem anderen Kulturkreis ist an sich weder für die deutsche Bevölkerung noch für andere Völker etwas Neues. Solche Paare haben eine lange Tradition. Derzeit ist in der BRD ca. jede 10. Eheschließung eine binationale Partnerschaft.

Trotz dieser Tatsache, trotz weltweiter Wirtschafts- und Kulturkontakte ist die bikulturelle Partnerschaft in der Gesellschaft eine Partnerschaft zweiter Klasse geblieben. Sie ist besonderen Diskriminierungen und Diffamierungen ausgesetzt, die z.T. schon institutionell vorgezeichnet sind. Diese Partnerschaften bedeuten eine gesellschaftliche Wirklichkeit, die von einem Großteil dieser Gesellschaft - einschließlich ihrer Politiker und Wissenschaftler - entweder einfach ignoriert oder tabuisiert wird, so als existiere sie nicht. Oder aber - es wird über allerlei gesetzliche und bürokratische Hürden versucht, diese Beziehungen zu verhindern. So erschweren viele gesetzliche und/oder bürokratische Bestimmungen (z.B. das Beibringen eines Ehefähigkeitszeugnisses, das in manchen Ländern nicht ausgestellt wird) oder deren Auslegungen das Zustandekommen dieser Ehen bzw. zerstören binationale Lebensgemeinschaften, da diese z.B. ohne Heirat oft nicht weiterführbar sind. Einreisen zur Eheschließung werden z.B. oft jahrelang verweigert, obwohl es das Recht auf 'freie Gattenwahl', auf 'Eheschließungsfreiheit' gibt. In der öffentlichen Diskussion werden, wenn überhaupt, bikulturelle Partnerschaften entweder besonders problematisiert (in seltenen Fällen idealisiert) oder aber als 'Scheinehen' abgetan, verbunden mit Vorurteilen bzw. Diskriminierungen.

Aber auch im Bereich der Wissenschaft - auch innerhalb der Migrations- und Minderheitenforschung - und auf dem Gebiet der psychosozialen Versorgung wurde und wird diese Thematik vernachlässigt. Die Betrachtung bikultureller Paare und Familien stand und steht im Schatten psychologischer Aufmerksamkeit und beraterisch-therapeutischen Bemühens.

Psychologische Beratung/Therapie mit bikulturellen Paaren/Familien bzw. Personen aus solchen Lebenszusammenhängen beinhaltet - wie bei anderen Paaren/Familien auch - die Bearbeitung ihrer Ängste, das Bemühen um Entwicklung und Veränderung. Spannungen und Konflikte ähneln denen in einer monokulturellen Partnerschaft. Jedoch ist dieser Personenkreis zusätzlichen Belastungen ausgesetzt, die sich aus ihrem bikulturellen Lebenszusammenhang bzw. durch Migration und zunehmenden Rassismus ergeben.

Der Großteil der Belastungen, mit denen die Betroffenen derzeit zu 'kämpfen' haben, kommt von 'außen', d.h. betrifft gesellschaftliche Probleme. Diese auf die Binnenbeziehung mehr oder weniger stark wirkenden externen Einflußfaktoren ergeben sich aus einem alltäglichen und institutionellen Rassismus (Diskriminierungen z.B. bei der Wohnungs- und Arbeitsuche, bei der Kreditaufnahme und bei Versicherungen), aus der sozialen ('sie hat wohl keinen Deutschen abbekommen', 'Negerhure') und sozialpolitischen Bewertung solcher Verbindungen ('Scheinehen'). Auch aufenthaltsrechtliche Aspekte (die Absicherung des gemeinsamen Lebens ist z.B. häufig nur durch Heirat möglich und muß deshalb oft viel zu früh erfolgen) und die meist fehlenden Bürgerrechte des Migranten beeinflussen die Binnenbeziehung. Desweiteren spielen der individuelle Migrationshintergrund, sprachlich-kulturelle Interaktionsprobleme und Zukunftserwartungen im fremden Land eine wichtige Rolle.

Neben den häufig belastenden bis krankmachenden Elementen im sozialpolitischen Rahmen besteht eine potentielle Quelle für Mißverständnisse und Kränkungen auch in der kulturellen Unterschiedlichkeit der Partner, in kulturell bedingten Identitäts- und Rollenkonflikten und im Aspekt des Provisoriums, der in vielfältiger Form den Lebensstil bikultureller Paare durchzieht.

Diese zusätzlichen zu den 'normalen' hinzukommenden Belastungen können sich in massiven intrapsychischen und intrafamiliären Konflikten, in psychischen und psychosomatischen Krankheiten niederschlagen bzw. 'normale' Konflikte potenzieren und deren Bearbeitung erschweren.

Eine wirksame psychologische Betreuung bedeutet deshalb immer auch eine Sensibilisierung für diese Problematik, für die Vielschichtigkeit interkultureller Lebenszusammenhänge; eine ständige Auseinandersetzung mit herkömmlichen Beratungs- und Therapiekonzepten (die oft durch ethnozentrisches Denken gekennzeichnet sind, z.B. die eigene Norm wie Autonomie als Therapieziel für alle) und eine kritische Reflexion hinsichtlich des eigenen Rassismus und der eigenen sozialen Vorurteile (z.B. arabische Männer sind aggressiv und fanatisch, asiatische Frauen unterwürfig und gehorsam). Sie bedeutet, als Berater/in, Therapeut/in offen zu sein gegenüber anderskulturellen Werthaltungen und Verhaltensweisen, diese, wenn nicht unbedingt verstehen so doch so stehen lassen zu können.

Im folgenden möchte ich näher auf die Besonderheiten bzw. auf spezifische Lebens- und Konfliktfelder bikultureller Paare und auf die Möglichkeiten und Grenzen interkultureller psychologischer Beratung und Therapie eingehen.

Dieser Beitrag beruht auch auf eigenen Erfahrungen, die ich bei der Betreuung von Klienten aus interkulturellen Lebenszusammenhängen gemacht habe.

Ein kurzer Exkurs in den Sprachgebrauch

'Binational' - 'Bikulturell' - 'Interkulturell' -

'Ausländer' - 'Inländer' - das 'Eigene' - das 'Fremde' - die Liste dieser verwirrenden und diffusen, nicht genau abgrenzbaren Begrifflichkeiten ließe sich beliebig fortsetzen. Das 'Eigene' kann schnell zum 'Fremden' werden und umgekehrt. Mancher ausländische Ehepartner eines Inländers, einer Inländerin wird selbst zum Inländer und lebt trotzdem weiter in einer binationalen Partnerschaft.

Der Begriff 'binational' setzt am Kriterium der Nationalität an und diese wird im allgemeinen Sprachgebrauch mit 'Staatsangehörigkeit' gleichgesetzt, obwohl sie nicht zwingend das Gleiche ist. Nicht in allen binationalen Partnerschaften hat ein Partner die deutsche, der andere eine ausländische Staatsangehörigkeit. Den Tatbestand 'binational' können sowohl ausländische Paare unterschiedlicher Nationalität als auch Paare mit gemeinsamer deutscher Staatsbürgerschaft erfüllen.

Der Begriff 'bikulturell' ist an sich noch weiter gefaßt und genauso diffus. Unter ihm könnten auch alle Immigrantenfamilien subsumiert werden und auch manches deutsche Paar. Denn wo hört eine Kultur auf, wo beginnt eine andere? Desweiteren klingen hier weder die Migrationserfahrungen zumindest des einen Partners noch die rechtlichen und sozialen Hürden binationaler Familien an, die für diese sehr bedeutsam und belastend sind. 'Binational' - 'bikulturell' - kein Begriff erfaßt genau die Personengruppe, um die es gehen soll.

All diese Begriffe sind unter gewissen Aspekten kritikwürdig. In Ermangelung von Begriffen, die zutreffender wären, muß ich auf diese zurückgreifen.

Spezifische Problem- und Konfliktmöglichkeiten bikultureller Paare

Beim ersten Kennenlernen wirkt neben bzw. mit der sinnlichen Anziehung das 'Fremde' oft exotisch und geheimnisvoll. Es macht neugierig auf den anderen, obwohl man erst einmal wenig von einander weiß. Der andere ist nicht wie bei monokulturellen Paaren anhand nonverbaler Zeichen, kleiner Signale, einer gemeinsamen Sprache oder auch aufgrund von Erfahrungen im gleichen Herkunftsland einschätzbar, so daß viel Raum für Phantasien und Idealisierungen, für Projektionen in und auf den anderen bleibt. Nicht nur der Ausländer oder die Ausländerin, auch der/die Inländer/in wird leicht idealisiert. An letztere werden vor allem Erwartungen bezüglich Nestwärme, Integrationshilfe, Beziehungsersatz u.a. herangetragen.

Wohl mehr als in monokulturellen Beziehungen lernen sich die Partner bei vorübergehenden Auslandsaufenthalten, z.B. bei Reisen, beim Studium oder dergleichen kennen. Entschließen sich beide für ein Zusammenleben, so steht häufig schnell und oft zu früh die Frage einer Eheschließung an. Viele Paare sind aufgrund der aufenthaltsrechtlichen Bestimmungen dazu gezwungen, da meist nur mit der Heirat eine Lebensgemeinschaft absicherbar ist, die ansonsten bedroht ist (weniger Schwierigkeiten gibt es bei Partnern aus EU-Ländern). Eine Überprüfung der gegenseitigen Projektionen und Idealisierungen im Alltag war bis dahin kaum möglich (evtl. nur bei gegenseitigen Besuchen und Reisen); Gewohnheiten, Lebens- und Wertvorstellungen des anderen konnten kaum kennengelernt werden.

Eine Heirat bedeutet nicht nur eine formale, sondern auch eine qualitative Veränderung bezüglich gegenseitiger Erwartungen und Ansprüche, Verantwortlichkeiten, Verbindlichkeiten, Rollenzuweisungen, Abhängigkeiten und Distanzierungswünschen. Wird als Lebensmittelpunkt die BRD gewählt, so besteht aufenthaltsrechtlich eine reale Abhängigkeit des ausländischen von seinem deutschen Partner, was zumeist beide als sehr belastend erleben. Die Partnerschaft steht unter Erfolgsdruck, nicht nur wegen solcher Prophezeiungen 'Das kann nie gut gehen', sondern auch deshalb, weil dem ausländischen

Partner nach einer Scheidung auch bei gemeinsamen Kindern die Aufenthaltserlaubnis entzogen werden kann.

Aufgrund der Tatsache, daß ein Partner Nicht-Deutscher ist, besteht ein Ungleichgewicht in den Lebensbedingungen zuungunsten des ausländischen Partners. Neben den realen Abhängigkeiten erlebt dieser viele Lebenssituationen als solche, auch wenn er schon lange hier lebt und die Sprache beherrscht. Neben dem unsicheren sozialen Status hat er geringere Chancen auf dem Arbeitsmarkt, deutsche Bewerber werden vorgezogen, oft muß er, wenn überhaupt Tätigkeiten unterhalb seiner Qualifizierung annehmen, und nur die Tätigkeit des deutschen Partners bietet eine sichere Erwerbsquelle.

Ist der Ehemann der Ausländer, so kommt es oft zu Rollenkonstellationen, die meist in Widerspruch zu der Rollenaufteilung und zu den Rollenerwartungen seiner Herkunftskultur stehen und die er dort nicht akzeptieren könnte. Der deutschen Frau wird eine Rolle zugewiesen, die ebenfalls in unserer Gesellschaft oft noch dem Mann zugesprochen wird, auch, wenn derzeit überkommene Geschlechterrollen Auflösungserscheinungen zeigen. Um die Ehe zu schützen, muß die Frau diese Rollen ausfüllen. Sie ist oft die Hauptverdienerin und der sozial expansivere und aktivere Partner, sozial anerkannter und kompetenter im sozialen Umfeld, in rechtlichen und bürokratischen Angelegenheiten. Der ausländische Mann kann in seiner herkömmlichen Position stark geschwächt und oft massiv verunsichert werden. Er erlebt oft einen Verlust seiner kulturellen männlichen Identität, wenn es um diese Rollen- und Arbeitsaufteilung geht. Ist die Frau Ausländerin, stimmen oft die Rollenerwartungen überein, und es bleibt zumeist bei der traditionellen Rollenaufteilung.

Desweiteren erlebt der Migrant aufgrund des Verlustes der Herkunftsumgebung eine Mangelsituation. Es bleiben nur reduzierte Kontakte zur Herkunftsumgebung, es fehlen die heimatlichen Gewohnheiten, die eigene Sprache, das Klima, Freundschaftsbeziehungen usw..

Treten beide Partner nun als Paar auf, sind beide Vorurteilen und Diskriminierungen ausgesetzt, die vor allem die deutsche Partnerin bis dahin nicht kannte. Wählt eine deutsche Frau einen Partner anderer Nationalität, so bedeutet das für ihre Ursprungsfamilie oft Verrat. Dem ausländischen Mann wird eine ungehörige Grenzüberschreitung vorgeworfen. Anders bei einem deutschen Mann, ihm wird eher verziehen und evtl. noch für seine 'Eroberung' gratuliert.

Beide Partner erleben Sozialabwertungen und Zurückhaltung nicht nur in der Gesellschaft, sondern auch von Seiten der Freunde, sie werden auch von diesen mit rassistischen Äußerungen konfrontiert.

Dieses soziale und familiäre Stützsystem, das gerade für diese Paare in der derzeitigen gesellschaftlichen Situation wichtig wäre, ist plötzlich keines mehr.

Beide Partner befinden sich eventuell in mehr oder weniger starken 'Loyalitätskonflikten', die durch 'Treue- oder Loyalitätsbindungen' an die Ursprungsfamilie ausgelöst werden, über deren physische Anwesenheit weit hinausgehen und sich vor allem in Schuldgefühlen gegenüber der Familie äußern. Dazu gehört z.B. die Erwartung der Familie, daß die Tochter etwas 'Besseres' verdient habe. Diese leidet unter der Ablehnung durch ihre Familie, sie benötigt deren Akzeptanz als Liebesbeweis, möchte aber auch die Liebe des Partners erfahren. In den sogenannten 'Wir-Gesellschaften', in denen die Gemeinschaft eine viel größere Rolle spielt als bei uns, ist die Familienloyalität viel stärker ausgeprägt. Dort besteht nicht die Erwartung des Loslösens von der Ursprungsfamilie mit dem Erwachsenwerden, sondern die der wachsenden Verantwortung jedes einzelnen für die Familie, für ihr Wohlergehen und ihre Ehre. Sie ist der Kern des gesellschaftlichen Lebens. So ist es nicht verwunderlich, daß Partner, die in diesen 'Wir-Gesellschaften' aufwuchsen und nun weit entfernt der Familien leben, möglicherweise starke Schuldgefühle gegenüber ihrer Ursprungsfamilie (gerade als ältester Sohn) und Heimweh entwickeln. Damit im Zusammenhang steht auch immer wieder neu die Diskussion, wo die neue Familie ihren Lebensmittelpunkt hat und haben soll.

Wie ergeht es nun diesen Paaren mit ihren soziokulturellen Unterschieden in diesen gesellschaftlichen Rahmenbedingungen?

In die Beziehung bringen beide Partner ihre kulturellen Eigenheiten ein. Nach Smolicz können als 'Hauptbestandteile der Kultur einer Gruppe' die 'verinnerlichten Werte' angesehen werden, verinnerlicht (Smolicz, I.L.; 1982; S. 29) nicht nur von der Gruppe, sondern auch von ihren Angehörigen. Dabei spielt die Familie eine besondere Rolle. Sie gilt als die 'Brutstätte' der Kultur. Die Ursprungsfamilie wird von jedem Familienmitglied verinnerlicht und hat einen lebenslangen Einfluß auf deren Lebensgestaltung. Die Wünsche und Phantasien der Eltern haben einen mehr oder weniger großen zumeist unbewußten Einfluß auf die Kinder. Auch die Erwartungen, die diese z.B. an eine fremde Kultur stellen bzw. die, inwieweit sie sich dort einfinden können, werden im wesentlichen durch die eigene Familiendynamik bestimmt, bzw. dadurch auch unterlaufen.

Diese nach Claessens (1979; S. 34) 'kulturspezifische(n) Maßstäbe, an denen sich Menschengruppen orientieren' sind also zusammengefaßte Orientierungsmaßstäbe für deren Individuen. Diese einmal erworbenen Werthaltungen dienen auch in neuer Umgebung zur Orientierung, wobei sie jetzt jedoch zu Konflikten führen können, wenn sie den dort gültigen Normen und Werten widersprechen.

Von einem 'Kulturschock' in einer bikulturellen Beziehung kann gesprochen werden, wenn es zwischen Menschen aufgrund ihrer unterschiedlichen kulturellen Prägung zum weniger bis sehr schmerzhaften Erleben in ihrer Begegnung kommt. Dazu gehören auch die Erfahrungen einer Begegnung als Inländer und Ausländer. Wie Paare mit ihrer kulturellen Unterschiedlichkeit umgehen, kann konstruktiv oder destruktiv sein, kann den eigenen Handlungspielraum vergrößern oder einengen, die Partnerschaft belasten oder bereichern.

Häufiger als bei monokulturellen Beziehungen kann es bei bikulturellen Paaren aufgrund ihrer anfänglichen Fremdheit, Unwissenheit bzw. Unverständnis gegenüber dem anderen zu Mißverständnissen und bei Nichtaufklärung zu Kränkungen unterschiedlicher Intensität kommen. Fremdheit, Mißverständnisse und Kränkungen belasten das gegenseitige Vertrauen und können ständig zu einer Quelle für Verunsicherungen, für Selbstentwertungen des einzelnen Partners sowie des Paares werden.

Die Andersartigkeit des Partners kann irritieren und angstauslösend wirken, z.B. wenn bisher angenommene Selbstverständlichkeiten keine mehr sind (z.B. das Rollenverständnis, Erwartungen an Mutter- oder Vaterrolle, an einen Freundeskreis oder die Religionszugehörigkeit). Damit verbindet man oft die Infragestellung der eigenen Bewertungsmaßstäbe bzw. erlebt sie als in Frage gestellt. Konfliktpunkte binationaler Paare sind häufig unterschiedliche Lebensgewohnheiten und Vorstellungen vom Familienleben, vom Rollenverständnis und der Arbeitsteilung von Frau und Mann, über den Umgang mit Zeit und Geld, bei der Lebensplanung vor allem bezüglich der Wahl des Landes, wo man leben will. Diese Diskussion erscheint oftmals so, als ob sie nie abgeschlossen bzw. die Entscheidung ständig verschoben wird ('Wenn erst mal..., dann können wir...'). Sie ist ständiger Bestandteil des Lebens und wirkt bei vielen Lebensentscheidungen mit (z.B. 'Kaufen wir ein Haus oder nicht?'). Streitpunkt ist aber auch oft die Wahl des Urlaubsortes. In vielen Familien wird der Urlaub in der Heimat des ausländischen Partners verbracht.

Mindestens ein Partner hat oder vollzieht einen Kulturwechsel, d.h. er hat das Verhaltenssicherheit gewährende Territorium verlassen (Greverus 1979). Infolgedessen wird sein 'Innensystem' von Werthaltungen nicht mehr vom kulturellen 'Außensystem' gestützt, was ebenfalls zu mehr oder weniger ausgeprägten Verunsicherungen führen kann. In diesem Zusammenhang wird häufig vom 'Migrations-Komplex' gesprochen.

Migration als kritisches Lebensereignis ist Chance und Bedrohung zugleich. Die unter dem Begriff 'Kulturschock' zusammengefaßten damit verbundenen Veränderungen der Lebensverhältnisse bedeuten jedoch immer eine starke Belastung und Frustration des Migranten in fast allen Lebensbereichen. Die Art und Weise ihrer Bewältigung ist abhängig von dem sich ständig wandelnden Bedingungsgeflecht der äußeren individuellen und sozialen Lebens- und Belastungsfaktoren und der individuellen kognitiven und emotionalen Bewältigungsmechanismen wie z.B. Coping-System, Einstellungen, Werthaltungen des Betroffenen.

Die Art und Weise der Bewältigung ist aber auch u.a. abhängig

- davon, ob die Migration freiwillig oder erzwungenermaßen erfolgte, also von den Motiven zur Migration,
- davon, ob und wie traumatisch die erste Begegnung mit der Aufnahmegesellschaft war,
- vom lebensgeschichtlichen Zeitpunkt der Migration,
- von der Verankerung in familiären und sozialen Beziehungen, also in einem sozialen Stützsystem,
- der sozialen Schichtzugehörigkeit bzw. vom Sozialstatus in Herkunfts- und Aufnahmegesellschaft (eventuell Autoritäts- und Statusverlust),
- vom oft lange Zeit beibehaltenen Status der Vorläufigkeit und des Provisoriums bei der Lebensgestaltung.

Eine erfolgreiche Bewältigung kann aber vor allem be- oder verhindert werden durch kritische Ereignisse bzw. Lebenssituationen, die aus gesellschaftlichen Entwicklungen und Bewegungen entstehen, z.B. durch ausbleibende oder mangelnde soziale Anerkennung, durch fehlende Selbstbestätigung in sozialen Beziehungen ('wozu anstrengen, wenn die erwartete Anerkennung sowieso ausbleibt'), durch die Stigmatisierung als Unerwünschter bzw. die gesellschaftliche und soziale Abwertung als 'Ausländer'; durch eine wachsende existentielle Unsicherheit aufgrund o.g. ausländerrechtlicher Bestimmungen und unterschiedlichster Erfahrungen von offenem, subtilem oder auch antizipiertem Rassismus. Diese Erfahrungen mit Rassismus können für den einzelnen unterschiedliche Bedeutung haben: Diese Erfahrung kann bedeuten, sich minderwertig und anders zu fühlen, fremdbestimmt zu werden, ohnmächtig und hilflos zu sein, auf das äußere Erscheinungsbild reduziert zu werden, bedroht zu sein und/oder auch eine ungwisse Zukunft zu haben.

Jedoch gibt es nicht 'die' Belastungsfaktoren für 'den' Migranten, sondern nur unterschiedliche sozio-kulturelle Realitäten und deren individuelle psychosoziale Verarbeitung (Muensterberger 1982). Die Psychodynamik des einzelnen ist immer gelebte Ethnodynamik in einer individuellen Weise (Leyer 1991), ist ein Prozeß aktiver Auseinandersetzung, der kaum konfliktfrei ist. Migration bedeutet Leben mit und in zwei Kulturen, eine ständige Dialektik zwischen Wandel und Persistenz (Giordano 1984; S.453), sie bedarf als sinnvolle Strategie für ihre Bewältigung eines 'Balanceaktes' zwischen diesen Kulturen (Giordano 1984), um damit den neuen kulturellen, sozialen und ökonomischen Bedürfnissen und Interessen und ihrer nunmehrigen 'bilateralen' Struktur nachzukommen.

Migration als Chance kann die Entwicklung einer bikulturellen Identität bedeuten, ein Zugewinn an Ich-Stärke, eine bereichernde Weiterentwicklung der eigenen Identität und

Beziehungsfähigkeit bzw. der sozialen Handlungskompetenz. Sie kann zu einer erhöhten Sensibilität für soziale Regeln und Kontexte führen, erhöhte Flexibilität und Offenheit, Selbständigkeit und Selbstaufmerksamkeit bewirken und damit zu selbstbestimmtem Handeln anregen. Idealtypisch integriert ein Migrant im Laufe seines Migrationsprozesses Werte und Normen der Aufnahmegesellschaft in sein tradiertes Normsystem, um so ein der neuen Situation entsprechendes Einstellungssystem zu entwickeln. Grundlage dafür ist ein intaktes Coping-System.

Migration bedeutet eine Bedrohung, wenn ein Ungleichgewicht zwischen Migration als sozialem Stressor und den zur Verfügung stehenden Bewältigungsreaktionen besteht.

Depressive und psychophysiologische Störungen werden häufig mit dem Konzept der Hilflosigkeit von Seligman als Ausdruck und Ergebnis erlebter Ohnmacht und verlorengegangener Kontrolle im Zusammenhang mit dieser psychosozialen Umbruchsituation erklärt (Leyer 1991). Vor allem auch die o.g. mit der Migration verbundenen äußeren Faktoren und Situationen, die eventuell einmal als positiv, als Herausforderung angesehen wurden, können nun streßinduzierend erscheinen und sich auf die kognitiven Bewältigungsmechanismen negativ auswirken. Die erlebte oder erwartete Hilflosigkeit erschwert es, auftretende Probleme zu bewältigen. Die emotionale Betroffenheit ist nur noch mit immer größerem psychischen Kraftaufwand, durch massiven Rückzug oder Verdrängung zu regeln. Immer seltener gelingt es, Streß abzubauen, Spannungen zu reduzieren. Der intrapsychische Verarbeitungsmechanismus kann derart überstrapaziert werden, daß er 'ausbrennt' und der gewohnte/gewünschte Erfolg ausbleibt. Psychosoziale Dekompensationen sind häufige Folgen. Auswirkungen zeigen sich z.B. in Form eines gestörten Selbstwerterlebens, von Selbstzweifeln bis zum Selbsthaß, in Projektionen eigener Minderwertigkeitsgefühle auf andere (alles 'Weiße' ist schlecht), in Angstzuständen, vor allem in sozialer Ängstlichkeit, depressiven Verstimmungen und Resignation, in Wut, die in der Regel nicht ausgelebt wird, Autoaggressionen bzw. Somatisierungen, die von Muskelverspannungen über Magengeschwüre bis zu schweren psychischen Erkrankungen reichen. Folgen können sein: massive Sinnkrisen und Identitätsstörungen, innere Trauer und nostalgische Reaktionen, d.h. z.B. eine intensive Idealisierung vergangener Ereignisse und der Herkunftsgesellschaft, eine Fixierung auf Heimat und Vergangenheit, Gefühle der Entwurzelung und Nichtzugehörigkeit, sowohl zur 'alten' als auch zur 'neuen' Gesellschaft. Allzu große und sich wiederholende Kränkungen und Diskriminierungen, Erfahrungen der Abwertung der eigenen ethnokulturellen Herkunft und Erfahrungen verweigerter sozialer Beziehungen führen häufig zur Abwendung von der kränkenden Realität und zur Aufrechterhaltung von Abwehrmechanismen. Mit dieser Abwendung von der neuen Kultur bestehen aber kaum Chancen, zur neuen Umwelt auch positive selbstbestätigende Beziehungen aufzubauen.

Ein Kreislauf setzt sich in Gang, der die Flexibilität bei der Bewältigung der migrationsbedingten Veränderungen einschränkt und eine allmähliche Trennungsverarbeitung und einen Verlustausgleich verhindert.

Was bedeutet das Gesagte nun für das bikulturelle Paar ? Wie geht es mit diesen verschiedenartigen Belastungen um?

Die Betroffenen entwickeln dafür unterschiedlichste Strategien, auch unangemessene, die die o.g. Probleme unter Umständen verstärken, z.B. den eigenen Handlungsspielraum weiter einengen, reale Abhängigkeiten vertiefen, d.h. die Entwicklung der Partnerschaft und jedes einzelnen behindern bzw. verzögern oder die Beziehung sogar zerstören.

Zu diesen unangemessenen Strategien gehören Machtkämpfe zwischen den Partnern um die Durchsetzung der eigenen Gewohnheiten und Gepflogenheiten, verbunden mit gegenseitigen stereotypen Anschuldigungen wie : 'Du bist typisch deutsch'; 'Du bist ein richtiger Macho, war gar nicht anders zu erwarten'. Oder aber das Paar richtet sein Leben, Essen, Sprache, Lebensgewohnheiten u.a. nur nach einer Kultur aus, man lebt z.B. nur deutsch oder nur arabisch und negiert kulturelle Andersartigkeiten, was bis zur kulturellen Selbstentfremdung eines Partners führen kann. Die erlebte Ablehnung des ausländischen Partners führt häufig zu einem Solidarisierungseffekt bei dem deutschen Partner, zur inneren und äußeren Distanzierung von der eigenen Gruppe. Dadurch gerät das Paar recht schnell in soziale Isolation (gerade auch, wenn es kaum Kontakte zu 'Landsleuten' des ausländischen Partners gibt) und fürchtet nun ständig, sich auch noch zu verlieren, so daß Konflikte oft nicht mehr offen ausgesprochen werden. Oder aber der deutsche Partner klammert sich krampfhaft an das eigene Wertsystem und fordert von seinem Partner ständige 'Anpassungsleistungen', um so soziale Isolation zu vermindern. Diese geht jedoch dabei auf Kosten des ausländischen Partners.

Immer wieder anzutreffen sind auch gemeinsame Idealisierungen der Ursprungsgesellschaft des ausländischen Partners, das Hineinprojizieren von vielfältigen und mehr zufriedenstellenden Möglichkeiten der Lebensgestaltung. Damit verbunden ist häufig ein gemeinsames Feindbild, z.B. wird die deutsche Kultur dazu erklärt. So manche deutsche Frau entwickelt eine Art Helfersyndrom. Aus ihrem Heimvorteil und dem Wunsch, ihrem Partner das Einleben zu erleichtern, ihn vor Diskriminierungen und Abwertungen, Auseinandersetzungen in der neuen Gesellschaft zu beschützen bzw. diese zumindest auszugleichen ('Er hat es so doch schon so schwer'), übernimmt sie nicht nur Klärung und Erledigung der Angelegenheiten des Paares (z.B. Wohnungsangelegenheiten), sondern auch die des Mannes (z.B. Arbeitssuche). Da sich der ausländische Partner in der neuen Gesellschaft oft recht hilflos und an den Rand gedrängt fühlt, nimmt er diese Hilfe gern an. Er erlebt sie jedoch bald sehr ambivalent, weil sie das Gefühl der Abhängigkeit und Hilflosigkeit verstärkt und seiner männlichen Identität bzw. Rollenerwartung widerspricht. Aus einer partnerschaftlichen Beziehung kann sich recht schnell eine 'Mutter-Kind-Beziehung' entwickeln (z.B. spricht die deutsche Frau auf Ämtern für ihren Mann, obwohl dieser angesprochen wird, oder sie sucht für ihn Kontakte zu Landsleuten), die weder die Selbständigkeit und die Mobilisierung bzw. Stärkung der eigenen Kräfte und Fähigkeiten des ausländischen Partners fördern noch deren aktive Auseinandersetzung mit der Aufnahmegesellschaft. So gut dieser 'Schutz' auch gemeint war, er verstärkt jedoch Selbstentwertungen, Identitätskonflikte und Unfähigkeitsgefühle und verhindert oftmals auch die notwendige Selbstbestätigung. Dazu gehört auch, daß der ausländische Ehepartner seine Frau immer mehr nur noch in der Helferrolle sieht und ihre eigene Hilfs- und Schutzbedürftigkeit übersieht.

Es ließen sich sicher noch andere unangemessene Strategien aufführen. Wichtig ist jedoch auch zu erwähnen, daß viele Paare angemessene und fördernde Strategien entwickeln, so daß ihre Binationalität zu einer Bereicherung des eigenen Lebens und zu einer 'Horizonterweiterung' führt, Selbstvertrauen und Selbstbewußtsein stärkt. Zu den möglichen Bereicherungen gehören Sensibilität für nonverbale Kommunikation, die Fähigkeit, Verunsicherungen der eigenen Identität auszuhalten, eigene tradierte Wertvorstellungen hinterfragen zu können, sich in anderskulturelle Lebensgewohnheiten und Eigenheiten einfühlen zu können. Die Partner haben die Möglichkeit, wesentliche Bestandteile von mindestens zwei Kulturen (z.B. Sprachen und Gewohnheiten) in ihre Persönlichkeit zu integrieren und im Alltag ständig neu zu kombinieren. Ihnen steht damit ein hohes Maß an Handlungsalternativen zur Verfügung.

Zu einigen Besonderheiten psychologischer Beratung und Therapie bei bikulturellen Paaren

Barrieren, Fremdheitserfahrungen und kulturelle Befangenheit, die eine interkulturelle Beratung/Therapie scheitern lassen können, finden sich sowohl auf Seiten des Beraters als auch auf Seiten des Paares sowie im Setting der Beratung.

Die meisten Beratungs- und Therapieeinrichtungen sind in einer 'Komm-Struktur' aufgebaut. D.h. es ist üblich, daß nicht der Berater auf die/den Hilfesuchenden zugeht, sondern diese/r den Schritt in eine Einrichtung wagen muß. Für so manchen Ratsuchenden ist damit eine nicht überwindbare Schwellenangst verbunden. Einerseits scheint vielen Betroffenen unklar zu sein, welche konkreten Hilfeleistungen sie wirklich zu erwarten haben. Sie haben oft nur unzureichende oder gar keine Vorstellungen über Inhalt, Art und Weise psychologischer Beratung und Therapie. In vielen Herkunftsländern sind psychologische Beratungsdienste unbekannt. Psychische Konflikte und Störungen, Beziehungsprobleme und dergleichen werden im Familienrahmen bzw. im sozialen oder religiösen Stützsystem bearbeitet, so daß auch im Aufnahmeland die Inanspruchnahme von Institutionen nicht das Nächstliegende ist. In manchen Kulturen würde es auch gegen das Ehrgefühl verstoßen, die eigenen Verhältnisse als problematisch darzustellen oder sie aus der Familie herauszutragen.

Zum anderen verbinden Betroffene mit dem Besuch einer Beratungsstelle oft die Vorstellung, in den eigenen und in den Augen anderer 'krank zu sein', unfähig zu sein, versagt zu haben, nicht auf andere 'gehört' zu haben. Bei deutschen Frauen z.B., die sich in starken Loyalitätskonflikten zu den Eltern befanden und befinden, könnte die Inanspruchnahme von Beratung bei Partnerschaftskonflikten die Erfüllung solcher Prophezeiungen wie 'So eine Ehe kann nie gut gehen, überlege es Dir lieber nochmal' bedeuten. Das, was andere schon lange 'gewußt haben', worauf die Tochter, Freundin usw. aber nicht hören wollte. So wird auch von diesen Frauen die Inanspruchnahme professioneller Hilfe lange hinausgezögert oder gleich verworfen.

Eine Beratungsstelle bedeutet für viele Ratsuchende eine 'deutsche Institution': Erfahrungen von Vorurteilen, Diskriminierungen, von Unverständnis gegenüber interkulturellen Fragestellungen und anderskulturellen Werthaltungen, die in anderen Institutionen und Ämtern gemacht wurden, werden auf die Beratungseinrichtung übertragen.

Als hilfreich und angstmindernd für die Annahme von Beratungsangeboten hat sich die eigene Betroffenheit bzw. das Wissen darum erwiesen und das Hinausgehen der Berater/Psychologen aus der eigenen Einrichtung in andere Vereine, Institutionen, Einrichtungen, um dort besonders für Erstkontakte präsent zu sein und um für ein längeres loses Kennenlernen zur Verfügung zu stehen. Der Zugang zur Beratungseinrichtung wird ebenfalls erleichtert, wenn neben der psychologischen Beratung auch solche im sozialen bzw. rechtlichen Bereich angeboten werden, da solche oft als Aufhänger für eine Beratung genutzt werden.

Die Beratung/Therapie mit bikulturellen Paaren ist immer interkulturell. Das bedeutet für den Berater/Psychologen auch immer, die Kulturbefangenheit seiner psychologischen Konzeptionen, seiner Arbeitsmaterialien zu überprüfen, z.B. inwieweit die darin verankerten kulturellen Werte und Normen (z.B. Offenheit, Kommunikationsstil), Therapieziele (z.B. Autonomie des einzelnen) usw. übertragbar sind. Dazu gehört auch, die darin enthaltenen Beziehungsangebote an den Ratsuchenden zu überprüfen, da z.B. auch die Normen für Nähe und Distanz, Direktheit und Indirektheit u.v.a.m. kulturspezifisch sind.

Für den Berater ist es wichtig, eine hohe kulturelle Sensibilität zu entwickeln, z.B. sich Erfahrungswissen über multikulturelles Zusammenleben anzueignen, sich sowohl eigener kultureller Grenzen als auch der beim Ratsuchenden bewußt zu werden, aber auch die eigenen Vorurteile und Rassismen ständig zu hinterfragen, die eigene kulturelle Befangenheit (dazu gehört auch die Sprachbefangenheit) und Fremdheitsreaktionen aufzuspüren und akzeptieren zu lernen. D.h. der Berater sollte ein Gespür für die ihm eigenen Möglichkeiten und Grenzen, für seine eigene Flexibilität bezüglich Kommunikation und Interaktion entwickeln. Für eine erfolgreiche Beratung ist es notwendig, aufgeschlossen und neugierig gegenüber Fremden und Andersartigen zu sein und dabei aber zu akzeptieren, daß man nicht alles verstehen kann, daß Fremdes auch fremd bleiben kann, ohne dabei das Bemühen um Verständnis aufzugeben.

Interkulturelle Beratung bedeutet, die kulturellen Unterschiede zwischen den Partnern weder zu verleugnen noch überzubetonen. Manche Paare sehen z.B. die Ursachen für ihre Konflikte allein in ihren Kulturunterschieden, andere vermeiden diese Thematik ganz. Die Kulturunterschiede sollten herausgearbeitet und für die Konfliktbewältigung genutzt werden, sie müssen relativiert oder aber ihre Grenzen aufgedeckt werden. D.h. der jeweilige Kulturrahmen kann als Bezugsrahmen von Konflikten genutzt werden und je nachdem, wie er bei den Paaren/Partnern bewertet wird, sollte er betont, abgeschwächt, oder eingeführt werden. Damit befindet sich der Berater auch oft in der Rolle eines Kulturvermittlers, d.h. er hilft den Partnern, Kulturkompromisse auszuarbeiten bzw. gemeinsame Kulturfelder aufzudecken.

Resümee

Für bikulturelle Paare scheint die Inanspruchnahme psychologischer Beratung/ Therapie aus verschiedenen Gründen eine Hürde darzustellen, die nicht immer überwindbar ist.

Unser Beratungsangebot nehmen eher Frauen als Männer, die in solchen Beziehungen leben, an, zumeist deutsche, aber auch hin und wieder nichtdeutsche. D.h. sie sind es, die den Kontakt herstellen oder aber auch alleine die Beratung in Anspruch nehmen.

Neben den Grenzen von Beratung, die oben aufgeführt wurden, bestehen sie auch in der schlechten psychosozialen Versorgungssituation für Migranten. Es gibt kaum oder keine Möglichkeiten, Klienten z.B. bei psychotischen Entwicklungen an kompetente Einrichtungen weiterzuverweisen, die sensibilisiert sind für die Problematik von Migranten und Kulturunterschieden.

Für eine zielgruppenspezifische Beratungstätigkeit ist es notwendig, sich mit der spezifischen Lebenssituation und den Konflikt- und Problemfeldern bikultureller Paare auseinanderzusetzen und herkömmliche Beratungs- und Therapieansätze nach ihrer Übertragbarkeit zu hinterfragen.

Literatur

Bürgin, D. (1993): Psychosomatik im Kindes- und Jugendalter. Stuttgart (Fischer).

Claessens, D. (1979): Familie und Wertsystem. Eine Studie zur 'zweiten, sozio-kulturellen Geburt' des Menschen und der Belastbarkeit der 'Kernfamilie'. Berlin.

Friese, P. (1991): Psychologische Streßtheorie und Migration. In: Informationsdienst zur Ausländerarbeit 1/1991, S. 64-66.

Giordano, C. (1984): Zwischen Mirabella und Sindelfingen - Zur Verflechtung von Uniformierungs- und Differenzierungsprozessen bei Migrationsphänomenen. Schweiz. Z. Soziol. 2 (1984) S. 437-464.

Greverus, I.M. (1979): Auf der Suche nach Heimat. München, S. 35.

Hecht-El Minshawi, B. (1990): 'Wir suchen, wovon wir träumen', Studie über deutsch-ausländische Paare. Frankfurt.

IAF - Verband binationaler Familien und Partnerschaften. (Hrsg.) (1991): Mein Partner oder meine Partnerin kommt aus einem anderen Land. Ein Wegweiser für die Selbsthilfe. Frankfurt (Eigenverlag).

IAF - Verband binationaler Familien und Partnerschaften (Hrsg.) (1989): Jede Blume duftet anders. Frankfurt (Eigenverlag).

IAF - Verband binationaler Familien und Partnerschaften (Hrsg.) (1990): '...und ich bin bunt!'. Frankfurt (Eigenverlag).

Kentenich, H., Reeg, P., Wehkamp, K.-H. (Hrsg.) (1990): Zwischen zwei Kulturen. Was macht Ausländer krank?. Frankfurt.

Kiesel, D., Kriechhammer-Yagmur, S., v. Lüpke, H. (Hrsg.) (1994): Kränkung und Krankheit. Psychische und psychosomatische Folgen der Migration. Arnoldshainer Texte. Frankfurt.

Kunze, N. (1989): Fremdheit als Barriere und als Möglichkeit in der Beratung. In: Interkulturell: Forum für interkulturelles Lernen in der Schule & Sozialpädagogik. Heft 2/3.

Kunze, N. (1991): Bikulturelle Paare in der psychologischen Beratung. In: Botteram, N. (Hrsg.): Interkulturelles Verstehen. Freiburg.

Larbig, W. (1981): Heimweh als Krankheitsfaktor. In: Medizinische Klinik 76 (1981) S. 36-39.

Leyer, E.M. (1991): Migration, Kulturkonflikt und Krankheit. Zur Praxis der transkulturellen Psychotherapie. Opladen (Westdeutscher Verlag).

Muensterberger, W. (1982): Versuch einer transkulturellen Analyse: Der Fall eines chinesischen Offiziers. Psyche 36 (1982) S. 865-887.

Nestmann, F., Niepel, T. (Hrsg.) (1993): Beratung von Migranten. Neue Wege der psychosozialen Versorgung. Berlin.

Richter, H.-E. (1992): Patient Familie. Entstehung, Struktur und Therapie von Konflikten in Ehe und Familie. Reinbek (Rowohlt).

Smolicz, J.L. (1982): Verinnerlichte Werte und kulturelle Identität. In: Nitzschke, V. (Hrsg.): Multikulturelle Gesellschaft - multikulturelle Erziehung?. Stuttgart.

Dipl.-Psych. Katrin Tutar
Psychologische Beratungsstelle Caktus
Otto-Schill-Str. 1
04109 Leipzig

Diskriminierung und gesundheitliches Wohlbefinden bei türkischen Industriearbeitern

Nasser Vahedi

Migration ist wie ein Erdbeben im menschlichen Leben. Sie beginnt mit kleinen Veränderungen und Vorbeben und hinterläßt lang andauernde Spuren. Sie verändert die Kleinen und die Großen, die Starken und die Schwachen. Sie kann zerstören oder erneuern, aber sie wird sich nie ohne Probleme vollziehen. Ein neues Land, eine neue Sprache, neue Mitmenschen, Traditionen und Lebensweisen müssen neu erlernt und erfahren werden. Wie ein kleines Kind muß der Migrant* seine Umgebung neu erkunden - mit dem Unterschied, daß er nicht wie ein kleines Kind auf das Verständnis und die Hilfe seiner Mitmenschen in diesem Lernprozeß zählen kann. Im Gegenteil, das Verhalten dieser Mitmenschen kann sogar eines der größten Probleme des Migranten sein. Fehlende Akzeptanz und Unterstützung erschwert nicht nur die Anpassung an die neue Lebenswelt, sondern sie kann auch zu Problemen aller Art führen. Es ist anzunehmen, daß unter diesen Problemen auch gesundheitliche Beschwerden sind, daß Migration also sogar den Körper und die Psyche des Migranten verändert. Die vorliegende Arbeit, die Teil eines größeren Forschungsprojektes zu den Zusammenhängen von Diskriminierung, gesundheitlichem Wohlbefinden und Arbeitszufriedenheit ist, versucht diesen bisher kaum untersuchten Zusammenhang näher zu beleuchten.

Vierzig Jahre sind seit den ersten Vereinbarungen über die Anwerbung ausländischer Arbeitnehmer für die Bundesrepublik vergangen. Seit vierzig Jahren ist also die Bundesrepublik nicht nur das Vaterland der Deutschen, sondern auch der Lebensmittelpunkt von über fünf Millionen Nicht-Deutschen. Ausländische Arbeitnehmer sind für die Wirtschaft in der Bundesrepublik unentbehrlich geworden. Laut der Sozialpolitischen Umschau des Presse- und Informationsdienstes der Bundesregierung Nr. 540 vom 07.12.1992 "leisten [sie] einen wertvollen und unverzichtbaren Beitrag zum Wachstum und Wohlstand in Deutschland." Die Türken stellen mit ca. 1.8 Millionen die größte ausländische Minderheit in der BRD. 1992 waren 652.097 oder 32,0% von ihnen sozialversicherungspflichtig beschäftigt. Da man bei der Anwerbung der Gastarbeiter Arbeitskräfte für einfache Tätigkeiten benötigte, verzichtete man auf die Forderung nach Qualifikation. Dies war in erster Linie ein Vorteil für die Betriebe, da sie somit nicht Facharbeiter einstellten, sondern ungelernte Arbeitskräfte. Dies bedeutet aber nicht, daß alle Gastarbeiter ohne Ausbildung waren, sondern daß man auf ihre Fachkenntnisse verzichtete und sie für bestimmte Tätigkeiten ohne offizielle Ausbildung, die mit einem Zeugnis abzuschließen wäre, "umlernte". Die einzige

* Hier wie im folgenden wird das maskuline Genus geschlechtsneutral verwendet und beinhaltet sowohl männliche als auch weibliche Personen.

"Qualifikation", die von den Gastarbeitern gefordert wurde, war das Bestehen einer gesundheitlichen Untersuchung.

> Der ausländische Arbeitnehmer wird im allgemeinen mit körperlicher Arbeit belastet. Die Untersuchung durch den deutschen Arzt umfaßt deshalb neben der Erhebung der Vorgeschichte eine eingehende Allgemeinuntersuchung insbesondere des Stütz- und Bewegungsapparates und des Herz- und Kreislaufsystems, darüber hinaus des Seh- und Hörvermögens und der übrigen Organsysteme. Im Rahmen der gesundheitlichen Auswahl werden als Routinemaßnahmen gefordert: eine Röntgenaufnahme der Lungen, eine blutserologische Untersuchung zum Ausschluß einer Lues, die Bestimmung der Blutkörperchensenkungsgeschwindigkeit und eine Untersuchung des Urins auf Eiweiß, Zucker und Urobilinogen; bei positivem Eiweißbefund: Sedimentuntersuchung. Soweit im Einzelfall zur Klärung des medizinischen Sachverhaltes notwendig, können zusätzliche Untersuchungen durchgeführt oder veranlaßt werden, z.B. EKG, fachärztliche Untersuchungen, Untersuchungen im Laborbereich u.ä. (Hoechel, zit. nach Reeg 1984, S. 158).

Ob alle Gastarbeiter so gründlich untersucht werden konnten, bleibt fraglich. Sicher ist allerdings, daß kein Ausländer mit größeren gesundheitlichen Problemen in die BRD einreisen konnte, um hier zu arbeiten. Das bedeutet, daß sie zum größten Teil gesund und kräftig waren und wahrscheinlich krankheitsresistenter als Normalbürger der BRD. Dieses wird auch durch den Krankenstand der Gastarbeiter bewiesen, der aber schon Ende der 60er Jahre steigend war (vgl. Tabelle 1).

Ziegler u. Hock 1982 stellen in ihrer Arbeit fest, daß der Krankenstand der Deutschen und Ausländer sich angeglichen und bei manchen Nationalitäten sogar gegenüber den Deutschen verschlechtert hat. Dies ist besonders insofern alarmierend als die Altersverteilung der Ausländer (die bei der Einreise ja alle gesund waren!) eigentlich einen besseren Trend zeigen sollte, da die Ausländer im Durchschnitt sehr viel jünger sind als die Deutschen. Die Erklärungsversuche hierfür sind unterschiedlich und zum Teil widersprüchlich: Böker (1977, zit. nach Ziegler, Hock 1982) behauptet, daß psychische Erkrankungen als Folge der Migration nicht vermehrt auftreten. Auch Binder u. Simoes 1978, S. 342 vertreten diese Meinung:

> Es ist keineswegs sicher, daß Gastarbeiter mehr mit psychischen Störungen belastet sind als die beiden möglichen Kontrollgruppen: Bevölkerung des Herkunftslandes bzw. des Einwanderungslandes.

Von anderer Seite wird die Behauptung aufgestellt, daß "auch Diskriminierung, rechtliche Unsicherheit und die Angst vor Gewalttätigkeiten [...] sich negativ auf die Gesundheit auswirken [können]" (Bericht der Ausländerbeauftragen der Bundesregierung 1993, März 1994, S. 43). Hinzu kommt, daß der Krankenstand der Ausländer viel größer sein dürfte, als die Statistiken es zeigen und zwar weil Gastarbeiter erst nach längerem Abwarten ei-

Tabelle 1: Der Krankenstand* der ausländischen Gruppen (Ziegler u. Hock 1982, S. 92)

	In- Ausländer	Italiener	Griechen	Spanier	Türken	Jugoslawe n
1969	**Deutsche + Ausländer**	5,00	4,89	4,93	5,27	3,54
1970	5,34	5,7	5,34	5,54	6,23	4,75
1971	5,44	6,21	5,47	5,20	5,59	4,61

* Prozentualer Anteil der Kranken an der Gesamtbevölkerung

nen Arzt aufsuchen, zuerst traditionelle Hilfe in der Familie, Nachbarschaft und im Bekanntenkreis in Anspruch nehmen, weil es Verständigungsschwierigkeiten gibt, Krankschreiben eine Einkommenseinbuße bedeutet, und weil lange Zeit die Angst bestand, in die Heimat abgeschoben zu werden. Mittlerweile ist dies aufgrund einer Gesetzesänderung nicht mehr möglich. Im Gegensatz zu Böker behauptet der Arzt Red (1982), daß allein der Entschluß zur Migration diese Menschen in einen labilen psychischen Zustand gebracht hat, daß also allein die Auseinandersetzung und Abwägung der Pro- und Kontragründe vor der Migration sich negativ auf die Gesundheit der Migranten auswirkte. Des weiteren konnte er bei seinen Patienten, italienischen Gastarbeitern, sehr oft Leiden durch Konflikte am Arbeitsplatz feststellen, die zum Teil durch Verfolgungs- und Beeinträchtigungsvorstellungen und zum Teil durch Akkordarbeit* zustandekamen.

Ohnacker, Scherer und Wöll (1985) führen eine Reihe von Krankheiten an, die bei Migranten öfter auftreten als bei Einheimischen: So konnte bei einer VW-Untersuchung eine 2-3mal höhere Erkrankungsquote an Tuberkulose bei Migranten als bei Einheimischen festgestellt werden. Häufiger waren auch Pneumonie (Lungenentzündung), Wirbelsäulenbeschwerden, die auf harte körperliche Arbeit und Streß zurückzuführen sind und Entwurzelungsdepressionen, die aufgrund neuer Lebensumstände, Identitätsverlust, Schwierigkeiten bei Integration, Assimilation und Akkulturation auftreten. Öfter tritt auch Verhexungswahn auf. Holmes u. Rauhe (in: Ohnacker et al. 1985) konnten einen Zusammenhang zwischen Lebensstreß und Krankheitsausbruch nachweisen, d.h. daß beim Vorhandensein von Lebensstreß bei Ausländern eine Tendenz zum Krankwerden besteht. Quakisch et al. (in: Ohnacker et al. 1985) stellten bei Türken eine höhere und stärkere Erkrankungsrate an Gastritis fest. Neukirchen u. Haase (in: Ohnacker et al. 1985) wiesen signifikante Unterschiede bei Magen- und Darmstörungen zwischen deutschen und ausländischen Männern nach. Fast ein Drittel der ausländischen Männer leidet an dieser Krankheit, während bei deutschen Männern diese Relation lediglich ein Sechstel beträgt.

Laut Deutscher Zentrale für Volksgesundheitspflege (1983) schlägt die Weltgesundheitsorganisation WHO eine Reihe von Indikatoren vor, die die Mitgliedsländer einsetzen sollen, um Gesundheit für alle zu erreichen. Zu diesen Indikatoren gehören u.a. folgende soziale und ökonomische: Einkommensverteilung, Arbeitsbedingungen, Bildungsstand, Wohnraumsituation usw. Es wurden hier nur diejenigen Faktoren ausgewählt, die häufig Ausländer von Deutschen unterscheiden. Grundsätzlich betont die WHO, daß die Lebensqualität von entscheidender Bedeutung für die Gesundheit ist. Lebensqualität wird dabei auf der Grundlage sozio-ökonomischer Bedingungen definiert, wobei die *subjektive* Einschätzung von Wohlbefinden, Zufriedenheit und Sicherheit, betont wird.

In unserer Untersuchung soll festgestellt werden, ob und in welchem Maße bzw. in welchen Formen sich eine Probandengruppe von türkischen Industriearbeitnehmern diskriminiert fühlt. Es soll also nicht ein objektives Maß der Diskriminierung erarbeitet werden, sondern jedes Verhalten, das von den Probanden subjektiv als diskriminierend empfunden wird. Wenn wir von Diskriminierungen sprechen, so verstehen wir darunter den Sachverhalt, daß dem Ansehen und Ruf einer Person durch öffentliche und private Äußerungen geschadet wird und/oder daß die Person durch unterschiedliche Behandlung benachteiligt und zurückgesetzt wird. Während der erste Teil dieser Definition von Diskriminierung mehr auf die Einstellung und auf sprachliche Äußerungen zielt, ist der Fokus des zweiten Teils Verhalten. Dieses diskriminierende Verhalten kann von Kollegen ausgehen, durch die

*Die italienischen Gastarbeiter in der Schweiz stammen wie die türkischen Gastarbeiter in der BRD aus ländlichen Gebieten und sind nicht an Akkord- und Fließbandarbeit gewöhnt.

Organisation des Betriebes bedingt sein etc. Neben der Feststellung, ob solche Diskriminierungen bestehen, ist es Ziel dieser Arbeit, die Zusammenhänge zwischen erlebter Diskriminierung und Gesundheit zu messen. Unsere Hypothese lautet:

Es besteht ein direkter Zusammenhang zwischen am Arbeitsplatz erlebter Diskriminierung und Gesundheit. Je höher die erlebte Diskriminierung, unter um so mehr körperlichen Beschwerden leiden die Betroffenen.

Stichprobe

Untersucht wurden insgesamt 157 ausländische Arbeitnehmer türkischer Herkunft aus acht unterschiedlichen Betrieben in den Bundesländern Bayern und Baden-Württemberg. Die Betriebe sind in der Mehrheit im Raum in und um Ulm angesiedelt, es wurden aber auch Betriebe in Franken, Oberbayern und im Allgäu untersucht. Die Kontakte zu den Betrieben kamen auf unterschiedliche Weise zustande. Fast die Hälfte der Probanden war aus Betrieben, mit denen Kontakte über den Betriebsrat geknüpft worden waren und in denen die organisatorische Absprache mit der Betriebsleitung durch den Betriebsrat geschah. Nur bei einem einzigen Betrieb wurde die Befragung direkt von der Personalabteilung und in Zusammenarbeit mit dem Personalchef organisiert. Der Personalchef dieses Betriebes zeigte großes persönliches Interesse an der Untersuchung und übernahm auch das Verteilen und Einsammeln der Fragebögen. In zwei Betrieben erfolgte der Kontakt über eine Vertrauensperson, die im Betrieb von den türkischen Mitarbeitern akzeptiert wird und gute private Kontakte zu den Probanden unterhält.

Instrumente

Der Fragebogen bestand aus vier Teilen. Im ersten Teil wurden persönliche Daten erhoben und allgemeine Fragen zur Situation und zu Meinungen des Probanden gestellt. Die Fragestellung zur Erhebung dieser Angaben war dabei zum Teil dem Gießener Beschwerdebogen (GBB) und dem Arbeitsbeschreibungsbogen (ABB) entnommen. Gefragt wurde z.B. nach betrieblich relevanten Informationen wie der Betriebsgröße, der Vertretung von Ausländern im Betriebsrat und dem Tätigkeitsniveau des Probanden. Außerbetrieblich relevante Informationen wie die Aufenthaltsdauer und das Aufenthaltsverhältnis wurden ebenfalls ermittelt. Die drei übrigen Teile des Fragebogens waren die im folgenden genauer beschriebenen Fragebögen FEDA und GBB, sowie der ABB, der zur Messung der in die größere Untersuchung ebenfalls einbezogenen Arbeitszufriedenheit der Probanden diente.

Fragebogen zur Erfassung der Diskriminierung am Arbeitsplatz (FEDA)
Dieser Fragebogen sollte die Diskriminierung am Arbeitsplatz erfassen, zum einen seitens der an der Untersuchung beteiligten Betriebe und zum anderen die von den Kollegen und unmittelbaren Vorgesetzten ausgehenden Diskriminierungen. Den Ausgangspunkt für die Erarbeitung des FEDA bildeten verschiedene Theorien zu Vorurteilen und Diskriminierung. So findet beispielsweise einer der in der krisenorientierten Theorie (vgl. Hoffmann u. Evan 1984) genannten Gründe für die Entstehung von Fremdenfeindlichkeit im Item 5 des FEDA seinen Niederschlag ("Ich bekomme oft zu hören, daß ich einem Deutschen den Arbeitsplatz wegnehme.") oder ein aus rassistischen Einstellungen resultierender Grund in den Items 4 und 19 ("Ich werde in der Arbeit als Mensch zweiter Klasse behandelt"; "Meine türkische Kultur wird von meinen Kollegen immer wieder verspottet"). Ein wichtige Grundlage kommt auch aus dem Social Identity Approach der Bristol-School (Turner et al. 1987). Danach wurden Items konzipiert, die festzustellen versuchen, ob Gruppenunterscheidungen zwischen Deutschen und Türken

Tabelle 2: Items der Subskala "Allgemein" des FEDA

1. In unserem Betrieb kommt es vor, daß die Wände mit ausländerfeindlichen Parolen beschmiert sind.
2. In den Toiletten kann man ausländerfeindliche Sprüche lesen.
3. Ich fühle mich in der Arbeit oft als Außenseiter.
4. Ich werde in der Arbeit als Mensch zweiter Klasse behandelt.
5. Ich bekomme oft zu hören, daß ich einem Deutschen den Arbeitsplatz wegnehme.
6. Ich bekomme oft zu hören, daß ich dem deutschen Steuerzahler auf der Tasche liege.

existieren, wie etwa Item 3 ("Ich fühle mich in der Mittagspause oft als Außenseiter.") oder Item 15 ("Meine Kollegen gehen mit mir genauso um wie mit jedem anderen Kollegen, sei er Deutscher oder Ausländer, auch."). Diese Items zeigen, ob Ausländer als besondere Gruppe bzw. als Outgroup wahrgenommen werden. Eine weitere Grundlage des FEDA bildeten die von Luchtenberg 1984 referierten Formen der Ausländerfeindlichkeit. Nach verbalen Angriffen wie "Ausländer raus"-Schmierereien fragen beispielsweise die Items 1 und 2 des FEDA ("In unserem Betrieb kommt es vor, daß die Wände mit ausländerfeindlichen Parolen beschmiert sind."; "In den Toiletten kann man ausländerfeindliche Sprüche lesen."). Die Items 9 und 56 ("Viele Kollegen grüßen mich nicht."; "Manche Nachbarn meiden den Kontakt mit mir und meiner Familie.") fragen nach "Abgrenzungen" wie Vermeidung von Gesprächen mit ausländischen Kollegen oder Verbote für die eigenen Kinder, mit ausländischen Kindern zu spielen.

Der Fragebogen enthält insgesamt 58 Items aus folgenden Subskalen (vgl. Tabellen 2-8): Allgemein (6 Items), Kollegen (19 Items), Organisation (10 Items), Unmittelbarer Vorgesetzter (8 Items), Betriebsrat (3 Items), Ämter und Behörden (8 Items) und Nachbarn (4 Items). Allen Items war eine vierstufige Antwortskala beigegeben, die Probanden konnten zwischen den Antworten "ja", "eher ja", "eher nein" und "nein" wählen. Für die Auswertung wurden den Antworten die Werte von 1-4 zugeordnet.

Allgemein

Die Items in der Subskala "Allgemein" (vgl. Tabelle 2) sollten grob ausländerfeindliche Äußerungen wie Schmierereien in den Toiletten erfassen und feststellen, ob im betreffenden Betrieb eine ausländerfeindliche Grundstimmung vorhanden ist oder nicht. Die Items zielten nicht auf spezifische Quellen der Diskriminierung.

Tabelle 3: Items der Subskala "Kollegen" des FEDA

7. Ich werde von meinen deutschen Kollegen ernst genommen.
8. Meine Kollegen bemühen sich, meinen Namen richtig auszusprechen.
9. Viele Kollegen grüßen mich nicht.
10. Manche Kollegen bringen Zeitschriften mit rechtsextremen Inhalten mit an den Arbeitsplatz.
11. Wegen meinem Deutsch werde ich ausgelacht.
12. Wenn in den Nachrichten von ausländerfeindlichen Übergriffen berichtet wird, sind meine deutschen Kollegen entsetzt.
13. In unserem Betrieb werden Türkenwitze erzählt.
14. Meine Kollegen nehmen Rücksicht auf meine Sprachschwierigkeiten.
15. Meine Kollegen gehen mit mir genauso um wie mit jedem anderen Kollegen, sei er Deutscher oder Ausländer, auch.
16. Ich werde häufig beschimpft.
17. In der Belegschaft habe ich mehrere deutsche Freunde, die ich auch außerhalb der Arbeit treffe.
18. Es ist leicht mit den deutschen Kollegen Freundschaften zu schließen.
19. Unsere türkische Kultur wird von meinen Kollegen immer wieder verspottet.
20. Sehr häufig benutzen meine deutschen Kollegen mir gegenüber nur gebrochenes Deutsch ("ich gehen", "du kommen" etc.).
21. Ich fühle mich in der Mittagspause oft als Außenseiter.
22. Meine deutschen Kollegen sind um eine entspannte Atmosphäre zwischen deutschen und ausländischen Kollegen bemüht.
23. Meine deutschen Kollegen nehmen Rücksicht auf meine religiösen Vorstellungen.
24. Meine deutschen Kollegen denken oder handeln so als ob sie in der Arbeit mehr Rechte hätten als ich.
25. Wenn meine deutschen Kollegen Schwierigkeiten haben, fragen sie lieber andere deutsche und nicht die ausländischen Kollegen.

Kollegen

Die mit 19 Items größte Subskala "Kollegen" (vgl. Tabelle 3) sollte die Vorurteile und Diskriminierungen seitens der Kollegen messen. Dabei interessierten vor allem die Verhaltensweisen der deutschen Kollegen mit ausländerfeindlichem Hintergrund.

Tabelle 4: Items der Subskala "Organisation" des FEDA

26. Ausländer werden in unserem Betrieb schneller (häufiger) gekündigt als Deutsche.
27. Ich muß nicht mehr Angst um meinen Arbeitsplatz haben als meine deutschen Kollegen.
28. Schwere und gefährliche Arbeiten werden immer auf die Ausländer im Betrieb geschoben.
29. Ich muß häufig Arbeiten verrichten, für die ich nicht eingestellt worden bin.
30. In unserem Betrieb können auch die Ausländer Karriere machen.
31. Als Ausländer muß man mehr leisten, um befördert oder honoriert und anerkannt zu werden, als Deutsche.
32. Die Betriebsleitung ist um eine entspannte Atmosphäre zwischen deutschen und ausländischen Kollegen bemüht.
33. Ausländer werden im Betrieb häufiger nach Bedarf von einer Stelle auf die andere versetzt.
34. Seitens des Betriebs werde ich besser über Sicherheitsvorkehrungen aufgeklärt als meine deutschen Kollegen.
35. Niedere Arbeiten müssen von Ausländern verrichtet werden.

Tabelle 5: Items der Subskala "Unmittelbarer Vorgesetzter" des FEDA

36. Mein Meister (Vorgesetzter) macht keinen Unterschied zwischen Deutschen und Ausländern.
37. Ich fühle mich von meinem Vorgesetzten persönlich akzeptiert.
38. Mein Vorgesetzter bemüht sich, meinen Namen richtig auszusprechen.
39. Meine Leistungen werden von meinem Vorgesetzten anerkannt.
40. Unsere türkische Kultur wird von meinem Vorgesetzten verspottet.
41. Sehr häufig benutzt mein Vorgesetzter mir gegenüber nur gebrochenes Deutsch ("ich gehen", "du kommen" etc.).
42. Mein Vorgesetzter ist um eine entspannte Atmosphäre zwischen deutschen und ausländischen Kollegen bemüht.
43. Mein Vorgesetzter nimmt sich Zeit, mir alles deutlich und verständlich zu erklären.

Organisation

Die Items dieser Subskala (vgl. Tabelle 4) wurden auf der Basis der Arbeit von Räthzel u. Sarica (1994) zusammengestellt. Die Items fragen nach betrieblichen Diskriminierungen bei Kündigungen, bei Karrieremöglichkeiten, beim Einsatz von ausländischen Arbeitskräften für niedere Arbeiten etc.

Unmittelbarer Vorgesetzter

Neben der kollegialen Diskriminierung sollten auch eventuelle Diskriminierungen seitens des unmittelbaren Vorgesetzten gemessen werden, was mit Hilfe der acht Items der Subskala "Unmittelbarer Vorgesetzter" geschah (vgl. Tabelle 5), die zum Teil parallel zu den Fragen der Subskala "Kollegen" konstruiert worden waren.

Betriebsrat

Um feststellen zu können, ob der Betriebsrat der beteiligten Betriebe bemüht ist, eine entspannte Atmosphäre zwischen deutschen und ausländischen Arbeitnehmern zu schaffen und Diskriminierungen zu mildern, wurden die drei Items der Subskala "Betriebsrat" formuliert (vgl. Tabelle 6).

Tabelle 6: Items der Subskala "Betriebsrat" des FEDA

44. Der Betriebsrat ist um eine entspannte Atmosphäre zwischen deutschen und ausländischen Kollegen bemüht.
45. Der Betriebsrat gibt sich Mühe, die besonderen Probleme der aus-ländischen Kollegen zu verstehen.
46. Der Betriebsrat handelt so, als ob ihm nur die Angelegenheiten der deutschen Kollegen wichtig wären.

Tabelle 7: Items der Subskala "Ämter und Behörden" des FEDA

47. In den Behörden werde ich von den Beamten und Angestellten gut behandelt.
48. Viele Beamte und Angestellte nehmen keine Rücksichten auf meine Sprachschwierigkeiten.
49. Von Banken und Versicherungen werde ich oft wie ein besonderer Risikofall behandelt.
50. In Ämtern und Behörden gibt es häufig Informationsblätter in meiner Muttersprache.
51. Auf Ämtern und Behörden treffe ich oft Beamte und Angestellte, die meine Sprache sprechen.
52. Auf den Ämtern und Behörden gibt man sich Mühe, meinen Namen richtig auszusprechen.
53. Auf den Ämtern und Behörden werde ich als Mensch zweiter Klasse behandelt.
54. Die deutschen Beamten und Angestellten sind oft unhöflich zu mir, z.B. begrüßen sie mich nicht.

Tabelle 8: Items der Subskala "Nachbarn" des FEDA

55. Meine Nachbarn akzeptieren mich als Mitbürger und sehen nicht in erster Linie den Ausländer in mir.
56. Manche Nachbarn meiden den Kontakt mit mir und meiner Familie.
57. Meine Nachbarn sind oft unhöflich zu mir, z.B. begrüßen sie mich nicht.
58. Meine Kultur und Religion werden von vielen meiner Nachbarn nicht ernstgenommen oder verspottet.

"Ämter und Behörden" und "Nachbarn"
Die Items der Subskalen "Ämter und Behörden" (vgl. Tabelle 7) und "Nachbarn" (vgl. Tabelle 8) sollten die Diskriminierungssituationen außerhalb des Arbeitsplatzes erfassen.

Gießener Beschwerdebogen (GBB)
Zur Erfassung von körperlichen Beschwerden diente der Gießener Beschwerdebogen von Brähler (1983 und 1995). Der Fragebogen hat insgesamt 57 Items, die gesundheitliche Beschwerden erfassen. Er besteht aus folgenden vier Subskalen: Erschöpfungsneigung (Items 1, 7, 29, 32, 36, 42), Magenbeschwerden (Items 3, 15, 18, 23, 25, 51), Gliederschmerzen (Items 9, 11, 13, 27, 41, 55), Herzbeschwerden (Items 2, 10, 20, 45, 52, 56). Die Werte der Items werden einfach summiert, und die Summe aller Subskalen faßt man als "Beschwerdedruck" zusammen. Am Ende der 57 Items können die Probanden angeben, ob ihrer Meinung nach ihre Beschwerden in erster Linie körperlich oder seelisch bedingt sind. Am Ende des Fragebogens gibt es außerdem die Möglichkeit, weitere Beschwerden zu nennen, an denen der Proband eventuell leidet, die er aber nicht im Fragebogen aufgeführt findet. Die Antwortmöglichkeiten bei den einzelnen Items reichen von 0 bis 4, wobei 0 für "nicht vorhanden" steht und 4 für "stark".

Erster Fragebogenteil

Befragt wurden 157 türkische Industriearbeiter aus acht verschiedenen Betrieben. Der jüngste Befragte war 19 Jahre alt, der älteste 59. Das Durchschnittsalter lag bei 35,6 Jahren. 25% der Befragten waren jünger als 27,9 Jahre, 50% jünger als 34,2 Jahre und 75% jünger als 44,3 Jahre. Es handelte sich dabei um 124 männliche (79%) und 33 weibliche (21%) Personen. 132 Probanden waren verheiratet (84%), 22 waren ledig (14%), und drei Personen machten keine Angaben zu ihrem Familienstand.

Die Schulausbildung der meisten Probanden (46 oder 29%) hatte in der *Hauptschule* stattgefunden. Fast ebenso viele (43 oder 27.4%) hatten einen mittleren Schulabschluß.

33 oder 21% hatten nur die Grundschule besucht, und 27 oder 17.2% hatten ein Gymnasium mit dem Abitur abgeschlossen. Drei Probanden (1.9%) hatten eine Hochschule besucht. Fünf machten keine Angaben zu ihrer schulischen Bildung. 20.4% d.h. 32 Personen hatten eine Berufsausbildung abgeschlossen, 66% dagegen, d.h. 105 waren ohne abgeschlossene Berufsausbildung. 20 Personen machten hierzu keine Angaben. Nur 10% arbeiteten in ihrem erlernten Beruf.

Die Beschäftigungsdauer war folgendermaßen verteilt: 1.9% arbeiteten weniger als sechs Monate in ihrem Betrieb, 3.8% zwischen sechs Monaten und zwei Jahren, 20.4% zwischen zwei und fünf Jahren und die große Mehrheit von 71.3% mehr als fünf Jahre. Alle Befragten sind in Großbetrieben mit mehr als 400 Mitarbeitern beschäftigt. In ihrem Betrieb ist die überwiegende Mehrheit der Befragten (95 oder 60,5%) auf dem untersten Organisationsniveau tätig, d.h. sie haben nur Vorgesetzte. 26 Personen (16,6%) haben eine Ebene von Mitarbeitern unter sich, während nur drei (1,9%) bzw. zwei (1,3%) zwei oder gar drei Ebenen von Mitarbeitern unter sich haben.

Fast alle Befragten leben seit mehr als zehn Jahren in der Bundesrepublik (145 oder 92,5%), nur ein geringer Prozentsatz (10 Personen, 6,2%) hält sich seit weniger als zehn Jahren hier auf. Die Durchschnittsaufenthaltsdauer beträgt 19,3 Jahre. Die Person mit der geringsten Aufenthaltsdauer ist seit drei Jahren in Deutschland, und diejenige mit der längsten seit 31 Jahren. Eine Zusammenschau des Alters der Probanden mit ihrer Aufenthaltsdauer zeigt, daß acht Probanden (5,3%) bereits in der Bundesrepublik geboren sind, und daß 18 bzw. 11,9% als Kleinkinder unter sieben Jahren in die Bundesrepublik kamen. 36 Probanden (23,8%) waren zum Zeitpunkt der Einwanderung jünger als zehn Jahre.

Der rechtliche Status der großen Mehrheit der Befragten ist relativ gesichert. 92 von ihnen (58,6%) haben eine Aufenthaltsberechtigung und weitere 42 (26,8%) eine unbefristete Aufenthaltserlaubnis. Nur 13 Befragte (8,3%) haben eine befristete Aufenthaltserlaubnis. Diese Zahlen spiegeln sich auch in der Arbeitserlaubnis der Befragten wider. 122 von ihnen (77,7%) sind im Besitz einer unbefristeten Arbeitserlaubnis, während 28 (17,8%) nur eine befristete Arbeitserlaubnis haben. Sechs Personen machten keine Angaben zu ihrem arbeitsrechtlichen Status, ein Befragter war kurz vor der Befragung deutscher Staatsbürger geworden.

Ergebnisse des FEDA

Da dieser Fragebogen nicht standardisiert ist, sind einige statistische Berechnungen notwendig. Mit allen 58 Items des Fragebogens wurde nach der Umpolung der Items eine Faktorenanalyse durchgeführt. Es hat sich ein starker Generalfaktor herausgestellt, mit 44 Items, die als Diskriminierungsfaktoren genannt werden können (und sechzehn weiteren Faktoren). Die Items, die einen Wert über 0.4 hatten und auf Generalfaktor waren, wurden dann einer Reliabilitätsanalyse unterzogen. 41* Items waren nach dieser Analyse reliabel. Diese wurden dann summiert und für die Korrelation mit den anderen Fragebögen als Maß für die Diskriminierung verwendet.

Da es den vorliegenden Rahmen überschreiten würde, die Ergebnisse jedes einzelnen Items des FEDA zu beschreiben, werden im folgenden nur ausgewählte Items, die den meisten Aufschluß über die von den Befragten erfahrene Diskriminierung geben, ausführlich dargestellt.

Innerhalb der Subskala "Allgemein" ist eine relativ einheitliche Tendenz feststellbar: jeweils ca. 50-60% der Befragten fühlen sich nicht oder wenig diskriminiert, während ca. 40% angeben, diskriminierende Erfahrungen

* Items 1, 2, 8, 9, 10, 11, 12 ,17, 27, 30, 33, 34, 36, 43, 48, 50, 51 sind in den weiteren Auswertungen nicht berücksichtigt

Abbildung 1 : FEDA 4

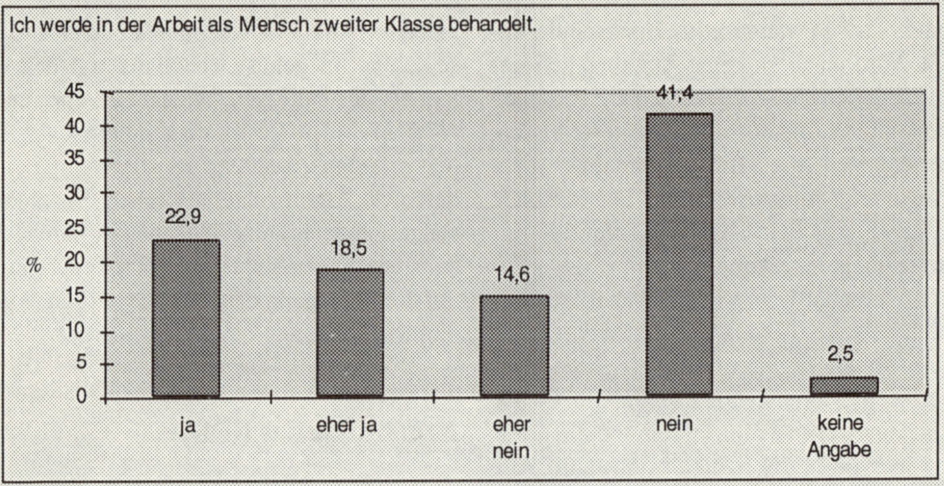

zu machen. So sehen 88 Personen (56,1%) keine ausländerfeindlichen Sprüche in den Toiletten, 67 (42.7%) dagegen schon. 89 (56,6%) Befragte fühlen sich in der Arbeit nicht als Außenseiter, 60 (38,2%) dagegen schon. Genauso geben 88 (56,1%) an, in der Arbeit nicht als Menschen zweiter Klasse behandelt zu werden, 65 (41,4%) dagegen schon (vgl. Abbildung 1), und 59 Befragte (37,5%) bekommen oft zu hören, daß sie einem Deutschen den Arbeitsplatz wegnehmen, während 96 (61,1%) bei diesem Item "eher nein" oder "nein" ankreuzen.

Die sich in der Subskala "Allgemein" abzeichnenden Tendenzen setzen sich auch bei den Antworten in der Subskala "Kollegen" fort. Die Kollegen von 101 Befragten (64,3%) bemühen sich, deren Namen richtig auszusprechen, die Kollegen von 55 (35%) nicht. Das Bemühen um die richtige Aussprache eines fremden Namens seitens der deutschen Kollegen ist eng verbunden mit der Sprache,

Abbildung 2: FEDA 20

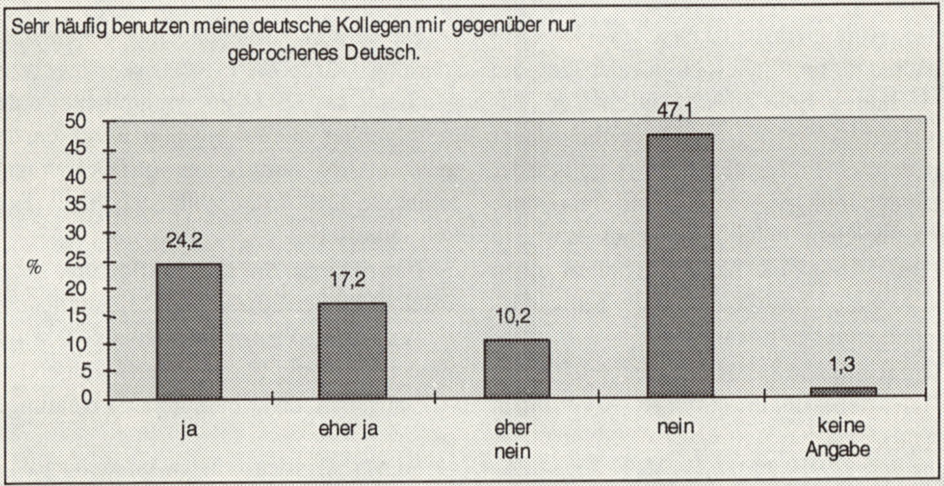

Abbildung 3: FEDA 13

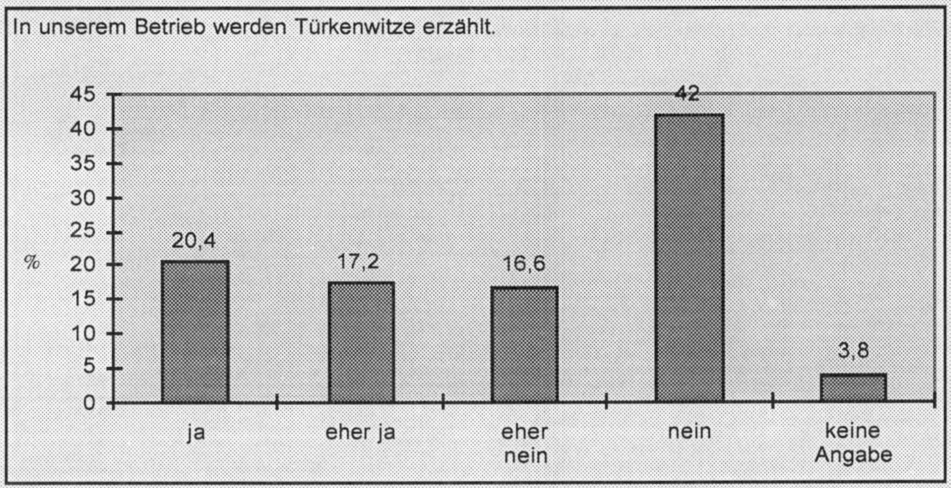

die sie insgesamt beim Umgang mit den Ausländern im Betrieb verwenden. 65 Befragte (41,4%) geben an, daß die Deutschen ihnen gegenüber nur gebrochenes Deutsch benutzen, während 90 (57,3%) diese Erfahrung nicht oder "eher nicht" machen (vgl. Abbildung 2). Verbale Diskriminierung kann sich auch darin ausdrücken, daß "unliebsame" Personen ignoriert und nicht gegrüßt werden. 62 (39,5%) Befragte sehen sich mit solchem Verhalten seitens ihrer Kollegen konfrontiert, 93 (59,3%) nicht.

Verbale Diskriminierung findet auch statt, wenn Kollegen Türkenwitze erzählen oder die türkische Kultur verspotten. 92 (58,6%) bzw. 98 (62,4%) Befragte machen keine solchen Erfahrungen, 59 (37,6%) bzw. 56 (35,6%) dagegen schon (vgl. Abbildung 3).

Die Items 24 und 25 fragen danach, ob deutsche Kollegen sich auf der Arbeit mehr Rechte herausnehmen als Deutsche und ob sie sich so benehmen, als seien ausländische Arbeiter fachlich weniger kompetent als deutsche. Die Frage, ob deutsche Kollegen so denken und handeln, als hätten sie auf der Arbeit mehr Rechte als der Befragte, wurde von 80

Abbildung 4: FEDA 24

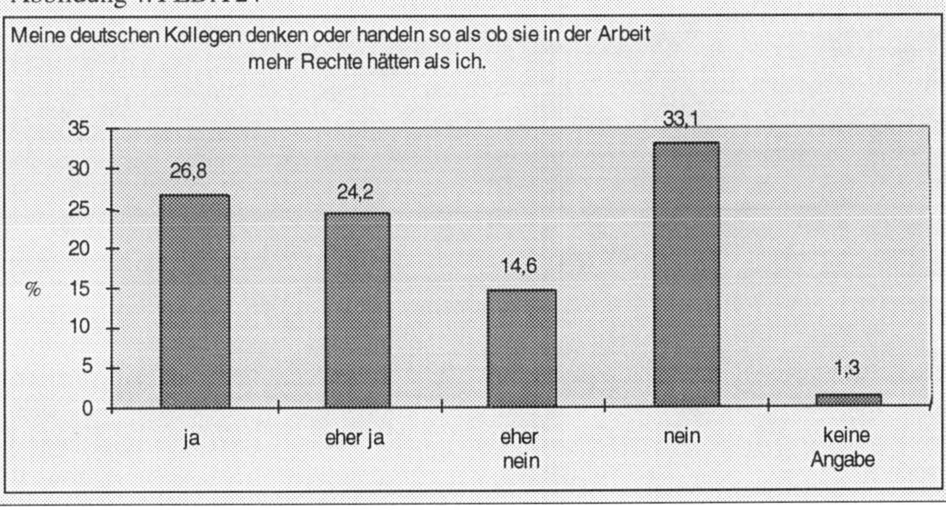

Abbildung 5: FEDA 25

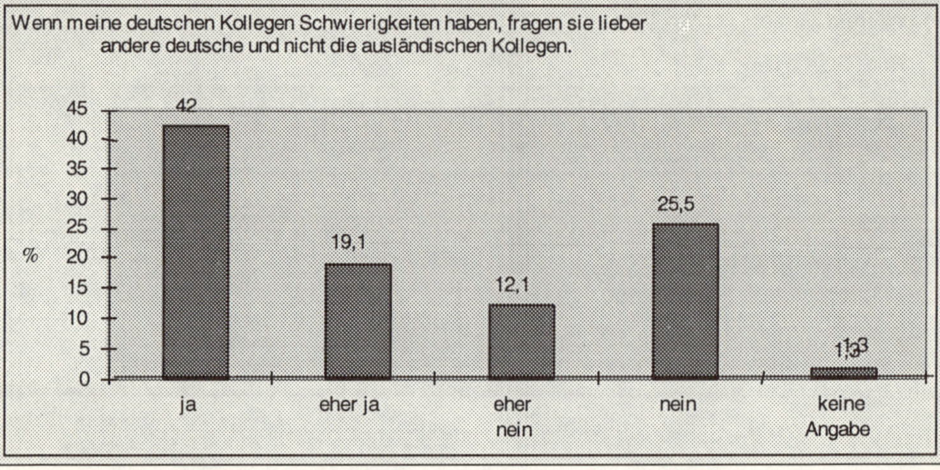

Abbildung 6: FEDA 26

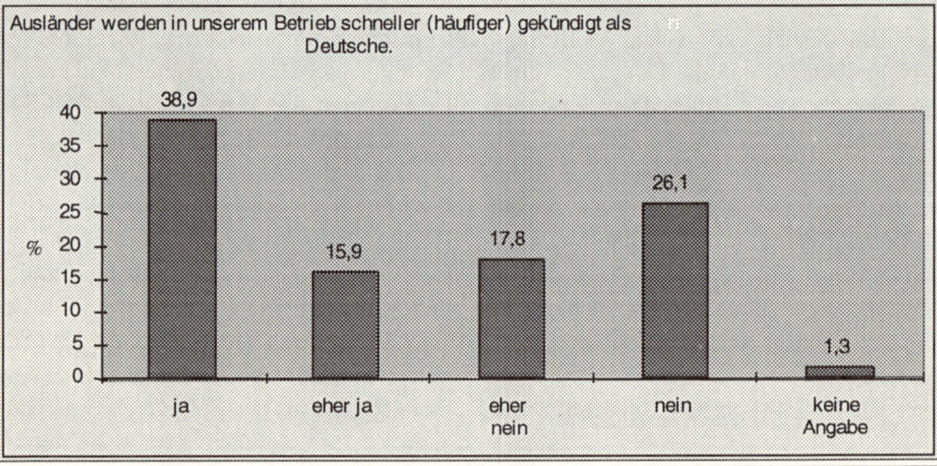

Abbildung 7: FEDA 28

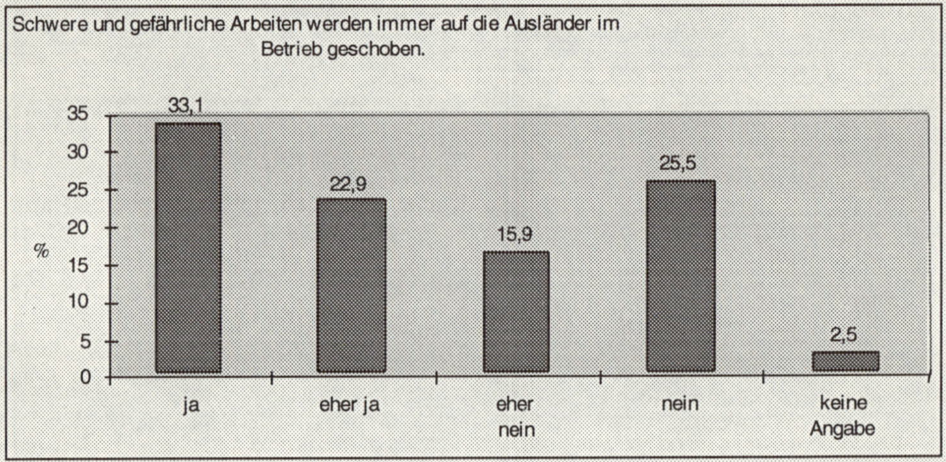

Abbildung 8: FEDA 35

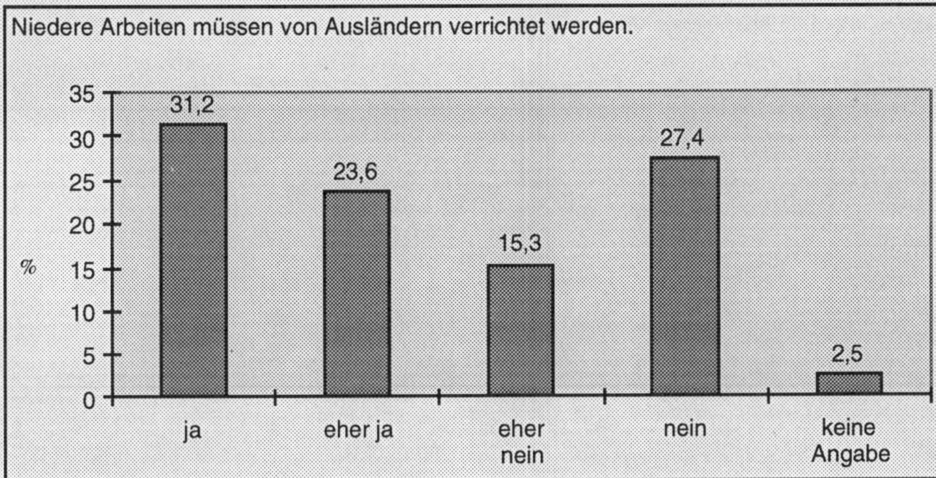

Personen (51,0%) bejaht, von 75 (47,7) dagegen verneint (vgl. Abbildung 4). Daß deutsche Kollegen sich ausländischen gegenüber überlegen fühlen, zeigt sich dann auch in den ähnlich gelagerten Antworten auf die Frage, ob Deutsche bei Schwierigkeiten lieber deutsche als ausländische Kollegen konsultierten. 96 Befragte (61,1%) gaben an, daß dem so sei, während 59 Personen (37,6%) dies verneinten (vgl. Abbildung 5).

Besonders interessant sind die Antworten auf die Items der Subskala "Organisation", da sie ganz deutlich erkennen lassen, daß neben individuellen Diskriminierungen in den Betrieben auch institutionalisierte Diskriminierungen bestehen, unter denen ausländische Arbeitnehmer zu leiden haben. Ein Beispiel dafür ist die Kündigungsdiskriminierung. 86 Befragte (54,8%) gaben an, daß in ihrem Betrieb Ausländern schneller bzw. häufiger gekündigt wird als Deutschen. 69 Befragte (43,9%) bestätigten diese Erfahrung nicht (vgl. Abbildung 6).

Eine andere Form der institutionalisierten Diskriminierung zeigt sich darin, daß Ausländern oft schwere und gefährliche oder niedere Arbeiten zugeschoben werden. 88 Befragte (56,0%) gaben an, daß in ihrem Betrieb die schweren und gefährlichen Arbeiten auf die Ausländer geschoben werden (vgl. Abbildung 7) und 86 Personen (54,8%) sagten dasselbe von den niederen Arbeiten (vgl. Abbildung 8). Nicht nur, daß den ausländischen Arbeitnehmern schwere, gefährliche und niedere Arbeiten zugeschoben werden, oft werden sie zudem auch als "Springer" eingesetzt, d.h. sie müssen häufig Arbeiten verrichten, für die sie nicht eingestellt wurden, und sie werden im Betrieb je nach Bedarf von einer Stelle auf die andere versetzt. 60 Befragte (38,2%) gaben an, daß sie häufig Arbeiten verrichten müssen, für die sie nicht eingestellt worden waren (vgl. Abbildung 9), aber sehr viel mehr, nämlich 117 bzw. 74,6%, meinen, daß Ausländer in ihrem Betrieb häufiger nach Bedarf von einer Stelle auf die andere versetzt werden (vgl. Abbildung 10).
Auch die Tatsache, daß Ausländer mehr leisten müssen als Deutsche, um befördert zu werden, ist ein Fall von organisatorischer Diskriminierung. 107 Personen (68,2%) erleben diese Art der Diskriminierung in ihrem Betrieb, 47 (30,0%) dagegen nicht (vgl. Abbildung 11).

Die Items der Subskala "Unmittelbarer Vorgesetzter" ermitteln, ob die Befragten durch ihren Meister diskriminiert werden. 88 Personen (56,0%) fühlen sich davon nicht betroffen, sie gaben an, daß ihr Meister keinen Unterschied zwischen Deutschen und Ausländern macht. 65 Personen (41,4%) dagegen

Abbildung 9: FEDA 29

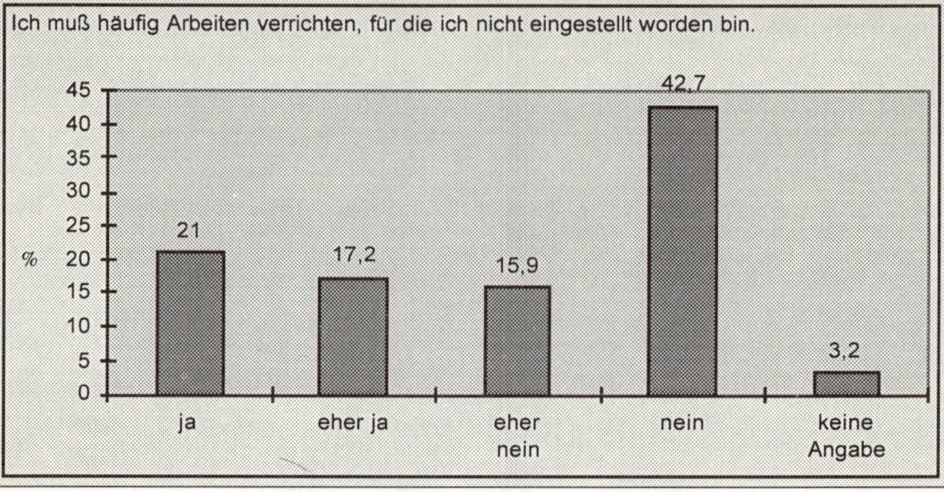

erleben einen solchen Unterschied. 119 Befragte (75,8%) finden, daß sich ihr Vorgesetzter um eine entspannte Atmosphäre zwischen Deutschen und Ausländern bemüht. Nur 34 (21,7%) teilen diese Erfahrung nicht. Auch vom Betriebsrat kann eine mögliche Diskriminierung ausgehen. So antworteten 53 Befragte (33,7%) auf die Vorgabe "Der Betriebsrat handelt so, als ob ihm nur die Angelegenheiten der deutschen Kollegen wichtig wären." mit "ja" oder "eher ja", 99 (63,1%) dagegen mit "eher nein" oder "nein".

Die Items der Subskalen "Ämter und Behörden" und "Nachbarn" sollten außerbetriebliche Diskriminierungen erfassen helfen. Besonders Sprachschwierigkeiten können den Umgang mit Ämtern und Behörden zu einem Problem machen. Die Items 48 und 52 sollten deshalb ermitteln, wie Beamte auf Sprachschwierigkeiten ausländischer Kunden reagieren und ob sie sich bei der Aussprache fremdklingender Namen Mühe geben. 66 Befragte (42%) gaben an, daß Beamte und Angestellte keine Rücksichten auf ihre Sprach-

Abbildung 10: FEDA 33

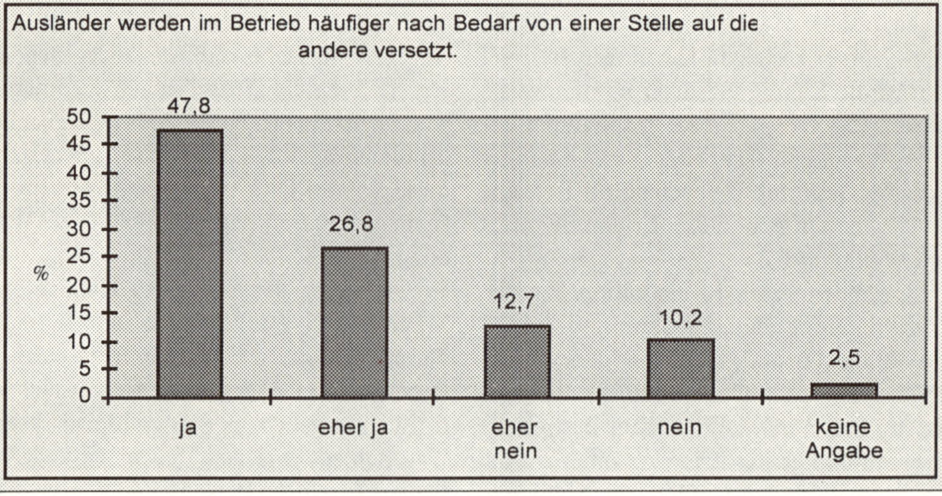

Abbildung 11: FEDA 31

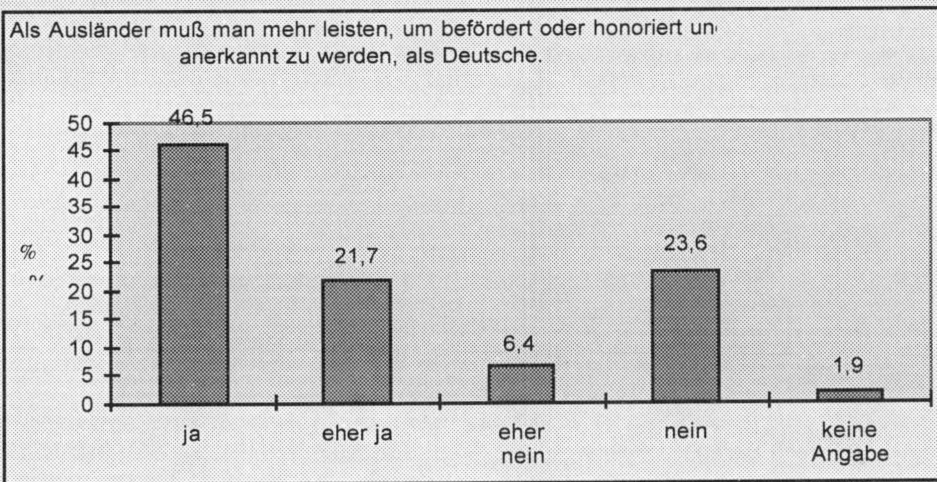

schwierigkeiten nehmen, während 86 bzw. 54,8% eine solche Rücksichtnahme erleben (vgl. Abbildung 12). Die meisten, nämlich 100 bzw. 63,7%, gaben auch an, daß die Beamten sich bemühen, ihren Namen richtig auszusprechen.

Abbildung 12: FEDA 48

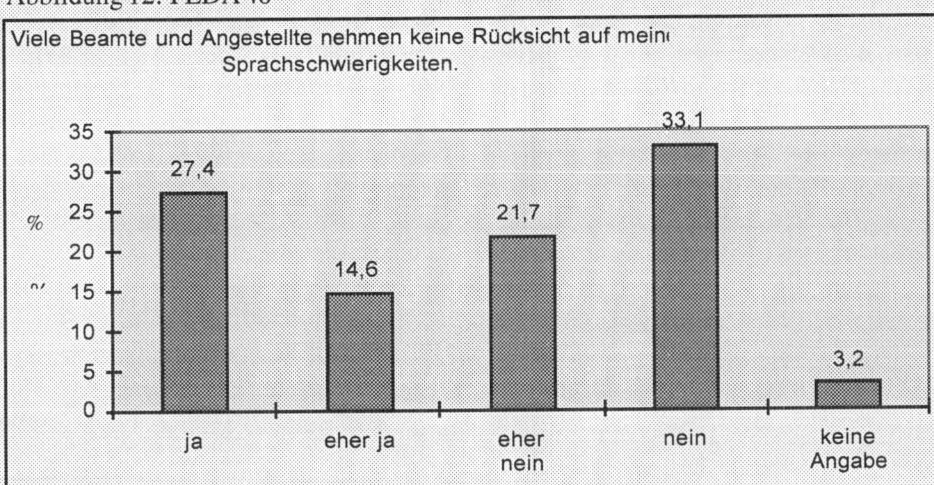

Abbildung 13: FEDA 50

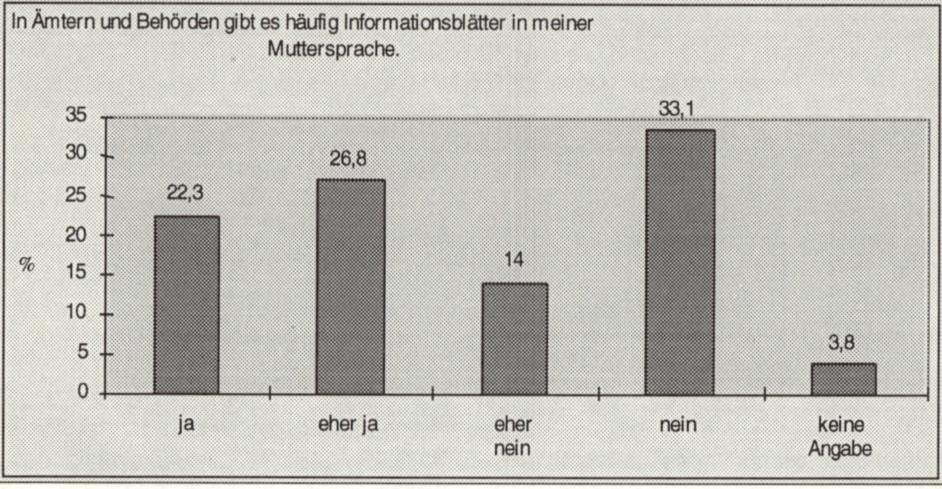

Abgesehen vom individuellen Bemühen der Beamten, mit Sprachschwierigkeiten ihrer Klientel kooperativ umzugehen, wäre auch die Verwendung von Minderheitensprachen auf Ämtern und Behörden ein Teil antidiskriminatorischer Politik. Hier gaben 77 der Befragten (49,1%) an, daß es auf Behörden häufig Informationsblätter in ihrer Sprache gibt, 74 bzw. 47,1% verneinten dies (vgl. Abbildung 13). Nur 20 Personen (12,7%) gaben dagegen an, häufig auf Beamte oder Angestellte zu treffen, die ihre Sprache sprächen, während 131 bzw. 83,5% dies verneinten.

Während das richtige Aussprechen eines fremden Namens ein Teilaspekt höflichen Verhaltens ist, fragten Items 53 und 54 nach höflichem Verhalten seitens der Beamten im allgemeinen. Auf die Vorgabe "Auf Ämtern und Behörden werde ich als Mensch zweiter Klasse behandelt" reagierten 55 Befragte (35,0%) mit "ja" oder "eher ja", 96 bzw. 61,3% dagegen mit "nein" oder "eher nein" (vgl. Abbildung 14). 51 Befragte (32,5%) gaben an, daß Beamte und Angestellte oft unhöflich zu ihnen seien, während 99 bzw. 63,1% dies verneinten.

Abbildung 14: FEDA 53

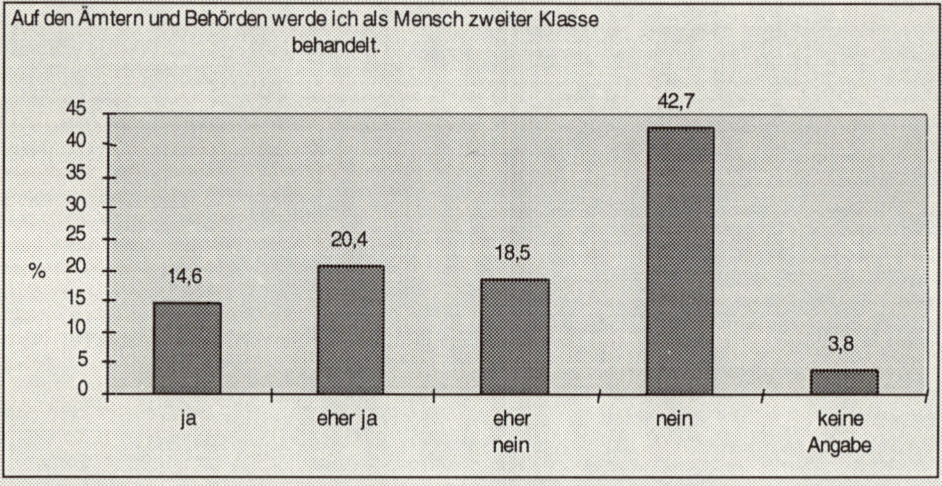

Abbildung 15: FEDA 49

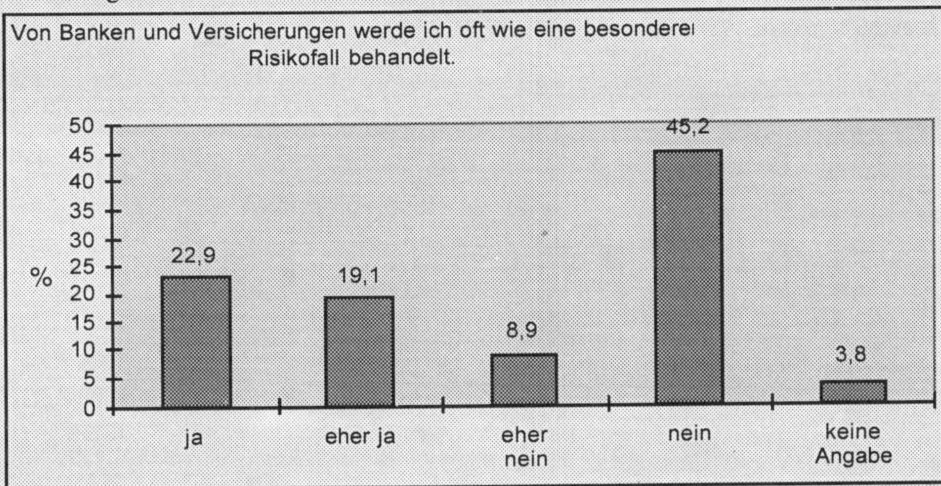

Abbildung 16: FEDA 55

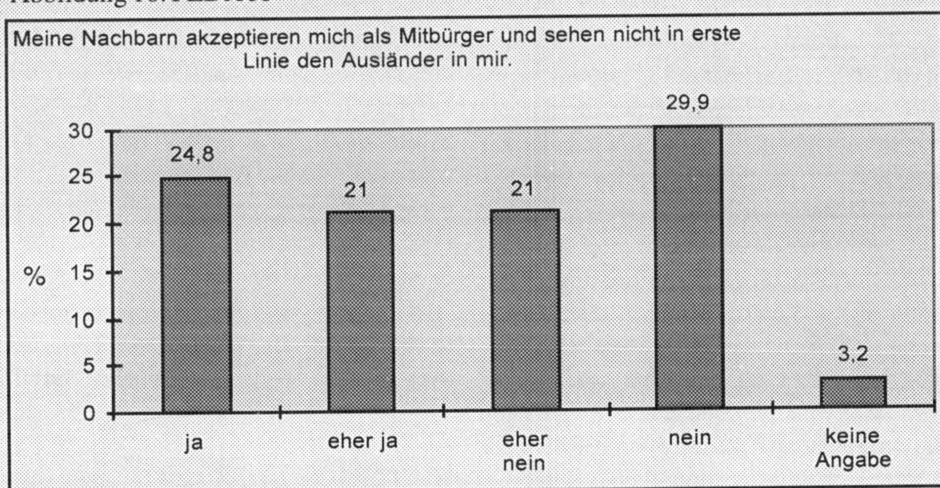

66 Personen, d.h. 42,0% der Befragten, werden durch Banken und Versicherungen diskriminiert, indem sie als besonderer Risikofall behandelt werden. 85 dagegen (54.1%) machten dazu eine negative Angabe (vgl. Abbildung 15).

In der Subskala "Nachbarn" berichteten 80 Befragte (50,9%) von mangelnder Akzeptanz seitens ihrer Nachbarn, während 72 (45,8%) sich als Mitbürger akzeptiert fühlen (vgl. Abbildung 16). 89 Befragte (56,7%) fühlen sich von ihren Nachbarn gemieden, 64 (40,7%) dagegen nicht (vgl. Abbildung 17). 53 Personen (33,7%) empfinden ihre Nachbarn als unhöflich, 100 (63,7%) dagegen nicht.

Abbildung 17: FEDA 56

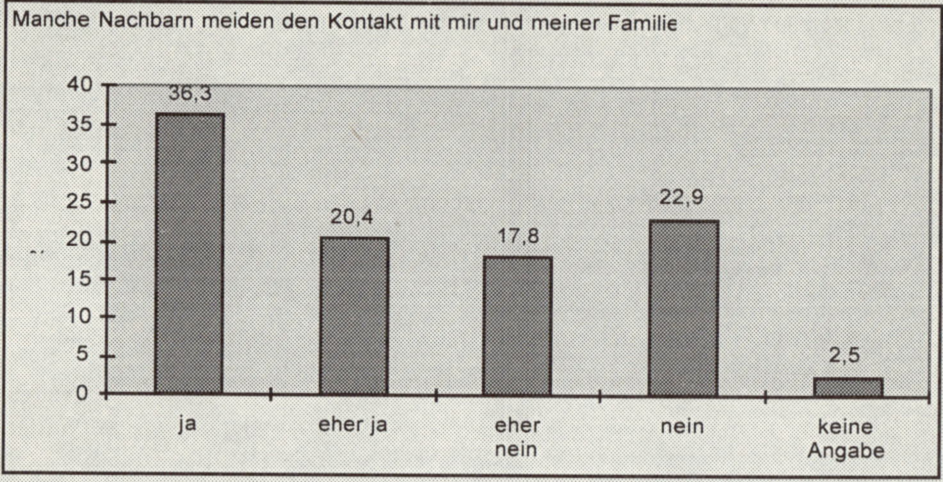

Auswertung des GBB

Der GBB wurde nach der Auswertungsinstruktion von Brähler u. Scheer 1983 ausgewertet. Es wurden erst die einzelnen Beschwerden d.h. Erschöpfungsneigung, Magenbeschwerden, Gliederschmerzen und Herzbeschwerden ausgewertet. Danach wurden sie summiert, um den Beschwerdedruck festzustellen.

Besonders auffällig ist, daß die Beschwerdewerte der ausländischen Industriearbeiter bei fast allen Beschwerden wesentlich höher liegen als die der Eichstichprobe (vgl. Tabelle 9). Bei der Eichstichprobe handelt es sich um eine repräsentative Erhebung von 1601 Personen im Alter zwischen 18 und 60 Jahren, die 1975 durchgeführt wurde (vgl. Brähler u. Scheer, 1995, S. 13). Lediglich bei den Herzbeschwerden zeigt sich, daß die Werte unserer Probanden unter denen der Probanden in der Eichstichprobe lagen.

Bemerkenswert ist weiterhin, daß die Probanden dazu tendieren, ihre Beschwerden eher auf körperliche als auf seelische Ursachen zurückzuführen (vgl. Tabelle 10). Während nur 43 Befragte (27,4%) ihre Beschwerden als nicht körperlich bedingt sehen, halten 73 (46,5%) sie für nicht seelisch bedingt. Umgekehrt denken 41 Personen (27,0%), daß ihre Beschwerden "stark" oder "erheblich" körperlich bedingt sind, aber nur 20 Personen (12,7%), daß sie stark" oder "erheblich" seelisch bedingt sind.

Korrelative Ergebnisse

Um die Zusammenhänge zwischen Diskriminierung und gesundheitlichen Beschwerden

Tabelle 9: Beschwerden der Eichstichprobe* und der Probanden im Vergleich

Skala	Eichstichprobe m	Eichstichprobe s	ausländische Industriearbeiter m	ausländische Industriearbeiter s
Erschöpfung	4.61	4.43	5.46	5.06
Magenbeschwerden	2.69	3.27	3.18	3.79
Gliederbeschwerden	5.40	4.83	7.80	5.99
Herzbeschwerden	2.97	3.58	2.26	3.03
Beschwerdedruck	15.66	13.25	18.83	15.22

m= Mittelwert; s= Standardabweichung * vgl. Brähler, Scheer 1995, S. 18

Tabelle 10: Vergleich der Items 58 und 59 des GBB

	körperlich		seelisch	
	f	Prozent	f	Prozent
00[1] "nicht"	15	9.6	38	24.2
0 "nicht"	28	17.8	35	22.3
1 "kaum"	36	22.9	37	23.6
2 "einigermaßen"	37	23.6	27	17.2
3 "erheblich"	30	19.1	17	10.8
4 "stark"	11	7.9	3	1.9
Summe:	157	100	157	100

* 00[1] Gruppe derjenigen, die den Item nicht beantworten und nach Brähler u. Scheer (1995), S. 23 als „nicht" (d.h. 0) zu bewerten sind. f = Häufigkeit

Tabelle 11: Korrelation zwischen Generalfaktor des FEDA und den Skalen des GBB

	Erschöpfung	Magen-beschwerden	Glieder-beschwerden	Herz-beschwerden	Beschwerde-druck
Diskriminierung	-.22*	-	-.22*	-.18*	-.20*

*=p<.05

festzustellen, wurde erst die Diskriminierung*, d.h. die Items des Generalfaktors mit den Subbeschwerden des GBB korreliert**. Folgende Ergebnisse konnten festgestellt werden:

Wie aus Tabelle 11 ersichtlich ist, erreichen Gliederbeschwerden und Erschöpfung mit r=-.22 die höchste Korrelation, gefolgt von Herzbeschwerden (r=-.18). Als nicht signifikant auf 5%-Niveau zeigen sich die Magenbeschwerden (r=-.09). Der Beschwerdedruck, der die Summe aller Beschwerden darstellt, ist mit r=-.20 signifikant auf 5%-Niveau.

Nicht nur die Subskalen des GBB, sondern auch die gesamten Items wurden mit dem FEDA korreliert, da viele dieser Items in der Auswertung des GBB nicht benutzt werden. Folgende Items zeigten signifikante Zusammenhänge mit dem FEDA (vgl. Tabelle 12): Mattigkeit (r=-.30), geschlechtliche Übererregbarkeit (r=-.29) und Schweregefühl oder Müdigkeit in den Beinen (r=-.29) waren die drei Beschwerden mit den höchsten Korrelationen. Signifikante Korrelationen zeigten sich auch für Schluckbeschwerden, Sehstörungen, Kreuz- oder Rückenschmerzen, Sprachstörungen, Gelenk- und Gliederschmerzen und Durchfälle. Die niedrigsten Korrelationen bestehen zwischen Diskriminierung und den folgenden Beschwerden: Ohnmachtsanfälle (r=-.18), Halsschmerzen (r=-.18), Verkrampfung im Arm beim Schreiben (r=-.18), Heißhunger (r=-.17) und Müdigkeit (r=-.17).

Die Ergebnisse des GBB, mit dem das gesundheitliche Befinden, der Probanden gemessen wurde, zeigen einen vergleichsweise schlechten Gesundheitszustand der ausländischen Industriearbeitnehmer. Der Vergleich zwischen den Beschwerden unserer Probanden mit denen der Eichstichprobe (Brähler u. Scheer 1995) zeigt für unsere Untersuchungsgruppe wesentliche schlechtere Daten. Es ergeben sich insbesondere höhere Werte bei Erschöpfungsbeschwerden, Magenbeschwerden und Gliederbeschwerden, wo sich für unsere Gruppe ein Mittelwert von 7.80 gegenüber 5.40 der Eichstichprobe ergibt (s.o.). Eine Ausnahme von dieser allgemeinen Tendenz zeigte sich lediglich bei den Herzbeschwerden. Der Mittelwert des allgemeinen Be-

* Da die Beantwortungsskala von 1-4, d.h. von „ja" bis „nein", ging, hat die Diskiminierung einen umgekehrten Wert, d.h. je höher die Werte, umso weniger fühlen sich die Probanden diskriminiert. Aus diesem Grunde sind die Korrelationen negativ.

** Einseitige Pearson Korrelation

Tabelle 12: Korrelation der GBB-Items mit dem FEDA

	GBB-Items	Korrelationen mit FEDA
1.	Mattigkeit	-.30**
2.	Geschlechtliche Übererregbarkeit	-.29**
3.	Schweregefühl oder Müdigkeit in den Beinen	-.29**
4.	Schluckbeschwerden	-.28**
5.	Sehstörungen	-.27**
6.	Kreuz- oder Rückenschmerzen	-.26**
7.	Sprachstörungen	-.25**
8.	Gelenk- und Gliederschmerzen	-.25**
9.	Durchfälle	-.25**
10.	Drang zum Wasserlassen	-.24**
11.	Kloßgefühl, Engigkeit oder Würgen im Hals	-.21*
12.	Zittern	-.21*
13.	Anfallsweise Atemnot	-.21*
14.	Starkes Schwitzen	-.20*
15.	Appetitlosigkeit	-.20*
16.	Schwächegefühl	-.20*
17.	Nacken- oder Schulterschmerzen	-.20*
18.	Herzklopfen, Herzjagen und Herzstolpern	-.19*
19.	Ohnmachtsanfälle	-.18*
20.	Halsschmerzen	-.18*
21.	Verkrampfung im Arm beim Schreiben	-.18*
22.	Heißhunger	-.17*
23.	Müdigkeit	-.17*

*=p<.05, **=p<.01 Einseitige Pearsonkorrelation

schwerdedrucks der Probanden liegt mit 18.83 also auch über den 15.66 der Eichstichprobe.

Bemerkenswert ist auch, daß unsere türkischen Probanden dazu tendieren, ihre Beschwerden eher auf körperliche als auf seelische Ursachen zurückzuführen (vgl. Tabelle 10). Leider liegen zu diesen Items (58 und 59 des GBB) keine Vergleichsdaten mit deutschen Arbeitnehmern vor, so daß keine Aussage darüber möglich ist, ob türkische Industriearbeitnehmer ihre gesundheitlichen Probleme auf andere Faktoren zurückführen als ihre deutschen Kollegen. In jedem Fall wäre es aber wünschenswert, daß sich türkische Patienten mit ihren Krankheiten an türkischsprachige Ärzte, Heilpraktiker und Apotheker wenden könnten. Nach den derzeit gültigen Approbationsordnungen für diese Berufsgruppen ist dies allerdings nur in Ausnahmefällen möglich, da in der Bundesrepublik Deutschland nur Deutsche, EU-Ausländer und heimatlose Ausländer ärztliche Praxen oder Apotheken eröffnen oder als Heilpraktiker arbeiten dürfen (vgl. o. V. 1995, S. 13).

Diskussion und Schlußfolgerung

Die Korrelationen zwischen Diskriminierung und den gesundheitlichen Beschwerden zeigen einen signifikanten Zusammenhang zwischen diesen beiden Faktoren. Obwohl die Korrelationen nicht sehr hoch ausfallen, läßt sich ein solcher Zusammenhang nicht leugnen. Es wäre allerdings zu einfach, wenn sich der gesundheitliche Zustand nur mit der am Arbeitsplatz erlebten Diskriminierung erklären ließe. Die einzigen Gesundheitsbeschwerden, die keinen Zusammenhang mit der erlebten Diskriminierung erkennen lassen, sind die Magenbeschwerden. Deutliche

Zusammenhänge zeigen sich dagegen bei den Glieder- und Erschöpfungsbeschwerden. Dies bestätigt auch die Untersuchung von Räthzel u. Sarica 1994, die feststellten, daß Ausländern gerne die schlechteren Arbeitsplätze, auf denen größere körperliche Anstrengungen zu vollbringen sind, zugeteilt werden. Diese Erfahrung wurde auch von unseren Probanden bestätigt: 56% der Befragten sind beispielsweise der Meinung, daß schwere und gefährliche Arbeiten im Betrieb immer auf die Ausländer geschoben werden. Bei der Betrachtung der GBB-Items, die einen signifikanten Zusammenhang mit dem Generalfaktor des FEDA aufweisen, ist auch ersichtlich, daß die Gelenkbeschwerden überrepräsentiert sind (vgl. Tabelle 12).

Diese Untersuchung beweist, wie wichtig die betriebliche Integration und Akzeptanz von türkischen Industriearbeitnehmern ist. Kleine abfällige Bemerkungen, Witze, ungerechte Behandlung und Arbeitsverteilung können die Ursachen für viele Probleme sein, die das Arbeitsklima belasten und zu gesundheitlichen und emotionalen Mißständen führen. Nach Angaben des Verbandes der Metallindustrie Ulm liegt die Krankenquote (d.h. die Anzahl der gesamten krankheitsbedingten Fehltage an den gesamten Arbeitsstunden) der Ausländer in den Betrieben des Verbandes mit 7.5% über dem Stand aller Arbeiter mit 7,0% (vgl. Schneider 1995). Der Grund, den der Vorsitzende des Verbandes der Metallindustrie Ulm, Herr Kirchner, in diesem Zusammenhang nennt, ist die fehlende gesellschaftliche Kontrolle in den Großbetrieben, die zu Heimaturlaub auf Krankenschein führe (vgl. Schneider 1995). Unsere Ergebnisse deuten darauf hin, daß die Ursachen tatsächlich an anderer Stelle zu suchen sind. Solange Ausländer diskriminierendes und pauschalisierendes Verhalten seitens der Arbeitgeber, der deutschen Kollegen, der Behörden und der Gesellschaft allgemein erleben, sollte man sich nicht über einen höheren Krankenstand wundern. In diesem Zusammenhang ist auch nochmals zu betonen, daß überraschend viele Befragte sagen, daß ihnen die schweren und unangenehmen, also auch die krankmachenden, Arbeiten zugeschoben werden.

Die Ergebnisse unserer Arbeit sind somit aus verschiedenen Gründen beachtenswert. Sie machen den Mediziner darauf aufmerksam, welche Gründe und Ursachen die Beschwerden türkischer Patienten haben können. Aus wirtschaftlicher Sicht zeigen unsere Ergebnisse denjenigen, die den überdurchschnittlichen Absentismus der Ausländer beklagen, wo mögliche Gründe dafür sein könnten. Gesellschaftlich machen diese Ergebnisse auf notwendige Veränderungen aufmerksam, insbesondere auf die Schaffung einer toleranten Atmosphäre zwischen ethnischer Mehrheit und Minderheit, und sie deuten darauf hin, daß die Verbesserung der Situation der ausländischen Arbeitnehmer allen Vorteile bringen kann.

Literatur

ABB = Neuberger, O. (1983): Der Arbeitsbeschreibungsbogen. Seine Anwendung in der Praxis. Bratt-Institut für neues Lernen. Goch.

Bericht der Ausländerbeauftragten der Bundesregierung 1993. März 1994.

Binder, J., M. Simoes (1978): Sozialpsychiatrie der Gastarbeiter. In: Fortschritte der Neurologie, Psychiatrie und ihre Grenzgebiete 46. Stuttgart (Thieme), S. 342-359.

Brähler, E., J. W. Scheer (1995): Der Gießener Beschwerdebogen (GBB). Handbuch. Hans Huber: Bern, Göttingen (2. Aufl., 1995).

GBB = Brähler, E., J. W. Scheer (1983): Der Gießener Beschwerdebogen (GBB). Handbuch. Bern, Göttingen (Hans Huber).

Hoffmann, L., H. Even (1983): Die Belastungsgrenze ist überschritten. Entwurf einer Theorie der Ausländerfeindlichkeit." Materialien des Zentrums für Wissenschaft und berufliche Praxis 15.

Luchtenberg, S. (1984): Gedanken zur Ausländerfeindlichkeit, Unsere Jugend 36 (5) (1984), S. 207-210.

o.V. (1995): Benachteiligung von Ausländerinnen und Ausländern in der Bundesrepublik Deutschland. In: Materialheft "Miteinander für Gerechtigkeit" hrsg vom Ökumenischen Vorbereitungsausschuß zur Woche der ausländischen Mitbürger. Frankfurt/M., S. 12-15.

Ohnacker, K., D. Scherer, Y. Wöll (1985): Krank im fremden Land. (Express Edition).

Räthzel, N., Ü. Sarica (1994): Migration und Diskriminierung in der Arbeit: Das Beispiel Hamburg. Hamburg, Berlin (Argument-Verlag).

Red, G (1982): Eine unheimliche Wirklichkeit: Lebensbelastungen von italienischen Gastarbeitern in der Schweiz. psychosozial 16 (1982), 5. Jg., S. 112-124.

Reeg, P (1984): Vor 20 Jahren. Bundesdeutsche Anwerbepraxis ausländischer Arbeitskräfte. In: Kentenich, H., P. Reeg u. K.-H. Wehkamp: Zwischen zwei Kulturen: Was macht Ausländer krank. Berlin (Verlagsgesellschaft Gesundheit) S. 155-163.

Schneider, H (1995): Ausländer in Großfirmen besonders oft krank. Südwestpresse (23.08.1995).

Sozialpolitische Umschau. Presse- und Informationsdienst der Bundesregierung Nr. 540 Bonn (07.12.1992).

Turner, J. C., M. A. Hogg, P. J. Oakes, S. D. Reicher, M. Wetherell (1987): Rediscovering the social group. A self-categorization theory. Oxford (Blackwell).

Ziegler, G., B. S. Hock (1982): Ein Leben zwischen Anpassung und Isolation - Aspekte von psychischen Erkrankungen bei Gastarbeitern. psychosozial: In deutscher Fremde 16 (1982), 5. Jg., S. 92.

Nasser Vahedi
Böblinger Str. 28/5
98077 Ulm

Aus Forschung und Praxis

Aus der Kinderstube des Herrenmenschen

Über zwei deutsche Erziehungsbücher*

Sigrid Chamberlain

Einleitung

„Er (der Staat, d.V.) hat seine Erziehungsarbeit so einzuteilen, daß die jungen Körper schon in ihrer frühesten Kindheit zweckentsprechend behandelt werden und die notwendige Stählung für das spätere Leben erhalten... Diese Pflege- und Erziehungsarbeit hat schon einzusetzen bei der jungen Mutter. So wie es möglich wurde, im Laufe einer jahrzehntelangen sorgfältigen Arbeit infektionsfreie Reinlichkeit bei der Geburt zu erzielen und das Kindbettfieber auf wenige Fälle zu beschränken, so muß und wird es möglich sein, durch gründliche Ausbildung der Schwestern und der Mütter selber schon in den ersten Jahren des Kindes eine Behandlung herbeizuführen, die zur vorzüglichen Grundlage für die spätere Entwicklung dient." (Hitler 1938, S. 453f)

Dieses Zitat aus „Mein Kampf" wirft eine bisher weitgehend vernachlässigte Frage auf: nämlich die, ob es im Dritten Reich eine Erziehung des kleinen Kindes, ja sogar des Babys gegeben hat, die eine nationalsozialistische genannt werden kann.

Immer noch gilt im Rückblick vielen die Familie als eine dem NS-System entrückte Insel des Privaten, als eine letzte Zuflucht vor dem Zugriff des Systems. Mindestens jedenfalls bis zu dem Zeitpunkt, an dem der Staat von außen eingriff durch Schule und vor allem durch die Zwangsmitgliedschaft in der Hitlerjugend. Gegen diese Eingriffe habe man sich, soweit das möglich war, durch eine Art innerer Emigration abgeschottet, wobei das Böse als System Zugang in die Familien vor allem in Form fanatisierter Kinder gefunden habe.

Es könnte sich hier um eine liebgewordene, sorgsam gehütete Legende, einen Mythos, handeln. Dabei wird nämlich verdrängt, wie wenig Hitler ein einzelner war; wie sehr der Nationalsozialismus in all seinen Facetten der Befindlichkeit vieler Menschen entsprach und wie sehr er gerade deshalb auch wieder hineinwirken konnte in alle Bereiche des Lebens – des öffentlichen wie des privaten.

Soweit Erziehung des Babys und des Kleinkindes im Dritten Reich bisher überhaupt ins Blickfeld geriet, geschah das meist im Rahmen einer psychoanalytischen Betrachtungsweise. Das bedeutet, daß gefragt wurde nach Reinlichkeitswahn; analem Drill;

* Es handelt sich hierbei um die beiden Bücher von Johanna Haarer „Die deutsche Mutter und ihr erstes Kind" sowie „Unsere kleinen Kinder".

der Diffamierung und Verdrängung von Gefühlen; dem Mißbrauch der Schwäche und des Ausgeliefertseins des kleinen Kindes und dessen Nötigung, sich mit dem Mächtigen, dem Aggressor zu identifizieren; der „Lösung" des ödipalen Konfliktes durch das Sich-Fügen in die gegebenen autoritären Strukturen mit der Folge des Entstehens eines wiederum autoritären Charakters usw. usf.

In dem so abgesteckten Rahmen bleibt zum Beispiel Ute Benz, die sich in zwei Aufsätzen – „Brutstätten der Nation", (Benz 1988) und „Frühe Kindheit im Nationalsozialismus", (Benz 1991) – mit der frühen Kindheit im Dritten Reich befaßt. Zum Ausgangspunkt ihrer Untersuchungen macht sie, so wie ich es hier auch tue, die Schriften von Frau Dr. med. Johanna Haarer.

Auch Christiane Bassyouni (1990) geht nicht über psychoanalytisch orientierte Erklärungsversuche hinaus. In ihrem Buch „Macht oder Mündigkeit" wird eine zutiefst autoritäre Erziehung beschrieben, die – zu Unrecht, wie ich meine – gleichgesetzt wird mit einer nationalsozialistischen, und es wird nach den Folgen für den einzelnen und im politischen Leben gefragt.

Es geht bei den genannten Erklärungsversuchen letzten Endes immer um Autonomie bzw. ihre Verhinderung oder Zerstörung im Rahmen einer autoritären, disziplinierenden oder auch „patriarchalischen" Erziehung.

Nun sind eine nationalsozialistische und eine autoritäre Erziehung nicht dasselbe. Zwar ist eine nationalsozialistische Erziehung ohne Zerstörung von Autonomie nicht denkbar, aber nicht jede Erziehung, die Autonomie verhindert, ist deshalb eine nationalsozialistische. Zu einer solchen gehört neben der Bekämpfung des Autonomiestrebens des Kindes auch die Zerstörung seiner Bindungsfähigkeit. Im vorliegenden Aufsatz möchte ich anhand von zwei Büchern der bereits erwähnten Johanna Haarer diesen Aspekt näher beleuchten. Ich halte ihn für entscheidend, und er ist bisher weitgehend unbeachtet geblieben.

Neu scheint auch der Gedanke, daß es sinnvoll sein könnte, frühkindliche nationalsozialistische Sozialisation vor dem Hintergrund bisheriger Ergebnisse von Säuglingsforschung und Bindungstheorien zu analysieren. Dies liegt aber sicher nicht daran, daß die Säuglingsforschung noch so neu sei. Immerhin erschien beispielsweise das Buch „Mutter-Kind-Bindung" von Marshall H. Klaus und John H. Kennell bereits im Jahr 1983 in deutscher Übersetzung, die amerikanische Ausgabe gibt es seit 1976.

Möglicherweise haben wir hier einen Hinweis auf einen blind spot: Die aus einer frühkindlichen NS-Erziehung herrührenden Bindungs- und Beziehungsstörungen könnten in Deutschland so weit verbreitet sein, daß eine „wissenschaftliche" Befassung mit diesem Thema immer noch zu schmerzhaft scheint, ein genaues Hinsehen immer noch zu viel Angst macht. Wie es ja überhaupt interessant ist, daß Säuglings- und Bindungsforschung in Deutschland insgesamt erst spät und langsam rezipiert wurden.

Die Tatsache, daß ein nationalsozialistischer Umgang mit dem Baby und kleinen Kind zu einer systematischen Zerstörung von Bindung vom Beginn des Lebens an führt, wurde, wie gesagt, bisher fast gänzlich übersehen.

Jürgen Müller-Hohagen (1994) und Paul Parin (1990) stellen allerdings die Frage nach der Fähigkeit des nationalsozialistischen Charakters, anderen Menschen verbunden zu sein. Parin vermutet, daß die Beziehungserfahrungen des deutschen Kindes andere, negativere, gewesen seien als die des italienischen. Er begründet seine Vermutung mit dem von ihm festgestellten offeneren kollektiven Umgang der Italiener mit ihrer faschistischen als der Deutschen mit ihrer NS-Vergangenheit. Umgekehrt zählt Eva Fogelmann (1995) zu den Eigenschaften, durch die sich sogenannte Retterinnen und Retter von Juden unter dem Nationalsozialismus von Mittätern und Mitläufern unterschieden, ihre Fähigkeit, Bindungen einzugehen.

In der Tat ist seine Bindungslosigkeit die Basis für die Heranzüchtung des an kein Gewissen, keine Werte und Moral, des an keinen Menschen wirklich gebundenen und somit durch keinerlei Rücksichtnahme „behinderten", des für jedes Ziel einsetzbaren „Typus". Nationalsozialistische Pädagogen sprachen gerne von „Typenzucht". Der Begriff „Typus" im hier gemeinten Sinn – der Typus ist genormt, standardisiert und auswechselbar – geht auf Ernst Krieck zurück, einen ehemaligen Volksschullehrer und frühen Nationalsozialisten, der 1933 sofort Professor in Frankfurt und 1934 in Heidelberg wurde (vgl. Gamm 1989, S. 95).

Die „Zucht des Typus" wurde als notwendige Korrektur der Fehler der gerade vergangenen, sogenannten Ichzeit begriffen (ebd., S. 114).

Um eine Vorstellung davon zu bekommen, was sich in dieser Hinsicht in manchen Familien abgespielt hat, lohnt es, sich die Bücher „Die deutsche Mutter und ihr erstes Kind" sowie „Unsere kleinen Kinder" der bereits erwähnten Johanna Haarer anzusehen. Es handelt sich hier um zwei während des sogenannten Dritten Reiches (und in „gereinigter Form" noch lange Zeit danach!) weit verbreitete und sehr einflußreiche Erziehungsratgeber. Kommt man – was mir inzwischen häufig passiert – mit Menschen meines Alters (Jahrgang 1941 plus/minus 10 Jahre) ins Gespräch über die Erziehungspraktiken in ihrer Herkunftsfamilie, so fällt sehr häufig der Name Haarer. Vor allem der Titel „Die deutsche Mutter und ihr erstes Kind" ist vielen ein Begriff.

Haarers Bücher galten als praktisch. Sie waren aber auch politische Propagandaschriften. Und es wurde in ihnen eine „Pädagogik" vertreten, die ausdrücklich auf das nationalsozialistische System hin erziehen sollte. Haarer betont das mehrfach, und sie sagt auch, daß schon beim ganz kleinen Kind die Gewohnheiten ausgebildet werden müßten, die „später der Schule und anderen Erziehungseinrichtungen bis hinauf zum Arbeitsdienst, ja zum Heer die Erziehungsarbeit in ungeahntem Maß erleichtern werden" (Haarer 1940b, S. 182).

Keine Mutter mußte ihr kleines Kind vorbereiten auf „andere" NS-Erziehungseinrichtungen, dennoch taten es wohl viele, denn Haarers Bücher erreichten hohe Auflagen. Das bedeutet, daß sehr viele Menschen, die im Dritten Reich und auch noch in den Jahren danach geboren wurden, mit frühen, faschistischen Prägungen ins Leben entlassen wurden, ohne sich dessen auch nur im entferntesten bewußt zu sein.

Deutlich sichtbar wird die Tatsache, wes Geistes Kind Frau Haarer ist, wenn sie „die riesenhafte Gefahr des Volkstodes" (Haarer 1940a, S. 8) beschwört und darauf hinweist, daß auf die Frauen „als unaufschiebbar dringlichste die eine uralte und ewig neue Pflicht (warte): Der Familie, dem Volk, der Rasse Kinder zu schenken" (ebd., S. 9).

Sie fordert mit Nachdruck die Familie mit mindestens vier Kindern, plädiert für die nach völkischen Gesichtspunkten vorgenommene „richtige Gattenwahl" (ebd., S. 7), lobt die Nürnberger Gesetze in höchsten Tönen und sagt mit brutaler Deutlichkeit, daß nicht jedes Kind erwünscht sei: „Das nationalsozialistische Reich will junges Leben erhalten und fördern mit allen Mitteln – aber nicht wahllos und gleichmacherisch, sondern möglichst unter Auslese des Wertvollen und Gesunden" (ebd., S. 30).

Das Mutterwerden wird gleichgesetzt mit dem Verteidigen von Volk und Vaterland durch den Mann. Von den Frauen wird im Zusammenhang mit dem Kinderkriegen „heldische Lebensauffassung" gefordert.

Kampf dem Neugeborenen

Zweifel gibt es nicht. In keinerlei Hinsicht! Ambivalente Gefühle während der Schwangerschaft dürfen nicht sein. Sie werden geleugnet, zugedeckt, totgeredet. In dem hier zur Rede stehenden Zusammenhang hat das aber eine Bedeutung: Säuglingsforscher haben herausgefunden, daß zugelassene ambivalente Gefühle während der Schwangerschaft eine positive Funktion haben. Sie sind eine wichtige Hilfe bei der inneren Reorganisierung der Frau im Hinblick auf ihre neue Rolle. Sie helfen dabei, die spätere Fähigkeit der Mutter vorzubereiten, sich an ihr Kind zu binden sowie ihm eine individualisierte Umgebung zu schaffen. Genau dieses beides aber war für das nationalsozialistisch erzogene Kind nicht gewollt. Haarers Bücher sind voll von Anweisungen, die eine Mutter-Kind-Bindung erschweren, oder, bei konsequenter Befolgung, diese sogar verhindern. Und folgerichtig wird auch keine „individualisierte Umgebung" für das Kind angestrebt.

Das gesunde Neugeborene soll unmittelbar nach der Geburt von der Mutter getrennt werden und – nachdem es gebadet, angezogen und medizinisch versorgt wurde – die nächsten 24 Stunden nach Möglichkeit allein in einem Raum verbringen. Erst dann soll es der Mutter zum ersten Mal zum Stillen „gereicht" werden. Angeblich werden der Mutter und dem Baby auf diese Weise gesundheitliche Risiken erspart und „vor allem hat die Trennung von Mutter und Kind für letzteres außerordentliche erzieherische Vorteile. Daß die Erziehung des Kindes unmittelbar nach der Geburt zu beginnen hat, darüber werden wir später noch ausführlicher reden" (Haarer 1940a, S. 109). In der Tat, darüber wird noch geredet, und zwar nicht nur ausführlich, sondern vor allem mit einer erschreckenden Kälte. Das Weinen des Babys wird ausschließlich als Schreien oder Geschrei bezeichnet. Die Mutter soll „hart" und „unerbittlich" bleiben, nicht „sündigen" aus einem „Übermaß an Liebe oder Unverstand" heraus. Sich mit dem Baby zu befassen ist „sinnlos" oder auch „lästig". Das Kind soll etwas „begreifen", „still" sein. Die Mutter braucht „Strenge", „Beharrlichkeit" und „Willenskraft". „Das Kind wird gefüttert, gebadet und trockengelegt, im übrigen aber vollkommen in Ruhe gelassen" (ebd., S. 168).

Ein neugeborenes Baby befindet sich für ca. 50 bis 60 Minuten nach der Geburt in dem Zustand der sogenannten ruhigen Aufmerksamkeit. Das heißt, daß es hellwach ist, die Augen weit geöffnet hat, sehen und auch hören kann, seine Umgebung wahrnimmt und auf diese reagiert. Anschließend schläft es drei bis vier Stunden lang tief. Die Stunde nach der Geburt ist also der ideale Zeitpunkt für den wichtigen ersten Kontakt des Babys mit seiner Umwelt.

Für das Entstehen der Mutter-Kind-Bindung sind wiederum die 30 auf die Geburt folgenden Minuten von entscheidender Bedeutung. Säuglingsforscher sprechen hier von der sensiblen Phase. Offenbar sind sowohl die Mutter als auch das Baby mit einem angeborenen, einem natürlichen Programm ausgestattet, das es ihnen ermöglicht, sich optimal aufeinander einzustellen. Das heißt, daß die Mutter auf das Kind und dieses auf die Mutter geprägt wird, dies geschieht am leichtesten unmittelbar nach der Geburt (z.B. Klaus, Kennell 1987, S. 101ff).

Die meisten Säugetiere, die nicht gleich nach der Geburt geleckt werden, sterben. Auch für das Menschenbaby sind Gestreicheltwerden und Kontakt von Haut zu Haut wichtig. Nach derzeitigem Wissen wird durch das Streicheln das gesamte Nervensystem des Babys stimuliert, und wichtige Körperfunktionen – zum Beispiel die selbsttätige Atmung sowie der Saugreflex – werden angeregt.

Etwa zwanzig Minuten nach der Geburt ist auch der angeborene Saugreflex des Babys am stärksten, später angelegt, wird es möglicherweise Schwierigkeiten mit dem Saugen haben.

Bei dem frühen Kontakt zwischen Mutter und Neugeborenem geht es aber nicht nur um das zumindest leichtere unmittelbare Überleben sondern auch noch um folgendes: Um die Fähigkeit der Mutter, zukünftig in jeder Beziehung angemessen mit ihrem Kind umzugehen.

Bleibt die sensible Phase aufgrund der Trennung von Mutter und Kind ungenutzt, dann ist der Preis dafür unter Umständen hoch.

Die Säuglingsforscher Klaus und Kennell stellen in ihrem Buch „Mutter-Kind-Bindung" fest: Mütter, die unmittelbar nach der Geburt von ihrem Kind getrennt wurden, reagierten später weniger einfühlsam auf es als Mütter, die mit ihm zusammenblieben. Sie waren ungeschickter bei der Versorgung des Kindes; sie hatten mehr Schwierigkeiten beim Stillen; sie hielten ihr Baby seltener in En-Face-Position (En-Face-Position heißt, das Gesicht des Babys ist etwa auf gleicher Höhe wie das der Mutter, der Abstand beträgt 20–30 cm), sie erschwerten damit den Blickkontakt; beim Tragen hielten diese Mütter ihr Kind vom Körper weg; sie stillten weniger lange; sie reinigten das Kind häufiger und spielten weniger mit ihm als andere Mütter. Sie sprachen liebloser mit dem Kind und häufiger im Befehlston; manche vergaßen gelegentlich, daß sie ein Kind hatten. Sie sind später auch öfter zu Müttern geworden, die ihre Kinder schlugen (vgl. Klaus, Kennell 1987, S. 80ff).

Zwar muß es nicht zwangsläufig zu all dem kommen, die Flexibilität des Menschen ist groß genug, um mögliche Störungen und Defizite dieser ersten Phase auszugleichen, es sind dazu aber besondere Anstrengungen, Investitionen nötig. Vor allem muß das enge Zusammensein von Mutter und Baby sobald wie möglich nachgeholt werden, damit noch eine tragfähige Bindung zwischen ihnen entstehen kann.

Die Chancen dafür, daß das, was in der sensiblen Phase versäumt wurde, nachgeholt werden kann, stehen für das nach Haarer aufgezogene Kind sehr schlecht, denn: „Von vornherein mache sich die ganze Familie zum Grundsatz, sich nie ohne Anlaß mit dem Kinde abzugeben. Das tägliche Bad, das regelmäßige Wickeln und Stillen des Kindes bieten Gelegenheit genug, sich mit ihm zu befassen, ihm Zärtlichkeit und Liebe zu erweisen und mit ihm zu reden" (Haarer 1940a, S. 168).

Die „Anlässe", die es rechtfertigen, sich mit dem Baby zu beschäftigen, sind klar umgrenzt. Wundsein, schmutzige Windeln, Kälte, Hitze, falsch bemessene oder zusammengesetzte Nahrung – das sind Ursachen des „Geschreis", die beseitigt werden dürfen. Weinen ohne für die Mutter erkennbaren oder einsehbaren Grund darf nicht dazu führen, sich mit dem Baby zu beschäftigen. Notfalls darf versucht werden, das „Schreien" mit einem Schnuller zu „bekämpfen". Aber: „Versagt auch der Schnuller, dann liebe Mutter, werde hart! Fange nur ja nicht an, das Kind aus dem Bett herauszunehmen, es zu tragen, zu wiegen, zu fahren oder es auf dem Schoß zu halten, es gar zu stillen. Das Kind begreift unglaublich rasch, daß es nur zu schreien braucht, um eine mitleidige Seele herbeizurufen und Gegenstand solcher Fürsorge zu werden. Nach kurzer Zeit fordert es diese Beschäftigung mit ihm als ein Recht, gibt keine Ruhe mehr, bis es wieder getragen, gewiegt oder gefahren wird – und der kleine aber unerbittliche Haustyrann ist fertig" (ebd., S. 173).

Eines Tyrannen entledigt man sich durch Tyrannenmord. Das Baby ist ja nun noch kein Tyrann, droht aber einer zu werden. Folglich soll es zwar nicht umgebracht werden, Todesangst aber muß es ausstehen. Und Todesangst steht es aus, wenn es von Beginn seines Lebens an Nacht für Nacht und Tag für Tag bis auf die kurzen Momente seiner unbedingt notwendigen Versorgung allein gelassen wird. Und die Zeiten für seine Versorgung sind knapp bemessen, es gibt nach Haarer kein Spielen und „Bummeln" beim Baden, Wickeln, Stillen oder Füttern, kein „unnötiges Einreden" auf das Baby. Vom lästigen oder schädlichen Herumtragen oder auch „unzweckmäßigen Herumschleppen" des Babys, das es zu vermeiden gilt, ist mehrfach die Rede.

Dem Baby, das so behandelt wird, wird vom ersten Tag seines Lebens an Köperkontaktverlustangst zugefügt. Seine Köperkontaktverlustangst aber ist Todesangst (vgl. Renggli 1976, S. 60).

Abgesehen von dem Erlebnis kaum vorstellbarer Angst macht dieses Baby aber auch die Erfahrung, daß die ihm durch sein genetisches Programm zur Verfügung stehenden Überlebenstechniken nicht funktionieren, daß irgend etwas nicht richtig ist. Es wird nicht anders können, als irgendwann sich selbst für nicht richtig zu halten. Bei Haarer liest sich das so: „Nach wenigen Nächten, vielfach schon nach der ersten, hat das Kind begriffen, daß ihm sein Schreien nichts nützt und ist still" (Haarer 1940a, S. 174).

Die Handhabung des Babys als technisches Problem

„Die zahlreichen, scheinbar einfachen Handgriffe, die beim Wickeln des Kindes und bei seiner Säuberung notwendig sind, müssen gelernt und geübt werden... Die Mutter lernt zunächst einmal ihr Kind richtig tragen. Beim Aufnehmen des Kindes fährt man mit der linken Hand unter Nacken und Hinterkopf, mit der rechten unter das Gesäß des Kindes. Dann schiebt man den linken Arm in der Weise unter das Kind, daß schließlich Nacken und Hinterkopf in der linken Ellenbeuge liegen, der linke Unterarm schräg unter den Rücken des Kindes führt und die Hand das Gesäß umfaßt, wo ihr die rechte Hand entgegenkommen

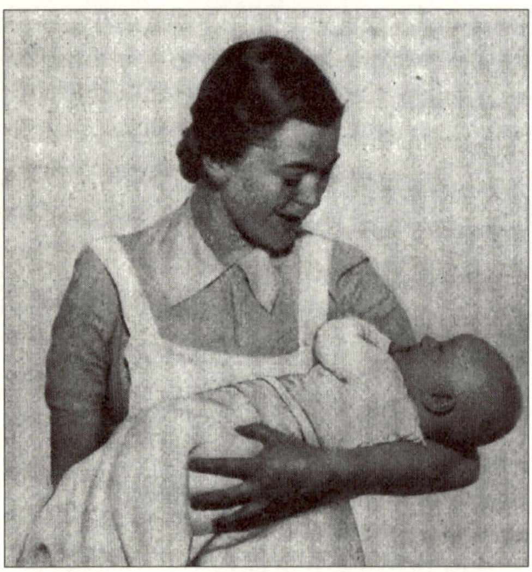

Entnommen aus Haarer (1940a, S. 160): Die deutsche Mutter und ihr erstes Kind

kann..." (Haarer 1940a, S. 159f). Eine solche Anleitung zur „Handhabung" des Kindes ist grotesk und das Ergebnis ist dann auch danach. Die Mutter hält das Kind nämlich waagerecht und von ihrem Körper weg.

Diese Haltung ist aber Ausdruck einer bereits gestörten Beziehung zwischen Mutter und Kind, und sie verstärkt eine vorhandene Störung noch, da das Baby nie ausreichenden Körperkontakt haben darf.

Schaut man sich Kinderfotos von Menschen an, die wissen oder vermuten, daß sie nach Haarer aufgezogen wurden, so fällt bei vielen Bildern ins Auge, daß tatsächlich zwischen dem Körper der Mutter und dem des Kindes wenig Kontakt besteht. Das „richtige" Tragen oder Halten des Säuglings wird auf den Bildern auf Seite 101 demonstriert. Übrigens nehmen sowohl Frauen als auch Männer in der Regel Babys auf genau diese Weise in oder auf den Arm.

Dabei ist der Kontakt der Körpervorderseiten die Art von Körperkontakt, die am besten beruhigt, tröstet, Halt gibt – und über die am sichersten Bindung hergestellt wird. Die meisten Mütter halten ihr Baby denn auch spontan dicht am eigenen Körper und senkrecht, wobei sie, ohne daß sie dazu angeleitet werden müßten, es auch noch auf die linke Seite nehmen. Dem Baby ist der mütterliche Herzschlag vom Mutterleib her vertraut, es läßt sich durch ihn auch nach der Geburt noch beruhigen (vgl. Stern 1991, S. 44).

Es wird hier aber nicht nur wieder einmal Bindung erschwert, sondern es wird auch, indem außen alles diffus bleibt, die innere Konfusion des nationalsozialistisch erzogenen Kindes immer größer: Das Baby kann nämlich sich selbst erst kennenlernen am Körper der Mutter oder des anderen Menschen. Nur hier im unmittelbaren Kontakt mit den Grenzen des anderen Körpers kann es die eigenen Grenzen erfahren und wohltuend spüren, eigene Konturen entwickeln. Das Baby, das das niemals darf, wird nicht zu sich selbst kommen können. Es wird eine unbestimmte Sehnsucht nach etwas, was es nicht kennt, mit ins Leben nehmen und immer anfällig bleiben für das Verschwimmen mit anderen, das Aufgehen in der Masse. Es wird – unter bestimmten Umständen – in dieser Masse und mit ihr scheinbar verbunden zum Teil des „Volkskörpers" werden, der die Möglichkeit des grenzenlosen Sich-Ausdehnens verspricht, der aber auch ständig Angst haben muß vor Auflösung, Verseuchung und Durchrassung, davor, zersetzt, überwuchert, überrollt zu werden. Als Person wird dieses ehemalige Kind kontaktunfähig sein und Berührungen möglicherweise nur noch als überwältigende und zerstörende zulassen und ausführen können.

Der Abschnitt über die „Reinlichkeit" ist der längste im ganzen Buch „Die deutsche Mutter und ihr erstes Kind". Er umfaßt einschließlich Fotos 23 Seiten. Die körperliche und geistige Entwicklung des Säuglings im ersten halben Jahr wird dagegen auf einer halben Seite abgehandelt.

Diese Tatsache ist eine Illustration des Befundes von Klaus und Kennell: Mütter, die keinen Hautkontakt mit ihren Neugeborenen hatten, neigen später dazu, ihr Baby häufiger sauberzumachen als die anderen, die ihr Baby mehr anschauen, es öfter küssen und mit ihm schmusen. Für Haarer ist der Widerspruch zwischen der Tatsache, daß der Säugling „von Natur aus unreinlich" sei und dabei doch in „Reinlichkeit" aufgezogen werden solle, das größte Problem bei der „Aufzucht eines Kindes" (Haarer 1940a, S. 143). Auffallend ist ihre große Angst vor dem sogenannten und angeblich so „berüchtigten Kleinkindergeruch", vor diesem warnt sie unablässig: „Ein gepflegtes Kind riecht nicht!" (ebd., S. 157, vgl. auch Haarer 1940b, S. 46ff).

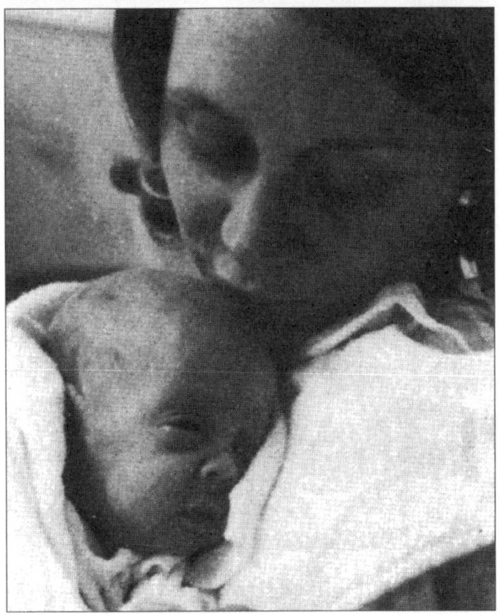

Entnommen aus Klaus und Kennell (1983, S. 107; S. 186): Mutter-Kind-Bindung

Neugeborene erkennen vom fünften oder sechsten Lebenstag an den Geruch ihrer Mutter, und man kann vermuten, daß auch die Mutter auf den Geruch ihres Kindes reagiert, daß also auch der beiderseitige Geruch das gegenseitige Erkennen und Sich-Binden fördert. Es scheint also, daß durch zwanghaftes Reinigen ein weiteres Mal in das Bindungsverhalten von Mutter und Baby eingegriffen wird.

Und auch hier geht es noch einmal um Körpergrenzen und damit um das Gefühl für sich selbst. Theweleit (1987) spricht in seinem Buch „Männerphantasien" im Zusammenhang mit dem zwanghaften Reinigen von den

„spitzen Fingern des Ekels" (ebd., S. 533) auf der Haut des Kindes, durch die es früh lernt, daß sein Körper ekelig ist, daß seine Körpergrenzen etwas sind, was nicht lustvoll zu besetzen ist. Auch diese frühe Erfahrung bereitet seine spätere Manipulierbarkeit, vor allem seine Anfälligkeit für die Panzerung von außen, die Uniformierung, vor.

Theweleit stellt darüberhinaus fest, daß das in die „Trockenlegungsmühle" (ebd., S. 525) geratene Kind möglicherweise noch etwas anderes spürt in der übermächtigen Berührung durch den Erwachsenen als dessen Ekel: nämlich dessen Begehren. „Die Sonderbehandlung, die bestimmte Regionen beim Baden erfahren," (ebd., S. 533) die Sonderbehandlung, die die Ausscheidungen des Babys überhaupt erfahren, läßt vermuten, daß sich hier noch etwas ganz anderes einschleicht. In der Tat, da wo es im ersten Buch Haarers um konkrete Anleitungen zur Körperpflege des Babys geht, läßt die Sprache aufhorchen. In für Haarer völlig untypischer Häufung fallen hier plötzlich Worte wie vorsichtig, sehr zart, behutsam, leicht (abtrocknen), es wird auf die Kleinheit des Babys hingewiesen, indem von Gesichtchen, Händchen und Hälschen die Rede ist. Mehrfach wird betont, daß den „Schenkelbeugen und Geschlechtsteilen" des Kindes die besondere Aufmerksamkeit zu gelten habe. Auffällig ist darüber hinaus eine immer wieder sehr ausführliche Beschäftigung mit den „verschiedenen Beschaffenheiten des Stuhles" und damit, wie man in Zusammenhang mit der „Reinhaltung" des Kindes mit seinen Ausscheidungen umzugehen habe. Es ist dies auch der einzige Kontext, in dem Haarer sich einen Exkurs leistet, sie beschreibt hier nämlich Praktiken „primitiver Völker in heißen Zonen", die sich angeblich nicht bewährt haben (vgl. 1940a, S. 143). Das alles läßt Faszination vermuten, latenten körperlichen und sexuellen Mißbrauch des Babys.

Gleichzeitig wird wiederholt vor einem Zuviel an Zärtlichkeit gewarnt, es wird aber nicht klar, was mit Zärtlichkeit gemeint ist und wo das Zuviel anfängt. Es ist im Zusammenhang mit Zärtlichkeit schnell von Verwöhnung die Rede, wobei Verwöhnung immer in einem Atemzug mit Verweichlichung genannt wird. Verwöhnung und Verweichlichung sind dem vollwertigen, dem deutschen Menschen nicht gemäß. Haarer fordert, das Kind von Anfang an „gewissermaßen als vollwertigen Menschen" zu behandeln, womit gemeint ist, es nicht „unablässig" mit Zärtlichkeiten zu überschütten. „Eine gewisse Sparsamkeit in diesen Dingen ist dem deutschen Menschen und dem deutschen Kinde sicher angemessener" (Haarer 1940b, S. 191).

Sexueller Mißbrauch wird unterschwellig nahegelegt, Zärtlichkeit im Umgang zwischen Mutter und Baby abgelehnt, das ganze wird als der natürliche, einzig angemessene Umgang mit dem Kind dargestellt. Heilloser kann eine Verwirrung nicht sein. Das so aufgewachsene Kind wird auch später nur schwer die Fähigkeit erwerben können zu erkennen, welche Beziehung ihm guttut und welche ihm schadet. Es wird sich nicht schützen können, wird benutzbar bleiben und sich leicht in Hörigkeiten verstricken.

Essen und Macht

Wie schon das Gebären an sich, so wird auch das Stillen des Babys zu einer nationalen Pflicht hochstilisiert. Es liegt „schwer darnieder in unserem Vaterland," (Haarer 1940a, S. 116) offenbar fast so, wie das Vaterland selbst schwer darniederliegt und unterzugehen droht.

Die Sprache, in der zum Stillen aufgefordert wird, ist an Schwülstigkeit kaum zu überbieten.

Ansonsten sind auch das Stillen sowie das Füttern mit der Flasche ausschließlich eine Frage der richtigen Technik, der richtigen Mengen und Zusammensetzung der Nahrung und der Uhr, das heißt der exakt eingehaltenen Zeiten.

Wo Haarer mit Fotos die Position, das Halten des Babys beim Füttern und Stillen de-

Man vergleiche damit die beiden folgenden Foto, die ich dem Buch „Mutter-Kind-Bindung" entnommen habe.

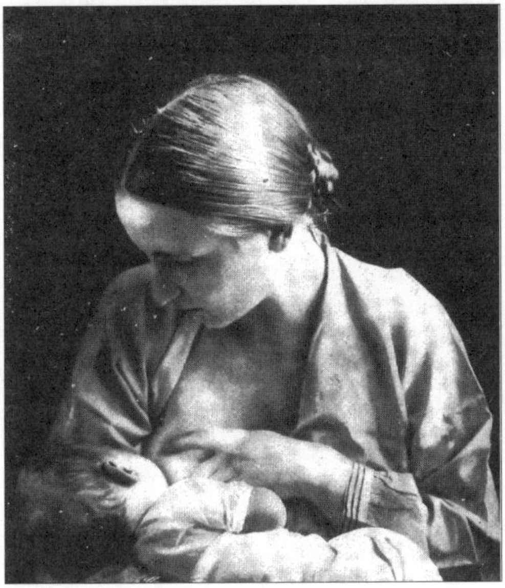

Entnommen aus Haarer (1940a, S. 114): Die deutsche Mutter und ihr erstes Kind

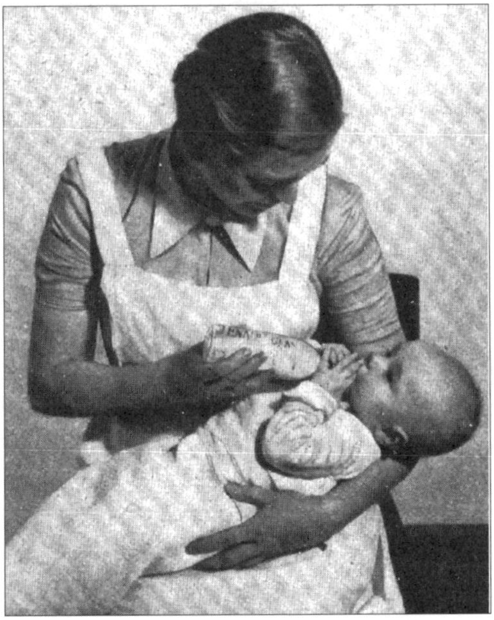

Entnommen aus Haarer (1940a, S. 195): Die deutsche Mutter und ihr erstes Kind

Gemälde von Mary Cassat, das die wechselseitige Interaktion zwischen Mutter und Säugling zeigt

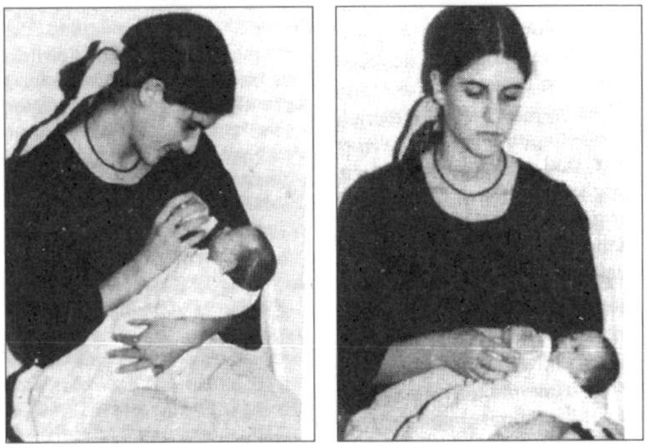

Entnommen aus Klaus und Kennell (1983, S. 164): Mutter-Kind-Bindung

Klaus und Kennell (1983, S. 164) kommentieren dieses Bild folgendermaßen: „Gestellte Szene, die zwei verschiedene Möglichkeiten zeigt, das Neugeborene beim Füttern zu halten. Im Bild A besteht enger Körperkontakt (das Baby liegt am Körper der Mutter an), die Mutter blickt das Kind *en face* an, die Flasche steht senkrecht zum Mund und die Milch sammelt sich im Sauger. Im Bild B hält die Mutter den Körper des Kindes von sich weg; sie blickt das Kind zwar an, aber nicht en face, und die Flasche steht nicht senkrecht zum Mund des Kindes."

monstriert, ist wiederum alles „falsch“.

Richtet die Mutter sich nach Haarer, dann hält sie die Flasche in einem gänzlich falschen Winkel, und sie hält beim Stillen oder Füttern keinen Blickkontakt mit ihrem Kind.

Säuglingsforscher nennen die En-Face-Position auch die Stillposition. Zwar blicken alle Mütter beim Stillen nur gelegentlich auf ihr Kind, keine schaut ihm ständig in die Augen. Aber: Auch hier wieder verhalten sich die nun schon häufiger zitierten Müttergruppen unterschiedlich. Mütter, die frühen Kontakt zu ihren Neugeborenen hatten, bringen es häufiger in die Stillposition als die anderen. Außerdem streicheln sie ihr Baby öfter beim Stillen. Haarer dagegen zeigt die Stillposition, das heißt die En-Face-Position beim Stillen oder Füttern überhaupt nicht.

Offensichtlich trägt der Blickkontakt dazu bei, daß das Stillen und Füttern tatsächlich zu einem „stillenden“ Vorgang wird.

Klaus und Kennell berichten von Experimenten, bei „denen die Mutter während einer Fütterung des Kindes an dessen siebtem Lebenstag eine Gesichtsmaske trug und sich schweigsam verhielt... Die betreffenden Säuglinge tranken in der Experimentalsituation signifikant weniger Muttermilch, suchten, wenn sie in die Wiege zurückgelegt wurden, mit den Augen das Zimmer ab und zeigten nach dem maskierten Stillen eine im Vergleich mit den gewöhnlichen Fütterungen signifikante Veränderung der Schlafphasen“ (Kennell 1987, S. 115).

Das Baby, dem beim Füttern der Blickkontakt verweigert wird, bekommt wieder einmal nicht, was es braucht. Es bleibt möglicherweise hungrig, jedenfalls trinkt es weniger; es sucht anschließend die Mutter; sein Schlaf ist gestört, es bleibt in einem Spannungszustand. Wie beunruhigt muß ein Baby sein, wenn es ihm nicht nur in einem einmaligen Experiment so ergeht, sondern wenn die hier beschriebene Situation für es die normale ist? In welchen Teufelskreis gerät es, wenn es hungrig, verwirrt und unruhig, in der Folge schlecht schlafend nach jeder Mahlzeit allein zurückbleibt? Wenn es aus diesem permanent unbefriedigenden Zustand heraus zunächst auch häufiger weint, was lediglich die Erfahrung verstärkt, daß ihm sein Schreien nichts nützt? Auch das Baby, das vor Hunger schreit, hat Todesangst.

Stern (1991, S. 38ff) beschreibt in seinem Tagebuch des Babys Joey sehr eindrücklich die Schmerzen des Babys und das Gefühl des Zerfallens seiner selbst und der Welt, wenn es den Hungersturm erleidet.

Haarer aber gibt nicht nur strenge Zeiten für die Dauer der Mahlzeiten vor; sie demonstriert auch eine falsche Haltung der beiden Körper bei diesen Mahlzeiten; und sogar die Flasche wird, hält sich die Mutter an Haarers Ratschläge, in einem falschen Winkel gehalten, einem Winkel, der das richtige Saugen unmöglich macht.

Das Baby soll aber nach 10 Minuten mit der Flaschenmahlzeit fertig sein, für eine Brustmahlzeit werden ihm immerhin 20 Minuten zugestanden. Trotzdem, nur körperlich sehr robuste und energische Babys werden unter solchen Umständen satt werden können. „Gestillt“ aber sind auch sie nicht. Zwischen den Mahlzeiten bleiben die Babys mit ihren Ängsten und eventuellen Schmerzen allein, denn Haarer kann keinen Grund dafür sehen, daß hier das Baby etwa zu kurz kommen könnte. Im Gegenteil: „Bedenke immer: Mit deinem richtigen Verhalten in dieser ganz entscheidenden Frage steht und fällt die richtige Aufzucht und Pflege deines Kindes! Die regelmäßig eingehaltenen, täglich gleich pünktlichen Mahlzeiten sind der entscheidende Beginn in der Erziehung deines Kindes“ (Haarer 1940a, S. 120).

Darüber hinaus fordert Haarer auch immer wieder, bei „Widerstand“ des Babys die „Fütterung“ vorzeitig abzubrechen und es „unerbittlich“ hungern zu lassen.

Was ein Baby, das den Hungersturm erleidet, wirklich braucht, beschreibt Stern (1991, S. 42ff): Zuerst einmal muß die Mutter auf seine Signale reagieren, das heißt sie muß kommen. Das Baby braucht die einhüllende Stimme der Mutter und ihre begrenzende Umarmung. Nur innerhalb der sicheren Begrenzung, die die Mutter auf diese Weise schafft, kann seine Welt, kann es selbst wieder hergestellt werden.

Wenn das Baby sich dann beim Saugen allmählich entspannen kann und ihm ein Auftauchen aus dem Chaos des Hungersturms und ein „Wiedereintritt" in die Welt möglich werden, braucht es als erstes den Anblick des mütterlichen Gesichtes. Im entspannten Austausch zwischen innen und außen kann dann allmählich Harmonie entstehen.

Stern sagt, daß das, was hier geschehen sollte, lebenswichtig für das Kind ist und fährt fort: „Wir nehmen an, daß das Baby jetzt anfängt, sich ein Modell, eine Art geistiges Abbild der Mutter zu schaffen. Wir nehmen außerdem an, daß das geistige Modell, das es von seiner Mutter aufbaut, ihm als Prototyp dafür dient, was es in seinem späteren Leben im Umgang mit anderen geliebten Menschen erwarten wird." (ebd., S. 49) Und – so kann wohl hinzugefügt werden – von Menschen überhaupt.

Die fehlende Mitte

„Der Gesichtssinn bietet eines der wirkungsvollsten Funktionsgeflechte für die Vermittlung der mütterlichen Bindung an das Kind... Müttern blinder Kinder bereitet (es Schwierigkeiten), ein inniges Verhältnis zu ihrem Kind zu finden. Ohne die bestätigende Funktion des wechselseitigen Sich-Anblickens fühlen Mütter sich verloren und kommen sich ihrem Baby gegenüber wie Fremde vor" (Klaus, Kennell 1987, S. 116).

Für das Neugeborene gibt es nichts, was es lieber anschaut als das menschliche Gesicht. Es folgt ihm mit den Augen bis zu einem Winkel von 180 Grad, einem entstellten menschlichen Gesicht dagegen nur über das wesentlich kleinere Blickfeld von 60 Grad.

Ungestörte Mütter – äußerlich und innerlich ungestört – nehmen ihr Neugeborenes innerhalb der ersten fünf Minuten nach der Geburt in die En-Face-Position, aus der heraus dieses im Zustand der ruhigen Aufmerksamkeit das Gesicht der Mutter lange und intensiv betrachtet.

Dem Baby, dem dies vorenthalten wird, fehlt einer der mächtigsten Reize für viele Aspekte seiner Entwicklung – und es fehlt ihm auch wieder ein wichtiger Bindungsreiz. Die Augen sind ihm das Fenster zur Seele der Mutter, sie sind ihm die psychologische Mitte einer Person. (vgl. Stern 1991, S. 53f)

Kann es sein, daß, wer nicht in die Augen der Mutter oder einer anderen ersten Bezugsperson sehen durfte, das heißt, keinen Zugang zu ihrer psychischen Mitte hatte, als er es nötiger brauchte als vieles andere auf der Welt, auch später keinen Kontakt zur Seele des anderen Menschen findet? Dieser andere Mensch kann dann, wenn sein Dasein zu einem zwecklosen erklärt worden ist, in letzter Konsequenz wie ein lebloser Gegenstand, ein „seelenloses Insekt", vernichtet werden. Es fragt sich natürlich auch, wie eine psychologische Mitte, ein innerer Kern, ein Selbst des Kindes entstehen kann, wenn eine Mutter ihr Kind ständig übersieht? Und zwar im doppelten Sinne des Wortes.

Der zerstörte Dialog

Das Baby bringt auch eine ausgesprochene Präferenz für die Stimme der Mutter mit auf die Welt, es kennt diese bereits vom Mutterleib her. Und so, wie Mütter nach der Geburt ihr Baby innerhalb kürzester Zeit in die En-Face-Position bringen, so beginnen sie auch, mit ihm zu sprechen. Auch das fehlt dem Baby, das sofort „zur Seite" gelegt wird.

Haarer warnt besonders nachdrücklich davor, „zu viel" mit dem Baby zu sprechen, oder – wie sie das vorzugsweise nennt – auf es einzureden. Darüber hinaus empfiehlt sie dringend, die gewöhnliche Umgangssprache für das Reden mit dem Baby: „Davon lernt es im Verlauf seiner Entwicklung mehr als von einer läppisch-verballhornten 'Kindersprache', die höchstens dem schlechten Geschmack der Erwachsenen zusagt.“ (Haarer 1940a, S. 168) Haarer sagt das im Hinblick auf Säuglinge in ihrem ersten Buch, es geht also nicht um ältere Kinder in der Phase des Sprechenlernens. Und für Babys gilt: Was hier als schlechter Geschmack der Erwachsenen diffamiert wird, gehört ebenfalls zum genetischen menschlichen Programm, es ist – wenn man so will – das Natürliche. Babys bevorzugen die hohe Stimmlage, das vorsichtige Sprechen, die abgerundeten, weichen Wörter und Laute. Und Mütter reden nicht nur mit dem Neugeborenen und später mit dem älteren Baby, wenn man sie läßt, sie tun es intuitiv auch in eben der Sprache, die das Baby bevorzugt.

Die Mutter, die sich mit ihrer Sprechweise auf ihr Baby einstellt, regt es zu einem regelrechten Dialog an. Früh beginnen Mutter und Kind, sich gegenseitig kleine Laute, „Gurrlaute“ nennt Stern sie, zuzuwerfen. Später werden diese Laute dann allmählich zu Worten. Sehr früh lernt das Baby so „die fundamentale Regel für das Gespräch mit anderen Menschen, das Prinzip für Rede und Gegenrede.“ (Stern 1991, S. 124) Es liegt auf der Hand, daß das nationalsozialistisch erzogene Kind dieses Prinzip nicht lernen soll.

Haarers Ratschläge laufen darauf hinaus, von vorneherein Möglichkeiten zu vernichten und mittels harter Erwachsenenrede – wenn denn überhaupt geredet wird – zuzuschlagen. Eine zu harte, abrupt ertönende, nicht mit der inneren Situation des Babys übereinstimmende Stimme kann dieses sehr erschrecken. Es wendet sich dann wie unter Schlägen spontan ab und fängt unter Umständen sogar an zu weinen. Seine Empfindungen könnten etwa so beschrieben werden: „Mamis Stimme schlägt mich. Sie läßt meinen hellen Raum sofort gefrieren. Sie vertreibt die Wärme, läßt die Musik verstummen und den Glanz stumpf werden...Ich bin... wie betäubt... Ich fühle mich nackt. Ich bin traurig und ganz allein“ (Stern 1993, S. 128).

Das Kind als Feind

Es war gerade von Dialog die Rede. Zu einem Dialog, der ja auch mit Wechselseitigkeit (vgl. Stern 1991, S. 51ff; Dornes 1993, S. 61ff) zu tun hat, gehören Partner, die jedenfalls dem Grundsatz nach Anspruch auf gleichberechtigtes Gehört- und Ernstgenommenwerden haben. Das hat auch – wiederum vom Grundsatz her – etwas damit zu tun, ob man sich selbst und dem Partner trauen kann. Dem Baby oder Kind trauen, das ist etwas, was Haarer sich ganz offensichtlich überhaupt nicht vorstellen kann. Sowohl ihr erstes wie auch ihr zweites Buch strotzen vor negativen Zuschreibungen. Danach sind Babys und kleine Kinder an der Brust gierig oder faul, Flaschenkinder sind gefräßig, tendenziell sind alle Kinder unersättlich, sie können nie genug bekommen an dickmachender Nahrung, verwöhnender Beachtung oder lästigem Herumgeschlepptwerden.

Babys schreien – laut Haarer – aus Veranlagung, zornig und lang anhaltend, zum Zeitvertreib oder um etwas zu erzwingen. Babys und Kleinkinder wollen sich nicht fügen, wollen nicht so, wie die „Großen“ wollen, sie erproben diese, widersetzen sich und tyrannisieren. Von Natur aus sind sie unrein, unsauber, schmutzig, schmieren herum mit allem, was sich bietet.

Babys und kleine Kinder sind unordentlich, unruhig und unstet. Ihr Spielen ist blindes, planloses Tändeln oder Herumhantieren beziehungsweise Herumwirbeln der Dinge. Sie verhalten sich unvernünftig, wirr, sinnlos und zerstörerisch. Sie sind „uns“, den Großen, unähnlich und unverständlich.

Die dem Baby und kleinen Kind am häufigsten zugeschriebenen Eigenschaften sind unsauber bzw. unrein, unstet, zerstörerisch und gierig.

Babys und kleine Kinder greifen nach allem und beißen hinein – Haarer meint dies als Vorwurf. Sie neigen dazu, jedes Entgegenkommen der Erwachsenen schlau und berechnend auszunutzen, einmalige Vergünstigungen oder Nachgiebigkeiten immer wieder als ihr Recht zu fordern; sie sind profitlich, sie betteln, erpressen die Erwachsenen, nützen schnell die Lage zu ihrem Vorteil aus, sind rücksichts- und hemmungslos. Sehr schnell verfallen sie in das gefürchtete Bummeln und Trödeln oder entwickeln den ebenso gefürchteten Kleinkindergeruch. Und überhaupt haben sie Schwierigkeiten zu begreifen, was sie sollen.

Mit allen nur möglichen Mitteln versuchen sie, die Aufmerksamkeit der Mutter zu erreichen bzw. zu erzwingen. Sie denken sich sehr schnell allerlei Manöver aus, zwingen als kleine Plagegeister zu endlosem Kuhhandel, nutzen jede Nachsicht der Erwachsenen förmlich aus, haschen nach deren Mitleid und werden im Handumdrehen zu äußerst anmaßenden kleinen Querulanten, die immerfort darauf aus sind, die Mutter „in Atem zu halten“ und sie mit dem „lieben kleinen Ich“ zu beschäftigen.

Die Ungezogenheiten, läßt man sie unbeachtet oder belächelt sie gar, wachsen mit dem Kinde. Durch das Kind, das Haarer beschreibt, droht das Chaos, ständig gehen von ihm Gefahren aus. Man ist versucht, bei Haarer eine ausgesprochene Kindphobie zu konstatieren, die übrigens einer krampfhaften Propagierung hoher Geburtenraten keineswegs entgegenstehen würde – ganz im Gegenteil.

Phobisch wird es spätestens da, wo im ersten Buch immer wieder die Rede auf Geschlechtskrankheiten bzw. die Syphilis gebracht wird. Syphilis steht dem Nazi für Zersetzung schlechthin, für geistige, sittliche, soziale, politische und rassische.

Die Verbindung von Kind, Chaos, Syphilis und Zersetzung macht hier „Sinn“ und hat eine logische Konsequenz: Nie darf die Mutter nachlassen in ihrer Wachsamkeit, immer muß sie auf der Hut sein. Ihr Leben mit dem Kind ist Kampf. Kampf gegen das Chaos, das von dem Kind ausgeht und eigentlich gegen das Kind selbst.

Daß sofort nach der Geburt verhindert werden muß, daß das Kind zum unerbittlichen Haustyrannen wird, davon war schon die Rede. Ebenso davon, daß unerbittlich sein Widerstand gegen „vernünftige“ Eßgewohnheiten und einen regelmäßigen Tagesablauf gebrochen werden muß. Auch das Ringen um „Reinlichkeit“ des Kindes ist ein Kampf. Da das Kind ja von Natur unreinlich ist, ist eine der ersten Aufgaben, in ihm die gesunde „Abscheu vor allem Ekelhaften, Abscheulichen, Schmutz und schlechten Gerüchen zu wecken. Haben wir es erst so weit, dann ist der Kampf schon halb gewonnen“ (Haarer 1940b, S. 48).

Eine Variante des Kampfes sind die Kraftproben. Über das schreiende Kind heißt es in einem ganz typischen Satz: „Es wird nach Möglichkeit an einen stillen Ort abgeschoben, wo es allein bleibt und erst zur nächsten Mahlzeit wieder vorgenommen wird. Häufig kommt es nur auf einige, wenige Kraftproben zwischen Mutter und Kind an – es sind die ersten! – und das Problem ist gelöst.“ (Haarer 1940a, S. 173) Niemals darf die Mutter ein Zögern, eine Schwäche zeigen: „Kinder merken das mit tausend feinen Sinnen – und dann bist du verloren, liebe Mutter!“ (Haarer 1940b, S. 176).

Keinesfalls darf das Kind erleben, daß sein Wille stärker ist als der der Eltern, denn in einem solchen Falle bliebe es gegen diese Sieger. Das Kind muß in Zucht gehalten werden, Befehle müssen straffen, unbedingten Gehorsam zur Folge haben; das alles sind Vorstellungen aus dem Bereich des Militärischen.

Selbstverständlich ist auch jedes einmalige Nachgeben, jede Ausnahme für Haarer von Übel: „Wir geben auf keinen Fall die Mahlzeit früher, sonst lernt das Kind sehr rasch, dies durch Schreien immer wieder zu erzwingen, und sein geregelter Tagesablauf ist abermals in Gefahr“ (Haarer 1940a, S. 171). In Gefahr ist natürlich in Wahrheit die Mutter, das heißt ihr Charakterpanzer. Ständig muß sie sich und ihre Struktur behaupten. Offensichtlich hat sie es nötig, in ihrem Kind vieles zu bekämpfen, was zu „eigenen dunklen Schattenseiten" (Haarer 1940b, S. 121) – die sie laut Haarer möglichst nicht haben sollte – gehört. In jedem Fall muß sie die „Führung" behaupten, auch das eine Forderung Haarers. In dem hier nahegelegten Verhältnis zwischen Mutter und Kind gibt es nur oben und unten, ich oder du. Damit wird vieles unmöglich, was zu einer positiven, einer gesunden Entwicklung eines Kindes gehört. Spielraum zum Beispiel! (vgl. Dornes 1993, S. 71ff).

Säuglingsforscher definieren Spielraum als den Raum, in dem spannungsfreie und undramatische Interaktion sowie selbständiges, unaufgeregtes Lernen möglich sind. Voraussetzung dafür ist, daß sich das Baby selbst in einem relativen Gleichgewicht befindet, daß es weder von eigenen inneren Bedürfnissen noch von außen, beispielsweise der Mutter mit ihren strengen Regeln, bedrängt wird. Das Baby muß frei seiner Aufmerksamkeit und seinen Interessen folgen können, Initiativen ergreifen und deren Wirkungen beobachten dürfen. Für alles Lernen des Babys und auch für die Beziehung zu seiner Mutter ist Spielraum wahrscheinlich von wesentlich größerer Bedeutung, als bisher angenommen wurde.

Nur wo Spielraum ist, ist auch Wechselseitigkeit möglich, kann es zu Prozessen zwischen Mutter und Kind kommen, an denen beide gleichermaßen beteiligt sind, die von beiden beeinflußt werden. Das funktioniert nur, wenn die Mutter offen für ihr Baby ist, Lust auf es hat und seine Äußerungen nicht ignorieren oder diffamieren muß. Es muß so etwas wie ein gegenseitiges Mitschwingen stattfinden können.

Vom dritten Monat an kommt es zwischen Mutter und Kind häufig zu Spielen, bei denen Laute, Geräusche, Blicke, Lächeln ausgetauscht werden. Wichtig ist: Das Baby ahmt die Mutter nicht einfach nur nach. Diese Spiele haben die Form von Zwiegesprächen und werden von beiden gleichermaßen beeinflußt und vorangetrieben. Das Baby kann durchaus Initiativen ergreifen, modulieren und modifizieren sowie solche Dialoge oder Spiele beenden, wenn es genug von ihnen hat. Dieser einfache, spielerische Austausch von Mutter und Kind ist ein wesentliches Fundament für alle späteren menschlichen Interaktionen.

Er ist auch das Fundament für die Entwicklung von Intersubjektivität. (Dornes 1993, S. 152ff; Stern 1991, S. 89ff) Intersubjektivität entsteht etwa zwischen dem 9. und dem 12. Lebensmonat, und sie bedeutet, daß das Kind weiß, daß die Mutter (oder der jeweils andere Mensch) andere Gedanken oder Gefühle haben kann als es selbst. Es erkennt aber auch, daß unterschiedliche Gedanken und Gefühle geteilt, auch mitgeteilt werden können. Es lernt, über sie zu kommunizieren.

Störungen beim Aufbau der Intersubjektivität führen zu gestörter Fähigkeit, psychische Nähe zu erleben. Sie lassen das so gestörte Kind sich psychisch seinen Eltern „und letztlich der ganzen Welt gegenüber einsamer" fühlen (Stern 1993, S. 113). Das wird auch sein Leben lang so bleiben, wenn es nicht irgendwann von irgendwoher Hilfe bekommt.

Mit dem Schritt hin zur Intersubjektivität ist auch der entscheidende Schritt hin zur Beziehungsfähigkeit getan: Sich-Selbst-Sein, eigene Gefühle und Gedanken haben, den anderen Menschen wirklich sehen, wissen, daß dieser eigene Gedanken und Gefühle hat, miteinander verbunden bleiben, die jeweilige Gedanken- und Gefühlswelt bestehen lassen und darüber kommunizieren können, das ist die Basis für Beziehungsfähigkeit.

Klammern als „wahre Kindesliebe"

Neugeborene sind darauf programmiert und angewiesen, Kontakt aufzunehmen, verbunden zu sein mit den Menschen ihrer unmittelbaren Umgebung, vor allem natürlich mit ihrer ersten Bezugsperson. Haarer allerdings kann das Baby so nicht wahrnehmen. Sie beschreibt das beziehungsgestörte Kind als das normale und auch gesunde.

Neugeborene erkennen schon wenige Tage nach der Geburt, bzw. von Geburt an den Geruch sowie die Stimme der Mutter. Mit Sicherheit kann das Gesicht der Mutter mit drei Monaten von fremden Gesichtern unterschieden werden, manche Säuglingsforscher setzen diesen Zeitpunkt schon wesentlich früher an.

Nach Haarer erkennt erst der „ältere Säugling", womit sie das etwa 6 Monate alte Kind meint, die Mutter. Wichtiger als die Mutter aber scheint für das Baby etwas anderes zu sein: „Es hat gelernt, die Dinge, mit denen es immer wieder in Berührung kommt, wiederzuerkennen, vor allem die geliebte und ersehnte Flasche oder den Teller mit dem Brei" (Haarer 1940a, S. 257). Erst im Anschluß an diese Bemerkung stellt Haarer fest, daß das Baby nun auch die Mutter erkennen könne. Diese hier aufgestellte Reihenfolge ist nicht zufällig. Haarer sagt nämlich auch das: „Von Geburt an strebt das Kind nach der Nähe anderer Menschen und macht dabei zunächst eine lange Zeit keinen wesentlichen Unterschied zwischen der Mutter oder jemand anderem, der es ebenso gut meint" (Haarer 1940b, S. 230f).

Dem Säugling ist es angeblich egal, wer sich mit ihm abgibt, denn: „Die eigentliche Kindesliebe, die feste gefühlsmäßige Bindung an die Mutter entsteht freilich erst gegen Ende des Zwischenalters" (ebd., S. 190f). Mit Zwischenalter meint Haarer die Zeit zwischen einem und zweieinhalb Jahren.

Denn nach Haarer ist es so, daß dem Kind im Zwischenalter jeder Erwachsene recht sei, „der ihm etwas Gutes zu essen gibt und freundlich zu ihm ist" (ebd., S. 135). Und: „Wie manchmal will es uns schmerzlich berühren, wenn uns das Kind (im Zwischenalter) bei längeren oder kürzeren Abwesenheiten gar nicht vermißt, sofern es nur gut versorgt wurde" (ebd., S. 191).

Hier beschreibt Haarer kleine Kinder, von denen anzunehmen ist, daß sie unsicher gebunden sind. Karin und Klaus Großmann (1991) haben das Verhalten von Babys und Kleinkindern in Trennungssituationen untersucht und sind zu dem Ergebnis gekommen, daß es gerade die unsicher gebundenen Kinder sind, die nicht zeigen, daß sie die Mutter vermissen oder vermißt haben. Es sind Kinder, die bereits gelernt haben, ihre wahren Bedürfnisse und Wünsche vor der Mutter zu verbergen. Sicher gebundene Kinder zeigen deutlich, daß sie die Mutter vermissen. Sie begrüßen auch die wiederkehrende Mutter weinend oder freudig und verlangen eindeutig von ihr, der Mutter, und nicht von freundlichen Fremden beachtet, gehalten und getröstet zu werden.

Interessant fanden Großmann und Großmann ihre Beobachtung, daß gerade in Deutschland das unsicher gebundene Verhalten kleiner Kinder besonders viele Erwachsene positiv beeindruckte und fälschlicherweise für außerordentliche Selbständigkeit gehalten wurde. Wenn man aber voraussetzt, daß millionenfach und jahrzehntelang nach Haarer erzogen wurde, dann ist diese Beobachtung leicht zu erklären.

Vom „Spielkind", womit Haarer das Kind im Alter zwischen zweieinhalb und fünf Jahren meint, sagt sie dann schließlich, daß es ihm nun nicht mehr wie früher verhältnismäßig gleichgültig sei, wer es betreue. Vermutlich klammert das Kind, das Haarer vor Augen hat, aufgrund seiner negativen Erfahrungen inzwischen, was dann für wahre Anhänglichkeit und rechte Kindesliebe gehalten wird.

Über den faschistischen Charakter

Definiert man in Anlehnung an Jessica Benjamin (1993) Beziehungsfähigkeit als das Vermögen eines Menschen, Verbunden- und

Selbständigsein, Bindung und Autonomie, immer wieder in ein sinnvolles Gleichgewicht zu bringen, dann ist der beziehungsunfähige Mensch letztlich Ziel und Ergebnis einer NS-Erziehung, denn in ihr wird das Kind weder als autonomes und auf seine Weise bereits kompetentes Geschöpf respektiert, noch wird ihm Verbundensein mit den Menschen, auf die es angewiesen ist, angeboten.

Seine Beziehungsunfähigkeit ist die Grundstörung (Anmerkung: Den Begriff der „Grund"- oder auch „Primärstörung" habe ich im Laufe dieser Arbeit vor einigen Jahren selbst entwickelt. Er schien mir passend zu sein für eine Störung, die in der sensiblen Phase, also dann, wenn der Grund oder die Basis für jede weitere und spätere Beziehung gelegt wird, stattfindet und ihren Ursprung hat. Daß bereits Balint (1968) über die Grundstörung geschrieben hatte, habe ich erst später zur Kenntnis genommen.

Balint spricht von der Ebene der Grundstörung, nach seinem Konzept geschieht die Grundstörung auf einer sehr frühen, prä-ödipalen Entwicklungsstufe, die u.a. gekennzeichnet ist durch etwas, was Balint die primäre Liebe des Säuglings nennt sowie durch das ausschließliche Vorhandensein von Zweier-Beziehung.

Balint benutzt den Begriff der Grundstörung m.E. zur Beschreibung einer Dynamik in der frühen Säugling-Bezugspersonen-Konstellation, er kennzeichnet hier also etwas, was stattfindet.

Ich selbst habe diesen Begriff geprägt, um eine entscheidende Störung zu beschreiben, die ein Mensch in Folge von Erlebnissen auf der Ebene der Grundstörung (im Sinne Balints) oder in der Phase der primären Liebe erworben hat und im Zweifelsfall für sein weiteres Leben behält. Man könnte sie auch seine Primärstörung nennen. Alle anderen Störungen, als da sind seine Anfälligkeit für symbiotische Verstrickungen, seine Sucht nach Hörigkeitsverhältnissen, seine Fühllosigkeit sich selbst und anderen gegenüber, seine extreme Dressierbarkeit, seine permanente Rastlosigkeit und Unersättlichkeit, seine Besessenheit von der Vorstellung eines makellosen, gestählten Körpers, auch „Volkskörpers", seine Sehnsucht nach dem Aufgehen in der sentimental-gefühligen Masse, seine Unfähigkeit, Ambivalenzen zu ertragen – was auch immer dem faschistischen Charakter sonst noch an Eigenschaften zugeschrieben wird – es sind seine Sekundärstörungen, die auf die primäre zurückzuführen sind.

Benz (1991) stellt fest, daß der disziplinierende Charakter des Umgangs von Müttern mit ihren kleinen Kindern im Dritten Reich für das Verhältnis zwischen beiden eine erhebliche Belastung gewesen sei und auch „zur Ausbildung neurotischer Erkrankungen" (ebd., S. 37) geführt habe.

Bassyouni (1990) sieht das „Wesen des Faschismus" in der „Idealisierung der Macht" (ebd., S. 72ff). Folglich sind spätere Bindungsängste – von frühen spricht sie nicht – vor allem der ständigen Angst vor Unterwerfung zuzuschreiben. Theweleit (1987) beschreibt den Mann, der jederzeit bereit ist, zuzustoßen, zu zerfetzen und zu zerstören, ebenfalls als einen, der ganz offenkundig nicht fähig ist, in nicht-destruktive Beziehungen zu anderen Menschen, vor allem auch zu Frauen, einzutreten. Soweit Theweleit sich mit der frühen Kindheit des faschistischen Mannes beschäftigt, macht er vor allem den (mütterlichen) Reinlichkeitswahn, die „Trockenlegungsmühle", für dessen Beschädigung verantwortlich.

Zwang zur Reinlichkeit, strenge Gehorsamsforderungen, das Andrillen von Ordnung und Disziplin usw. sind Kennzeichen einer autoritären Erziehung, sie können Eltern-Kind-Verhältnisse auch belasten.

Eine „autoritäre" Erziehung, besonders wenn die Unterwerfung des Kindes und die Härte ihm gegenüber bestimmte Formen und Ausmaße annimmt (wie z.B. die von Bassyouni beschriebenen), ist jedoch nicht die Ursache von Bindungslosigkeit, sondern deren

Folge, und zwar die Folge gar nicht erst entstandener Bindung der allerersten Bezugspersonen an das Baby. Zumindest lassen die Ergebnisse der Säuglingsforschung die Überlegung zu, daß bestimmte Erziehungspraktiken bereits das Ergebnis einer Beziehungsstörung, ihr Ausdruck und nicht erst ihre Begründung sind.

An dieser Stelle ist noch ein anderer Gedanke aus der Säuglingsforschung wichtig: Die Psychoanalyse geht von einer symbiotischen Phase als einem normalen Entwicklungsstadium am Anfang des menschlichen Lebens aus (vgl. Dornes 1993, S. 59f). Angenommen wird nach diesem Konzept ein Zustand des Neugeborenen und des Babys – bis zu welchem Alter, das bleibt unklar – in dem dieses sich selbst und die Mutter noch nicht als jeweils eigene Person erfahren kann. „Erlebt wird eine unabgegrenzte Zweieinheit. Ich und Nicht-Ich sind ungeschieden und werden wie Innen- und Außenwelt erst allmählich voneinander getrennt wahrgenommen" (ebd., S. 60). Weitgehend gilt die Annahme, „daß eine adäquat durchlaufene symbiotische Phase eine Vorbedingung für die spätere erfolgreiche Ablösung von der Mutter ist" (ebd., S. 59).

Einige Säuglingsforscher stellen dieses Paradigma mittlerweile in Frage. Sie meinen, „daß der Säugling schon in der frühesten Interaktion ein aktiver, initiativer und kompetenter Partner ist. Viele Interaktionen werden vom Säugling eingeleitet, ihr Verlauf wird von ihm reguliert und kontrolliert, und auch die Beendigung wird von beiden Partnern in äußerst subtiler Weise ausgehandelt" (ebd., S. 61). Die interaktionelle Harmonie zwischen dem Säugling und seiner Mutter wird hier nicht als symbiotische im herkömmlichen Sinne gedacht, nicht als eine passive und regressive, als ein seliges Verschmelzen, das der Säugling rezeptiv geschehen läßt und dem er sich hingibt. Er stellt sie im Gegenteil immer wieder aktiv her und gestaltet sie mit (vgl. ebd., S. 61).

Damit er seine Kompetenz ausspielen kann, braucht ein Säugling aber eine Mutter, die weder ängstlich ihre Stellung behauptet noch aufgrund eigener Probleme in Gefahr ist, ihrerseits mit dem Säugling symbiotisch zu verschwimmen. Sie muß sich ihrer eigenen Kompetenz als Mutter sicher sein.

Wenn Momente innigster Bezogenheit zwischen Menschen, auch zwischen Erwachsenen als „symbiotisch" bezeichnet werden, dann handelt es sich hier möglicherweise um einen irreführenden Sprachgebrauch. „Jede wirkliche Grenzauflösung oder Verschmelzung bereitet vermutlich mehr Angst als Vergnügen – dem Erwachsenen wie dem Kind" (ebd., S. 77).

Kann man diesen Überlegungen zustimmen, dann liegt der Gedanke nahe, daß symbiotische Verhaltensweisen und Symbiosephantasien „nicht aus einer normalen symbiotischen Phase, sondern aus einer symbiotischen Beziehung erwachsen. In ihr werden von Anfang an Bestrebungen nach Autonomie und Individuation aus Gründen, die im Unbewußten der Eltern liegen, behindert. Spätere symbiotische Bedürfnisse und Phantasien sind in dieser Sichtweise (das Ergebnis) einer gestörten, die Selbstregulierungsfähigkeit des Kindes übermäßig einschränkenden Eltern-Kind-Beziehung" (ebd., S. 78). Dornes nennt die Symbiose auch den Zufluchtsort des überforderten Säuglings (vgl. ebd., S. 77).

Wäre also die Symbiose nicht der „normale" Zustand am Anfang des menschlichen Daseins, sondern – so wie der autoritäre Umgang mit dem Kind auch – bereits Ausdruck einer Beziehungsstörung, dann wäre der symbiosesüchtige Faschist oder Nazi noch tiefer gestört als man es ohnehin von ihm schon annehmen mußte. In diesem Falle wäre er nicht nur steckengeblieben in einem frühesten Entwicklungsstadium, er wäre vielmehr noch zurückgefallen – zurückgefallen sozusagen hinter alle „normalen" menschlichen Möglichkeiten von Beziehung.

Für eine Therapie solchermaßen beschädigter Menschen müßte das sicher Konsequenzen haben, aber auch für die Pädagogik – wenn sie helfen soll, eine irgendwie geartete Neuauflage von Nationalsozialismus zu verhindern: Es würde dann nämlich nicht genügen, Kindern gegenüber bewußt auf Disziplinierung, auf rigide Reinlichkeits- und Ordnungsforderungen usw. zu verzichten. Nicht einmal das Unterlassen jeglicher Körperstrafe wäre ausreichend. Es wären dann zwar Zwänge weggefallen – aber noch nicht automatisch Bindung und in der Folge Beziehung hergestellt. So gesehen sind möglicherweise die mittlerweile viel gescholtenen sogenannten 68er mit ihren Vorstellungen von antiautoritärer Erziehung nicht weit genug gegangen. (Daß eine antiautoritäre Erziehung in jenem Sinne nicht ausreichend ist, bedeutet nicht, daß sie zu verwerfen sei.)

Wer brachte Hitler in die Kinderzimmer?

Selbstverständlich hatte eine faschistische Pädagogik ebenso wie Antisemitismus, Rassetheorien, Antiintellektualismus, Chauvinismus in jeder Form in Deutschland Tradition. Was auch immer das nationalsozialistische System bis zum Untergang exzessiv perfektionierte und als das allein Geltende brutal durchsetzte, es hatte Vorläufer gehabt. So auch die Erziehung des kleinen Kindes, wie sie sich im Dritten Reich weitestgehend durchgesetzt und dann die Gedächtnisse okkupiert hat.

Wäre es anders gewesen, dann hätten sich nicht so viele Menschen gefunden, die für den Nationalsozialismus anfällig waren. Adolf Hitler ist durch eine demokratische Wahl an die Macht gekommen. Ohne daß es bereits Nazis und für deren Parolen anfällige Menschen gab, hätte ein NS-Staat sich nicht konstituieren können. Jedes einmal installierte politische System sucht aber auch die Bedingungen hervorzubringen, die es braucht, um fortzubestehen. So war eine NS-Pädagogik beides: eine der Voraussetzungen für die Entstehung des Dritten Reiches und eine seiner unmenschlichen Konsequenzen.

Aber: So, wie es vor 1933 neben dem Nationalsozialismus andere konkurrierende Vorstellungen von der möglichen Verfaßtheit eines Gemeinwesens gab, so gab es auch eine breite Vielfalt von pädagogischen Experimenten und Konzepten. Es gab die verschiedenen Ausprägungen der Reformpädagogik; psychologische und psychoanalytische Erkenntnisse hatten Eingang in praktische Erziehungsarbeit gefunden (gerade hierüber spricht Haarer voller Häme!); Töchter aus bürgerlichen Familien lernten italienisch, um in Italien Montessori-Ausbildungen zu machen; es gab Geburtskliniken mit rooming-in; immer wieder zeugen biographische Berichte von sehr liberalen, warmherzigen, Halt gebenden Erziehungsstilen in Familien. Nach allem, was zu erfahren ist, herrschte ein solcher Erziehungsstil zum Beispiel in der Familie Scholl. Und es gab in Deutschland noch bis in die 30er Jahre hinein in manchen ländlichen Gegenden die Sitte, ein Kind während seines ersten Lebensjahres ständig am Körper einer Frau (der Mutter, einer Tante, einer erwachsenen Schwester) zu tragen. Es ist derzeit gerade noch möglich, alte Frauen zu befragen, die sich daran erinnern und davon berichten können.

Haarer wußte, daß es andere Möglichkeiten gab, mit kleinen Kindern umzugehen, als die von ihr vorgeschlagenen. Sie geht immer wieder darauf ein und polemisiert heftig gegen „unvernünftige" Großmütter, „andere" nicht deutsch und völkisch genug empfindende Frauen, gegen die die pflichtbewußte „moderne" Mutter sich unbedingt durchsetzen müsse. Voller Herablassung berichtet sie von einem Ratgeber für junge Mütter, den sie selbst las, als sie zum ersten Mal schwanger war. In diesem Ratgeber war nämlich die Rede davon gewesen, daß das Baby die Zeit, während der es nicht schläft, auf dem Schoß der Mutter verbringen solle, das heißt in ihrer Nähe. Das ist für Haarer eine unmögliche Vorstellung. Es zeigt aber auch, daß es durchaus andere Überlegungen zum Umgang mit kleinen Kindern gab als die von ihr verbreiteten.

Ein wichtiges Merkmal des Nationalsozialismus, auch in der Pädagogik, ist aber gerade der Anspruch auf Lückenlosigkeit, darauf, das Allumfassende, Alleingültige zu sein. Das bestätigen auch immer wieder Berichte von Menschen, die einer solchen Erziehung unterworfen waren. Diese Lückenlosigkeit, auch Konsequenz genannt, galt nicht nur für das Handeln der einzelnen Mutter, das Kind sollte auch sonst keinerlei Möglichkeiten haben, etwas anderes kennenzulernen: Weder bei Verwandten, Nachbarn oder Hausgehilfen, nicht beim Einkaufen, im Kindergarten, nirgends! Keinerlei Abweichungen durch die Erwachsenen, kein Ausweichen für das Kind.

Selbstverständlich findet sich auch folgendes bei Haarer: Anleitung für ein frühes, konditionierendes Töpfchentraining; das Bestehen auf strengsten Tischsitten; die „wärmste Empfehlung", das ältere Baby für lange Zeiten im Ställchen festzusetzen; die Aufforderung, hart zu bleiben gegen das Kind, das sich wehgetan hat; das Fordern von unbedingtem Gehorchen; das Plädieren für Schläge oder den gelegentlichen unverzüglichen Klaps; für den Liebesentzug bis hin zum „Entfernen des Kindes aus der gewohnten Umgebung", wenn es sich denn gar nicht fügt; es wird üblem Verspotten des kleinen Kindes das Wort geredet, usw. usf. Das alles habe ich hier bewußt vernachlässigt, denn es ist der Aspekt der frühen und tiefgehenden Beziehungsstörung, mit der das nationalsozialistisch erzogene Kind aufwachsen mußte, der bis zum heutigen Tage nicht diskutiert wird. Ohne die Berücksichtigung gerade dieses Aspektes ist aber eine sinnvolle Diskussion darüber, was an Verstörendem und Zerstörerischem unbewußt weitergegeben wurde, nicht möglich.

Fragt man nach dem Tabu, das die nationalsozialistische Erziehung des kleinen Kindes durch seine Mutter immer noch umgibt, dann geht es hier wohl in erster Linie darum: Müßte zugegeben werden, daß Mütter – millionenfach – auftraten als Agentinnen des Dritten Reiches, da wo sie das am allerwenigsten hätten tun müssen, nämlich in der Begegnung mit ihrem Baby und ganz kleinen Kind, dann wäre damit gleichzeitig deutlich, daß der Nationalsozialismus wesentlich tiefere Wurzeln hatte, viel mehr selbstverständliches Mitmachen vorfand, als es dem immer noch weitgehend gehegten Bild vom geknechteten und tyrannisierten, hilflos überwältigten Volk entspricht.

Literatur

Balint, M. (1973): Therapeutische Aspekte der Regression. Die Theorie der Grundstörung. Reinbek (Rowohlt).

Bassyouni, Ch. (1990): Macht oder Mündigkeit. Über den Zwang zum Gehorsam und die Sehnsucht nach Autonomie. Frankfurt am Main (VAS).

Benjamin, J. (1993): Die Fesseln der Liebe. Psychoanalyse, Feminismus und das Problem der Macht. Frankfurt am Main (Fischer).

Benz, U. (1988): Brutstätten der Nation. „Die deutsche Mutter und ihr erstes Kind" oder der anhaltende Erfolg eines Erziehungsbuches. Dachauer Hefte 4, S. 144–163.

Benz, U. (1991): Frühe Kindheit im Nationalsozialismus. Der Mythos Mutter im Hitlerreich und seine Folgen. psychosozial 47, S. 30–42.

Chamberlain, S. (1991): Nationalsozialistinnen als Mütter – Folgen faschistischer Erziehung. Unveröffentlichte Diplomarbeit, Kassel.

Dornes, M. (1993): Der kompetente Säugling. Die präverbale Entwicklung des Menschen. Frankfurt am Main (Fischer).

Fogelmann, E.(1995): „Wir waren keine Helden." Lebensretter im Angesicht des Holocaust. Frankfurt am Main; New York (Campus).

Gamm, H.-J. (1990): Führung und Verführung. Pädagogik des Nationalsozialismus. München (List, 3. Auflage).

Grossmann, K., August, P., Fremmer-Bombik, E., Friedl, A., Grossmann, K., Scheuerer-Englisch, H., Spangler, G., Stephan, C., Suess, G. (1989): Die Bindungstheorie: Modell und entwicklungspsychologische Forschung. In: H. Keller (Hg.): Handbuch der Kleinkindforschung. Berlin u.a. (Springer) S. 31–55.

Grossmann, K., Grossmann, K. (1991): Ist Kindheit doch Schicksal? Interview in Psychologie Heute 8, S. 20–27.

Haarer, J. (1940a): Die deutsche Mutter und ihr erstes Kind. München (Lehmann), 266.–307. Tausend.

Haarer, J. (1940b): Unsere kleinen Kinder. München (Lehmann), 6. Auflage.

Hitler, A. (1938): Mein Kampf. München (Zentralverlag der NSDAP), 336.-340. Auflage.

Klaus, M.-H., Kennell, J.-H. (1987): Mutter-Kind-Bindung. Über die Folgen einer frühen Trennung. München (dtv).

Müller-Hohagen, J. (1994): Geschichte in uns. Psychogramme aus dem Alltag. München (Knesebeck).

Parin, P. (1990): Der nationalen Schande zu begegnen. Ein Vergleich der deutschen und italienischen Kultur. In: P. Parin, Noch ein Leben. Eine Erzählung. Zwei Versuche. München (Kore).

Renggli, F. (1976): Angst und Geborgenheit. Soziokulturelle Folgen der Mutter-Kind-Beziehung im ersten Lebensjahr. Reinbek (Rowohlt).

Stern, D.-N. (1991): Tagebuch eines Babys. Was ein Kind sieht, spürt, fühlt und denkt. München (Piper) 3. Auflage.

Theweleit, K. (1987): Männerphantasien, Band 1: Frauen, Fluten, Körper, Geschichte. Basel, Frankfurt am Main (Stroemfeld/Roter Stern).

Sigrid Chamberlain
Wetterauer Weg 36
61118 Bad Vilbel

Gibt es die „zweite Chance“ auch für Mädchen?

Gründe für eine theoretische Erweiterung der Untersuchungen und Beschreibungen von weiblicher Adoleszenz

Katharina Liebsch

Will man etwas über die Besonderheiten der weiblichen Adoleszenz erfahren und sichtet man zu diesem Zwecke die Vielfalt der Publikationen zum Thema Jugend und Pubertät, so wird zweierlei schnell deutlich: Zum einen sind die Jugendlichen sehr häufig männlich, zum zweiten hat das Thema Adoleszenz in der Psychoanalyse insgesamt recht wenig Beachtung erfahren. Daraus ergibt sich dann auch, daß psychoanalytische Konzeptionen des weiblichen Jugendalters besonders selten sind; die Adoleszenz als „Stiefkind der Psychoanalyse“ (A. Freud) wird in ihren geschlechtsspezifischen Ausformungen recht wenig thematisiert; erst in jüngster Zeit hat die Beschäftigung mit der weiblichen Adoleszenz zugenommen (vgl. Waldeck 1988, Apter 1990, Flaake, King 1992, Brown, Gilligan 1992, Düring 1993). Warum das Nachdenken über die weibliche Adoleszenz nicht nur innerhalb der psychoanalytischen Theorie so spärlich ist und so verzögert eingesetzt hat, ist eine komplexe Frage. Mario Erdheim (1988, S. 235) stellte die These auf, daß das Verständnis von Geschichte auch immer mit von dem Verständnis der (eigenen) Adoleszenz bestimmt ist. Wenn hier auch der Umkehrschluß gültig ist, dann könnte man vermuten, daß ein mit der historischen Frauenforschung gewachsenes Verständnis von Frauengeschichte auch die Fragen nach der Individualgeschichte und nach den Veränderungen in der Ontogenese verdeutlicht und Fragen nach der weiblichen Adoleszenz aufgeworfen hat.

Bislang aber geht der mainstream der psychoanalytischen Adoleszenzforschung von einem allgemeinen (und wir wissen mittlerweile, daß dies in der Regel bedeutet: männlichen) Entwicklungsverlauf aus und beschreibt, wie in der Adoleszenz als der zweiten Phase der Triebentwicklung die in der Latenzphase entwickelten kognitiven ‘Einstellungen’ mit einem emotionalen und körperlichen Entwicklungsschub kombiniert werden. Die Dynamik der in der Pubertät neu einsetzenden Prozesse ist stark, und diese Prozesse laufen oft von Willen und Wissen unabhängig, zu Teilen unbewußt ab. Hinsichtlich der Entwicklung einer Geschlechtsidentität bzw. der Ausgestaltung von Zweigeschlechtlichkeit verdeutlicht die psychoanalytische Adoleszenzforschung zwei Bedingungskonstellationen der Pubertät von Jugendlichen:

1. Die Ausgestaltung der Adoleszenz ist gesellschaftlich organisiert und variiert historisch und kulturell. Der körperliche Rei-

fungsprozeß stellt in westlichen Industriegesellschaften heute nicht länger den hauptsächlichen Anlaß dar, die Jugendlichen in die Erwachsenenwelt und die Kultur einzuführen. Die Komplexität des modernen Lebens hat die Zeit der Adoleszenz stark verlängert.

2. Die Adoleszenz kann als die Entwicklungsphase beschrieben werden, in der die individuelle körperliche Entwicklung mehr im öffentlichen Raum stattfindet als der erste Schub in der Triebentwicklung. Sie unterliegt deshalb einer anderen (stärkeren?) gesellschaftlichen Normierung und Bewertung. Die Ausgestaltung der körperlichen Entwicklung zum Mann oder zur Frau wird in dieser Phase an gesellschaftliche Erfordernisse und Vorgaben angepaßt.

In vielen psychoanalytischen Schriften wird die weibliche Adoleszenz thematisiert im Rekurs auf Helene Deutsch (1944) und in Auseinandersetzung mit der Freudschen Theorie der Unterschiede in der frühkindlichen Entwicklung, die als Bedingungen für die spätere Ausgestaltung in der Adoleszenz angesehen werden (vgl. z.B. Blos 1962). Nun bietet jedoch das Buch von Helene Deutsch trotz vieler interessanter und aufschlußreicher Fallbeispiele kaum Möglichkeiten, die Prozesse der weiblichen Adoleszenz zu erklären und zu verstehen, da Deutsch das traditionelle Weiblichkeitsbild der klassischen Psychoanalyse nie in Frage gestellt hat. Bei Deutsch wie bei Freud scheitern die Frauen an einem normativen und repressiven Weiblichkeitsbild, vor dem es kein Entrinnen gibt. Das Material, das Deutsch vorlegt, ist umfangreich und gibt einen Eindruck davon, wie die Problemkonstellationen von Mädchen in der Pubertät um Möglichkeiten einer befriedigenden Sexualität und um Ausdruckformen der eigenen Individualität kreisen. Für eine Leserin von heute ist es jedoch erstaunlich, wieso die Autorin trotz der differenzierten Beschreibung der Probleme und des Leidens mit und an der „femininen" Weiblichkeit, letztendlich doch an diesem normativen Weiblichkeitsentwurf festhält bzw. ihn immer wieder als Ideal oder Utopie anführt, anstatt zu thematisieren, daß die Eindimensionalität dieser Weiblichkeit auch etwas ist, worunter die von ihr beschriebenen Frauen leiden. Stattdessen nimmt Deutsch eine diffuse Vorstellung der Ergänzung bzw. Deckungsgleichheit von weiblicher Rolle und weiblicher Triebentwicklung an, bei der die leidvolle Ausnahme die Regel bestätigt.

Die Aktualität einiger ihrer Ausführungen zeigt sich aber daran, daß Deutsch genau wie jüngere empirische Studien beobachtete und beschrieb, daß die Adoleszenz für viele Mädchen Verlust an Selbstvertrauen bedeutet und zugleich die verstärkte Hinwendung zum anderen Geschlecht und dessen selbstlose Unterstützung als eine weibliche Verhaltensweise hervorbringt. Dies deckt sich mit aktuellen Befunden, in denen Liebe als geradezu sinngebendes und identitätstiftendes Moment im Leben der 17-jährigen Mädchen beschrieben wird (vgl. z.B. Fend 1990, oder auch die Hessische Mädchenstudie von 1986). Hingegen gibt es bis heute kaum Untersuchungen und Hypothesen zur Frage, wie denn jenseits der Zwänge und Anpassungen auch die Chancen und neuen Möglichkeiten für andere und selbstbestimmte Entwicklungsziele von jungen Frauen beschrieben und begriffen werden können. Feministische Forscherinnen verweisen deshalb schon seit geraumer Zeit auf die noch ungenügend geklärte entwicklungspsychologische Bedeutung der Adoleszenz. Beispielsweise behaupten Carol Hagemann-White/ Astrid Hermesmeyer-Kühler (1987) und Karin Flaake (1990, 1991), daß eine theoretische Konzeption, die Frauen als Subjekte zu begreifen in der Lage ist, auch die Adoleszenz beschreiben und erklären muß. Dabei gelte es, die Möglichkeiten zu erkunden, mittels derer die Adoleszenz zur „zweiten Chance" (Eissler 1958) auch von Mädchen werden kann.

Dieser bislang eher hypothetischen Überlegung stehen empirische Untersuchungsergebnisse und normative Entwicklungsmodelle entgegen: Faktisch beschrieben werden die Schwierigkeiten - nicht die Möglichkeiten - von Mädchen, eine Geschlechtsidentität zu entwickeln, die nicht in Übereinstimmung mit der kulturellen Geschlechterordnung steht. Auch verweisen psychoanalytische Konzeptionen des weiblichen Jugendalters Mädchen und Frauen in den familiären Rahmen zurück, indem sie die Orientierung auf den Mann und die Mutterschaft als weibliche Entwicklungsaufgabe beschreiben (vgl. z.B. Zeller 1964, Zulliger 1972, Müller 1984). Die These Mario Erdheims, daß familiär geprägte psychische Strukturen in der Pubertät aufgelockert und neu strukturiert würden, gilt somit - folgt man den psychoanalytischen Ausführungen - für Mädchen nur in eingeschränktem Maße. Verbleiben die Ablösungs-Anstrengungen des Mädchens im Rahmen der Familie, hat das Mädchen auf der psychischen Ebene nur geringe Möglichkeiten, einen eigenen weiblichen Lebensentwurf zu entwickeln. Christel Eckart (1988) zeigt in einer Interviewstudie, daß die Tochter entweder in der Bindung mit der Mutter verbleiben oder sich (unbewußt) am Vater orientieren kann. Im ersten Fall kann die Identifikation mit der Mutter bedeuten, daß die Tochter nur eingeschränkt ein eigenes, aktives Selbst entwickelt. Für den Fall, daß der Vater der Orientierung für das töchterliche Verhalten dient, ist die Abwertung der Mutter, ihrer Rolle, schließlich der eigenen Person zu befürchten. Die Identifikationsmöglichkeiten der Tochter mit dem Vater können zwar für die Abgrenzung von der Mutter während der Adoleszenz hilfreich sein, sind jedoch begrenzt, da sie als Frau eine andere Geschlechtsidentität hat als der Vater. Sie kann sich bestenfalls an der sozialen Rolle des Vaters orientieren und männliches, gesellschaftlichen Status verleihendes Verhalten praktizieren. So bleibt Männlichkeit samt ihren symbolischen Bedeutungen für die meisten Frauen eine „geliehene Größe“, wird eher phantasiert als gelebt. Dieser Verzicht auf männliche Rollen und Räume und die damit korrespondierende libidinöse Besetzung der beschränkten Räume weiblichen Alltags bereiten dann die verschiedenen Formen der weiblichen Selbstbeschränkung vor (vgl. Brückner 1983, Eckart 1988, Hagemann-White 1984).

Hinzu kommt, daß die weibliche Ablösung von der Familie in der Adoleszenz dadurch erschwert ist, daß es für Frauen wenige gesellschaftliche Bilder außerhalb der Orientierung auf Beziehungen und intime Bindungen gibt. Die Begrenztheit der sozialen Angebote wirkt sich negativ und einschränkend auf die psychische Verarbeitung der durch die körperliche Entwicklung ausgelösten Verunsicherungen der Mädchen aus. Mädchen werden auf Weiblichkeitsbilder verwiesen, die wesentlich bestimmt sind von der Attraktivität für das andere Geschlecht. Körperliche Veränderung treffen auf gesellschaftliche Geringschätzung (z.B. bei der Menstruation) oder objekthafte Taxierung (z.B. Kommentare zum Wachsen der Brüste). Unter diesen Bedingungen ist die Entdeckung, Wertschätzung und Realisierung von Eigenem schwer zu entwickeln und die Orientierung an der männlichen Norm bereits vorstrukturiert. Nancy Chodorow (1978) hat eine psychologische Erklärung dafür geliefert, wieso Frauen innerhalb der vorgegebenen Zweigeschlechtlichkeit und im Rahmen der Kleinfamilie dazu tendieren, die familialen Strukturen zu reproduzieren. In der Pubertät - darin ist man sich einig - werden die psychischen Konstellationen insofern aufgerüttelt, als daß zumindest unbewußt die Anstrengungen verstärkt werden, sich von den Eltern zu lösen und zu den Werten und Normen der Elterngeneration eine kritische Distanz zu entwickeln.

Unter welchen Bedingungen sich Anpassung an die traditionelle Geschlechtsrolle realisiert, ist durch psychoanalytische, jugendsoziologische und pädagogische Forschungen belegt und beschrieben; die Frage hingegen, welche Anknüpfungspunkte die weibliche Adoleszenz für eine Veränderung der symbolischen Bedeutung von Weiblichkeit wie auch für eine größere Wertschätzung von Weiblichkeit bietet, ist nach wie vor spekulativ. Eine Suche nach konkreten Anknüpfungspunkten und ein Aufzeigen von Möglichkeiten, mittels derer auch die weibliche Adoleszenz zur „zweiten Chance“ werden kann, ist deshalb dringend geboten. Zu diesem Zwecke sollen im folgenden noch einmal Thesen und Befunde der Jugendforschung gesichtet werden. Ich wende mich zunächst empirischen, nicht-psychoanalytischen Beiträgen zu und komme bei dieser Suche nach theoretischen Erklärungsmustern abschließend wieder auf psychoanalytische Modelle und Überlegungen zu sprechen.

Studien zur Lebenssituation von Mädchen

Die in den 70er und 80er Jahren entstandenen Studien zur Lebenssituation der Mädchen befassen sich mit den Lebensbereichen Familie, Schule, peer-groups, Freundschaften und Sexualität. Darüber hinaus gibt es eine nennenswerte Zahl an Untersuchungen zum Thema des abweichenden Verhaltens auch der weiblichen Jugendlichen, wie auch zum Thema der Zukunftsperspektiven und Zukunftswünsche der Mädchen (vgl. Schütze 1979, Tillmann 1992, Ostner 1986, Flaake/King 1992, Mertens 1994).

Klaus Jürgen Tillmann (1992) hat vorhandene Studien gesichtet und zusammengefaßt und kommt zu dem Schluß, daß das Leben der Mädchen in der Familie als konfliktreich eingeschätzt werden muß: Sind Auseinandersetzungen mit den Eltern um Kleidung, Frisur, Rauchen, dem Hören von lauter Musik und Taschengeld eher geschlechtsunspezifische Themen, mit denen Jungen wie Mädchen gleichermaßen konfrontiert werden, so drehen sich die Konflikte, die Mädchen mit ihren Eltern austragen, stark um Mithilfe bei der Hausarbeit und um das Ausgehen, die Zeit des Nachhausekommens und die „Jungenbekanntschaften“. Mädchen werden mehr als Jungen in die Hausarbeit einbezogen, dies führe zu verstärkten Auseinandersetzungen mit der Mutter, die Tochter lerne gleichzeitig Übernahme und Widerstand gegen die traditionelle Frauenrolle (Tillmann 1992, S. 45). In Auseinandersetzungen mit den Eltern, in denen das abendliche Weggehen und die Freundschaften mit Jungen ausgehandelt werden, mischt sich nach Umfragen unter Mädchen häufig der Vater ein. Offensichtlich sind die Mädchen hier einer schärferen Kontrolle als Jungen ausgesetzt. Sie müssen sich mehr rechtfertigen und sind häufiger damit konfrontiert, daß die Eltern ihre Freunde nicht billigen (Tillmann 1992, S. 46, Seidenspinner/Burger 1982, S. 43ff.).

Empirische Studien legen nahe, daß Eltern auf die Sexualität ihrer Töchter mit größeren Ängsten und stärkerer Abwertung reagieren als auf die ihrer Söhne. Damit korrespondieren auch die Formen der von den Eltern befürchteten Devianz: Als abweichend wird männliches Verhalten häufig dann bezeichnet, wenn Gewalttätigkeit vorliegt, bei Mädchen gelten frühe Schwangerschaft und Prostitution als Indizien (Winnicott 1965, Ziehlke 1992). Diese elterlichen Ängste hängen sicherlich mit der weit verbreiteten Tabuisierung einer eigenständigen weiblichen Sexualität und der Verhaltensunsicherheit im Umgang mit ihr zusammen. Hinzu kommt, daß weibliche Rollen und Klischees (Mutter, Heilige, Hure) stark mit Körperlichkeit und Sexualität assoziiert sind und elterliche Ängste mobilisiert werden können, wenn in der Pubertät ein weiblicher Körper heranwächst und die Mädchen im Vergleich zu den Jungen eine schnellere körperliche Entwicklung durchlaufen. Mädchen, so wird in der Literatur konstatiert, kommen ungefähr ein bis zwei Jahre eher als Jungen in die Pubertät und gehen aufgrund ihres Entwicklungsvorsprunges auch früher längerfristige (auch sexuelle) Beziehungen mit dem anderen Geschlecht ein. So berichten Klaus Allerbeck und Wendy Hoag, daß 27% der befragten 16-jährigen Mädchen einen festen Freund, hingegen nur 14% der Jungen desselben Alters eine feste Freundin haben (Allerbeck/Hoag 1985, S. 43). Fünf Jahre später stellte Helmut Fend mit seiner Befragung fest, daß 41% der Mädchen und 24% der Jungen feste Beziehungen zum Gegengeschlecht haben (Fend 1990, S. 85/183). Das bedeutet in der Konsequenz, daß die Mädchen in der Regel ihre ersten heterosexuellen Erfahrungen nicht mit ihren männlichen Altersgenossen machen, sondern ältere Freunde haben. Wie genau diese Freundschaften aussehen und welche Erfahrungen die Mädchen hier machen und wie sich diese Erfahrungen auf das Selbstbewußtsein und Selbstverständnis auswirken, ist als Trend nur schwer zu beschreiben. Uwe Sander und Ralf Vollbrecht (1985) stellen Einzelfallinterpretationen vor, bei denen die jeweilige Jungen-Freundschaft recht unterschiedlichen Stellenwert einnimmt, so daß sich keine allgemeinen Aussagen machen lassen. Georg Neubauer (1990) untersucht den Einfluß von Sexualität auf das Selbstbild von Jugendlichen und stellt in seiner Studie geschlechtsspezifisch unterschiedliche Verhaltens- und Verarbeitungsformen im Hinblick auf Sexualität fest. Mädchen, so sein Fazit, haben insgesamt weniger Spaß und mehr Streß mit Sexualität und Geschlechtsverkehr. Ihre emotionale Befindlichkeit werde stark durch das elterliche Verhalten bestimmt, und da sie stärkeren Restriktionen von zuhause ausgesetzt sind, hätten Mädchen größere Probleme mit ihrem Selbstbild nach ersten Sexualitätserfahrungen (Neubauer 1990, S. 124). Diese Aussagen Neubauers müssen auch vor dem Hintergrund gesehen werden, daß Mädchen oft widersprüchlichen Situationen und unterschiedlichsten Selbst- und Fremdansprüchen bei ihren Erfahrungen mit dem anderen Geschlecht ausgesetzt sind. So berichtet Angelika Horstkotte (1985), daß die Eltern sich zwar aufgrund verschiedener Sexualmoralen unterschiedlich reglementierend zu den heterosexuellen Beziehungen der Tochter verhalten, aber die heterosexuelle Entwicklungsnorm in der Regel nicht aus dem Blick verlieren: Wenn die Tochter mit 17 noch keinen Freund hat, ist das ein Grund für die Eltern, sich Sorgen zu machen (Horstkotte 1985, S. 40).

So stellt sich der Bereich der Sexualität für die adoleszenten Mädchen auch diesen Studien zufolge als konfliktgeladen dar. Der gesellschaftliche Druck zur Heterosexualität als dem Normalen ist für Mädchen einerseits mit Prestigegewinn verbunden - Attraktivität wird kommentiert, sie erregt Aufmerksamkeit und Interesse bei anderen - andererseits erfordert die weibliche Attraktivität für den Mann auch die Unterordnung der Frau; sie ist Sexualobjekt, wird von ihm gewählt, und dies macht es für die heranwachsende Frau so schwer, eigene Wertmaßstäbe und Unabhängigkeit zu entwickeln.

Auch wird die besondere Beziehung zwischen Mutter und Tochter als ein Bereich von möglichen Konflikten für Mädchen in der Familie durch die empirische Forschung verdeutlicht. Die Theorie beschreibt die Ablösung von der Mutter immer wieder als töchterliche Entwicklungsaufgabe, deren Bewältigung häufig schwierig ist. Bei Befragungen beschreiben die Mädchen die Beziehung zu ihrer Mutter oft als nah und vertraut (vgl. Cramon-Daiber 1984, DJI 1989, Burger/Seidenspinner 1988, Apter 1990). In den Zusammenhang mit den oben beschriebenen Auseinandersetzungen zwischen Mutter und Tochter gestellt, wird deutlich, daß Konflikte der Ablösungsprozesse sich häufig um die Erfüllung oder Verweigerung der weiblichen Rolle drehen. Es ist für Mädchen oft schwierig, Weiblichkeit in Auseinandersetzung mit der Mutter zu erproben und zu definieren, da die Entwicklung der Tochter bei der Mutter eigene Ambivalenzen und Verdrängtes mobilisieren kann, welche dann auch in das Weiblichkeitsbild der Tochter eingehen. Angelika Burger und Gerlinde Seidenspinner (1988) konstatieren in ihrer Mutter-Tochter-Studie, daß speziell die 14-15-Jährigen, die keinen Freund haben, sich stark mit der Mutter identifizieren und sich wenig gegen sie abgrenzen (Burger/Seidenspinner 1988, S. 119). Es wäre interessant zu erfahren, wie stark sich das Verhältnis dieser Mädchen zu ihrer Mutter ändert, wenn sie eine Jungenfreundschaft eingehen, ob die heterosexuelle Beziehung etwa als Vehikel für die Ablösung von der Mutter dient, und ob es sich positiv auf das Mutter-Tochter-Verhältnis auswirkt, wenn die Mutter sich tolerant, verständnisvoll und bestätigend zu der töchterlichen Sexualität und ihren Freundschaften verhält. Es ist wahrscheinlich, daß die Qualität der Mutter-Tochter-Beziehung davon abhängen wird, ob die Tochter das (unbewußte) Weiblichkeitsbild der Mutter unreflektiert übernimmt, oder ob sie ihr Weiblichkeitsbild in Auseinandersetzung mit der Mutter entwickelt hat, ob der Verlauf der Ablösung und Trennung es ermöglicht, sich später wieder positiv aufeinander zu beziehen. Eine anhaltend harmonische Mutter-Tochter-Beziehung ist wohl entweder ein Indiz für die große Flexibilität und Toleranz der Mutter oder aber ein Hinweis darauf, daß die Tochter das Weiblichkeitsbild der Mutter widerspruchslos übernommen hat. Dies muß nicht per se problematisch sein, stimmt aber bedenklich, hat man im Blick, daß Weiblichkeitsbilder und Vorstellungen über Zukunft sich im Laufe einer Generation durchaus wandeln können.

Die Mutter-Tochter-Beziehung, das legen auch die empirischen Befunde nahe, muß neu strukturiert werden, damit die Jugendliche Vorstellungen von Weiblichkeit entwickeln kann, die nicht von Anfang an mit denen der Mutter identisch sind. Die Konflikthaftigkeit des Ablösungsprozesses hängt einerseits mit der größeren Nähe zusammen, die Mütter zu ihren Töchtern entwickeln können und die es den Töchtern schwerer macht, sich aus dieser engen Beziehung ohne Verlustängste und Schuldgefühle zu lösen. Andererseits sind diese Ablösungsschwierigkeiten auch im Zusammenhang damit zu sehen, daß alternative Weiblichkeitsbilder rar sind, die Töchter also häufig auf ihre Mütter zurückverwiesen sind und zwischen der Kritik und der Nähe zum mütterlichen Lebensentwurf hin- und hergerissen werden. Damit die Innigkeit und die Nähe der Mutter-Tochter-Beziehung als positiver Einflußfaktor auf das weibliche Selbstbewußtsein wirksam werden kann, braucht es kulturelle Zusammenhänge, in denen die weibliche, gleichgeschlechtliche Beziehung nicht in ständiger Konkurrenz mit der heterosexuellen Beziehung steht. Der familiäre Rahmen, in dem sich die Mutter-Tochter-Beziehung herkömmlicherweise entwickelt, ist dafür aufgrund seiner innerfamiliären patriarchalen Organisationsstruktur wahrscheinlich ungeeignet: Die Frauenrolle ist hier oft abgewertet bzw. wird als Ergänzung der männlichen Rolle begriffen. Dafür sprechen auch die Befunde von Gerlinde Seidenspinner und Angelika Burger, die in der „brigitte-studie" zu dem Ergebnis kommen, daß Töchter alleinerziehender Mütter in der Regel eine starke Berufsorientierung und eine größere Offenheit in der Lebensplanung aufweisen, in ihrer heterosexuellen Orientierung jedoch langsam und schüchtern sind. Hier wirkt sich das Aufwachsen in einer nicht traditionellen Kleinfamilie offenbar aus (Seidenspinner/ Burger 1982, S. 59).

Stattdessen trifft man in der Literatur auf die Hoffnung, daß sich in den Mädchenfreundschaften eine wechselseitige, weibliche Wertschätzung und Eigenständigkeit etablieren könnte. In empirischen Studien wird dabei unterschieden in „beste Freundin" und „Clique": Untersuchungen über peer-groups beziehen sich häufig auf gemischtgeschlechtliche Gruppen (vgl. z.B. Engel/Hurrelmann 1989, S. 57ff, Fend 1990, S. 177f.), Untersuchungen, die sich ausschließlich mit Mädchengruppen und deren Bedeutung beschäftigen, sind sehr viel häufiger im Bereich der „grauen" Literatur als Projekt- und Erfahrungsberichte zu finden, sind aber auch in der Hessischen Mädchenstudie von 1986, bei Schlapeit-Beck 1987, Engler/Ufer 1986 und beim IB Mädchentreff berücksichtigt. „Beste Freundinnen", das behaupten zumindest einige Autoren, sind für Mädchen wichtiger, enger und intimer als für Jungen und erfüllen oft die Funktion, sich aufgehoben und verstanden zu fühlen. Nicht selten werde die Mädchenfreundschaft gestört oder beendet dadurch, daß eine der beiden Mädchen einen Freund hat (Pagenstecher et al. 1985, S. 95f., siehe z.B. auch Jensen 1985, S. 113f.). Diese Geringschätzung der Mädchenfreundschaft sobald eine Jungenfreundschaft hinzukommt, hat, darauf weisen Liesing Pagenstecher et al. (1985) hin, ihre Entsprechung im Erwachsenenalter. Auch dort bewältigen Frauen ihren Alltag mit Frauen, weisen dieser Beziehung häufig aber eine geringere Bedeutung als der gegengeschlechtlichen Beziehung zu (Pagenstecher et al. 1985, S. 117). Dies zeigt, daß die gesellschaftlich vorgegebene Orientierung auf den Mann auch in die Mädchenfreundschaften hineinwirkt und es für Mädchen schwer ist, andere, außerhalb dieser Norm liegende Bedürfnisse wahr- und ernstzunehmen. Pagenstecher et al. fordern deshalb die Etablierung von feministischer Öffentlichkeit und Mädchenkultur als eigene Lebensräume, in denen Mädchenfreundschaften „nichts Ungewöhnliches sind und in denen sie auch ohne Freund als vollwertig gelten" (Pagenstecher et al. 1985, S. 138).

Bedarf nach solchen Zusammenhängen wird auch in Projektberichten über Mädchentreffs und deren Aktivitäten zum Ausdruck gebracht. Nach ihren Erfahrungen im Mädchentreff befragt, verwenden die Mädchen häufig Begriffe und Bilder wie „Insel", „Heimat", und „Familie", „andere Welt", „Bestätigung". Zum einen sprechen die Mädchen von der Unterstützung, Anregung und dem Wohl- und Selbstwertgefühl, die sie im Mädchentreff erfahren. Sie schätzen den Mädchentreff als Raum positiver Erfahrungen. Andererseits thematisieren sie, daß „die Welt draußen" anders ist, und die „Oase Mädchentreff" nur eine „Insel", nicht aber umfassende Wirklichkeit: „Je mehr Bestätigung du hier bekommst, je selbstbewußter du draußen auftrittst, je massiver werden die Angriffe auf dich" (IB-Mädchentreff Frankfurt, ohne Jahr, S. 231).

Zudem sind Mädchenräume selten. Auch die moderne Schule ist in der Regel koedukativ und dann ein wichtiger Ort, wo Jungen und Mädchen verschiedenen Alters sich treffen und verabreden können. Die in den letzten Jahren intensivierte Diskussion über die Nachteile der koedukativen Schule hat gezeigt, daß auch hier männliche Dominanz und weibliche Zweitrangigkeit direkt wie auch unterschwellig gelernt werden (vgl. Enders-Dragäs-ser/Fuchs 1989, Horstkemper 1987, 1990, 1990a, Pfister 1990, Hannover 1992). Dies ist möglich, obwohl Mädchen sozial und kognitiv kompetenter als Jungen eingeschätzt werden. Im Schnitt haben die Mädchen die besseren Schulleistungen, sind in der Regel aufgeschlossener und beliebter als die Jungen (Horstkemper 1987, S. 141ff). Im Verlauf der Adoleszenz aber beginnt dieser 'Vorsprung' zu bröckeln. Die Studie von Helmut Fend (1990) zeigt, daß es den Mädchen nicht gelingt, ihr Können und ihre Erfolge auch in Selbstwertgefühl umzusetzen (Fend 1990, S. 124). Im Gegenteil lassen im Schnitt die Schulleistungen der Mädchen und das Interesse an den als männlich definierten naturwissenschaftlichen Fächern ab der 7. Klasse mit verstärkt einsetzender Pubertät nach. Die körperlichen und psychischen Veränderungsprozesse in der Adoleszenz, die der Norm entsprechend körperliche Attraktivität der Mädchen für das männliche Gegenüber bedeuten, führen also in der Regel zu Verunsicherung und zur Verringerung der weiblichen Leistung und des Erfolges.

Dies zeigt, daß solange die „Suche nach dem Mann" und die damit einhergehende Objektidentität Maßstäbe für die weibliche adoleszente Entwicklung bleiben, die Adoleszenz nicht zur „zweiten Chance“ für die Mädchen werden kann. Die zitierten Studien zeigen, daß mit dem Beginn des sexuellen Interesses für das Gegengeschlecht auch die Konfrontation mit der heterosexuellen Norm einhergeht, die für Mädchen so häufig die weibliche Nachrangigkeit festschreibt. Die feministische Kritik an der „Zwangsheterosexualität“ (Rich 1983) findet hier eine empirische Basis.

Offen lassen die meisten der empirischen Untersuchungen, warum Mädchen ein geringeres Selbstwertgefühl entwickeln als Jungen und ob es denn zumindest in den Wünschen, Plänen und Lebensentwürfen Anzeichen für eine Veränderung der weiblichen Lebens- und Selbstentwürfe gibt. Die Studien verdeutlichen, daß ein an der Geschlechtsrolle ausgerichtetes Normalitätskonzept mehr oder weniger bewußt in die weibliche Identität und Lebensplanung eingeht und daß Modelle und Lernräume rar sind, an denen Mädchen eigene Handlungsmöglichkeiten und Absichten ausrichten könnten. Nichtsdestotrotz sorgt sowohl ein gewisses Unbehagen an der Geschlechterrolle als auch ein gesellschaftlich gestiegener Anspruch auf weibliche Selbstbestimmung und Gleichheit dafür, daß die Vorstellungen von privater und beruflicher Lebensplanung zum Teil von der Normativität der weiblichen Rolle abweichen. So halten beispielsweise Barbara Keddi und Gerlinde Seidenspinner (1990), wie auch Birgit Geissler und Mechthild Oechsle (1994) fest, daß eine doppelte Perspektive auf Beruf und Familie ein Grundmuster weiblicher Lebensperspektive sei und junge Frauen sich in der Spannung zwischen Berufsorientierung und Beziehungsorientierung verhalten müßten. So belegen und diskutieren einige Autorinnen die Kontinuität der konventionellen Lebensplanung (Klüssendorf 1992, Hagemann-White 1992, Apter 1990), andere konstatieren eher eine Rollenveränderung im weiblichen Lebensentwurf (Keddi/Seidenspinner 1990, Faulstich-Wieland/Horstkemper 1985). Ulrike Popp (1992) hat auf der Basis einer Längsschnittuntersuchung über Zukunftsperspektiven von Jugendlichen die These aufgestellt, daß Mädchen heute stärker als Jungen dazu aufgefordert sind, die traditionelle Geschlechtsrolle abzulehnen und es deshalb im weiblichen Lebensentwurf zu einer zeitlichen Ausweitung der Lebensphase komme, die Erikson als „psychosoziales Moratorium“ beschrieben hat. Mädchen, so formuliert Popp, fordern ein „Moratorium von den als weiblich deklarierten Aufgaben einer späteren Mutter und Hausfrau“ (Popp 1992, S. 61). Die von ihr befragten Mädchen haben unklare Lebensperspektiven, die Familienphase wird auf viel später verschoben, sie haben oft alternative Lebensvorstellungen, Spaß ist wichtiger als Karriere, nicht selten wünschen sie sich Auslandsaufenthalte als wichtigen Erfahrungsbereich für die nahe Zukunft. Laut Befragung gedenken die meisten Mädchen nach dem verlängerten Moratorium, die traditionelle Weiblichkeitsrolle zu erfüllen. Ob sie es dann tatsächlich tun, hängt nach Einschätzung von Popp von „lebenswegrelevanten Faktoren und Erfahrungen“ ab (Popp 1992, S. 63).

Die Untersuchung von Popp scheint mir Ansätze für eine Veränderung des Verhaltens von Mädchen in der (Post-?)Adoleszenz aufzuzeigen. Hier wird berichtet, daß Mädchen Freiräume zum Ausprobieren und ein Recht auf eigene Erfahrung verlangen. Im Unterschied zu den befragten Jungen, die sich ihr Leben allesamt als berufliche Karriere mit einer Frau im Hause zu ihrer Verfügung vorstellen, fordern die Mädchen eine Phase des Ausprobierens von anderen Identitätsentwürfen und Rollen, bevor sie bereit sind, sich mit der klassischen Weiblichkeit (Mutterschaft und große Bedeutung der heterosexuellen Beziehung) auseinanderzusetzen. Bewertet man die Weigerung der Mädchen, konkrete Lebensentwürfe zu entwickeln, positiv (statt sie als den Wunsch zu interpretieren, nicht erwachsen werden zu wollen), dann beinhaltet diese Art der Verlängerung des „psychosozialen

Moratoriums" auch die Möglichkeit, neue weibliche Lebenszusammenhänge entstehen zu lassen. Ein Moratorium von den Ansprüchen der weiblichen Geschlechtsrolle zu fordern, kann auch zur Folge haben, daß sich im Laufe des Erwachsenen-Lebens eine veränderte Vorstellung von Weiblichkeit realisiert. Wie diese Mädchen die weiblichen Rollenerwartungen konkret verarbeiten, wird davon abhängen, welche Erfahrungsräume ihnen zur Verfügung stehen und ob ihnen alternative Lebensformen von anderen, (erwachsenen) Personen vorgelebt werden, ob auch andere von der Norm abweichende Erfahrungen in die Geschlechtsidentitäten der Mädchen und Frauen eingehen können. Margarete Mitscherlich-Nielsen (1975) formuliert die Bedingungen, unter denen sich eine Veränderung der gesellschaftlichen Rollenangebote vollziehen könnte.

> „Ohne die Befreiung von sozialer, ökonomischer und familiärer Unterdrückung gibt es nur eine Emanzipation für wenige ausgewählte Frauen. Zugeben müssen wir allerdings, daß erst die kritische Distanz der Frauen selber zu der vom Mann geprägten Gesellschaft, ihr besseres Verständnis der Eigenart ihrer weiblichen Entwicklung zu einer dauerhaften Veränderung nicht nur der Stellung der Frau, sondern der gesellschaftlichen Wertvorstellungen überhaupt führen wird" (Mitscherlich-Nielsen 1975, S. 593).

Die Entwicklung von „kritischer Distanz" zu den Werten der patriarchalen Gesellschaft, von der hier die Rede ist, beinhaltet die Möglichkeit, Weiblichkeit als etwas Eigenes, Positives zu erleben, ist aber - das zeigen die zitierten Studien - daran gebunden, daß Frauen in Beziehungen Subjekte und nicht Objekte sind. Dies ist zunächst einmal in reinen Frauen- oder Mädchengruppen eher gegeben als in gemischtgeschlechtlichen Zusammenhängen, in denen die weibliche Zweitrangigkeit so geläufig ist. Die Notwendigkeit von eigenen weiblichen Erfahrungsräumen ist damit einmal mehr betont.

Frauen- und Mädchenräume sind jedoch keine ausreichende Bedingung dafür, daß sich Frauen in der Konfrontation mit der Männerwelt nicht länger unterordnen. Ändern muß sich auch die gesellschaftlich definierte Geschlechtsrolle, und diese Änderungen müssen durchgesetzt werden. Elisabeth Beck-Gernsheim und Ulrich Beck (1990) sind diesbezüglich eher skeptisch und behaupten, daß die „Widersprüche zwischen weiblicher Gleichheitserwartung und Ungleichswirklichkeit, zwischen männlichen Gemeinsamkeitsparolen und Festhalten an den alten Zuweisungen" (Beck/Beck-Gernsheim 1990, S. 24) sich zuspitzen werden und große geschlechtsspezifische Konfliktpotentiale beinhalten. Da die Gleichstellung der Geschlechter nur erreichbar ist, wenn Männer Privilegien abgeben, und sie dies vermutlich nicht freiwillig tun werden, steht nach Einschätzung von Beck/Beck-Gernsheim eine Zeit politischer und individueller Auseinandersetzung zwischen Männern und Frauen bevor.

Wenn diese Einschätzung zutreffend sein sollte, geben die Studien über weibliche Jugendliche wenig Anlaß zur Hoffnung, daß junge Frauen sich in diesen Auseinandersetzungen stark machen oder gar durchsetzen könnten. Mit dem Beginn der Adoleszenz - so der Eindruck, der sich nach der Sichtung der (empirischen) Studien verfestigt - verlieren selbstbewußte, kompetente Mädchen ihr positives Selbstbild und Selbstbewußtsein und orientieren sich an Außenbewertungen und der sozialen Norm. Erst als Erwachsene finden viele Frauen Möglichkeiten, aktiv und selbstbewußt zu werden.

Dies zeigt zum einen, daß die weibliche Sozialisation mit dem Ende der Adoleszenz nicht abgeschlossen ist und daß eine „zweite Chance" sich auch durch Lernen und durch Veränderungen im Erwachsenenalter eröffnen könnte. Zum anderen bedeutet dies, daß so negativ, wie die vorliegenden Studien die weibliche Adoleszenz schildern, sie nicht nur sein kann. Auch in der Pubertät müssen Mädchen ihre narzißtischen, aufbegehrenden und kreativen Anteile irgendwie und irgendwo befriedigen oder sie zumindest so konservieren und schützen, daß sie im Erwachsenenalter wieder aktiviert werden können. Darüber aber, wie Mädchen mit ihren Wünschen nach Anerkennung, Mitwirkung und Bedeutsamkeit umgehen, wie diese Wünsche anders als in einem Vom-Mann-Begehrt-Werden-Wollen ausgedrückt werden, sagt die Forschung sehr wenig. Das mag daran liegen, daß die uns zur Verfügung stehenden Kategorien und Begriffe unpräzise sind, oder daran, daß die Prozesse der weiblichen Adoleszenz bislang nicht genau genug beobachtet wurden oder schlicht daran, daß es an neuen Interpretationen, Erklärungen und Gründen für die Orientierung an der traditionellen weiblichen Rolle mangelt. Deshalb ist eine erneute Berücksichtigung und Einarbeitung eines Verständnisses von psychosexueller Entwicklung in ihrer Konflikthaftigkeit und ihrer unbewußten Dimension nötig. Diese Ebene aber bleibt in den meisten Mädchen-Studien unberücksichtigt. Stattdessen überwiegt die Darstellung und Interpretation der Reaktionen junger Frauen auf kulturelle Vorgaben der Geschlechterrolle. Erinnert man sich, um diese Lücke zu schließen, an die eingangs erwähnten psychoanalytischen Adoleszenztheorien, so kann hier positiv festgehalten werden, daß Unbewußtes und Konflikthaftigkeit Bestandteil der Ausführungen sind - die Adoleszenz wird in diesen Theorien häufig als Phase der „Krise" interpretiert. Inwiefern hilft ein Verständnis von der Adoleszenz als „Krise"bei der Suche nach Begründungen für eine „zweite Chance" in der weiblichen Adoleszenz?

Adoleszenz als „Krise" und die Notwendigkeit, innere und äußere Welt miteinander in Verbindung zu setzen

Die Adoleszenz als Phase der „Krise" (Erikson), der „Stagnation" (Winnicott) wird geschlechtsspezifisch unterschiedlich bewältigt. Eine Theorie der Adoleszenz, soweit ist die Forschung sich einig, muß aktuelle, gesellschaftliche Strömungen und sozial-kulturelle Konstellationen mit in ihre Erklärungshypothesen einbeziehen. Werden dabei entsprechend moderner soziologischer Literatur die Risiken heutiger Gesellschaften und die damit zusammenhängenden Individualisierungstendenzen als zentrale Einflußfaktoren von Lebensführung angesehen, treten zwangsläufig die Widersprüche und die Krisenhaftigkeit auch der adoleszenten Entwicklung in den Vordergrund. Die „Individualisierung" (Beck) und die damit verbundene Herauslösung aus tradierten Zusammenhängen stellt für männliche und weibliche Jugendliche einerseits eine Verunsicherung dar, die zur Übernahme alter Normen und Werte führen kann. Andererseits beinhaltet das Brüchigwerden alter Sinnsysteme auch die theoretische Möglichkeit größerer Entscheidungsfreiheit, die als Chance für die Entwicklung alternativer Lebensentwürfe genutzt werden könnte.

Die adoleszente „Krise" ist so gesehen eine doppelte: Einmal bezeichnet sie die individuelle Notwendigkeit, sich an bestehenden Erwartungen abzuarbeiten und sich zu ihnen zu verhalten. Zum anderen werden weibliche und männliche Jugendliche im „Individualisierungs"-Zeitalter während der Adoleszenz mit diversen Werten und Sinnsystemen konfrontiert, die brüchig geworden sind, zu denen es aber keine alternativen Modelle oder Handlungsperspektiven gibt. Sie müssen Selbstverantwortung und Entscheidungsfähigkeit und Kreativität bei der Erfindung neuer Lebensentwürfe beweisen, die sie möglicherweise überfordern.

Für unsere Fragestellung ist diese Überlegung von Interesse, da in dem Maße, in dem Individuen für ihre Biographie selbst verantwortlich gemacht werden, auch die Orientierung an Familie schwindet. Für Frauen, denen die traditionelle Geschlechtsrolle eine Familienorientierung nahelegt, könnte eine derartige gesellschaftliche Entwicklung auch bedeuten, daß sie sich von der Geschlechterrolle lösen und Ansprüche auf Beteiligung an der Männerwelt stellen müssen. So gesehen wären Forderungen nach mehr Gleichheit zwischen den Geschlechtern eher gesellschaftlich notwendige Orientierungs- und Überlebensstrategie von Frauen denn gesellschaftliche Kritik. Ähnliche Schlußfolgerungen legt eine Untersuchung von Gertrud Nunner-Winkler (1985) nahe. Sie geht dem „Adoleszenzkrisenverlauf und Wertorientierung" nach und untersucht individuelle Lebensverläufe weiblicher und männlicher Jugendlicher daraufhin, ob sie krisenfrei oder mit heftigen Krisen ablaufen. Als „Krise" begreift sie eine vehemente Auseinandersetzung mit gesellschaftlich vorgegebenen Erwartungen, im Zuge derer kognitive Orientierungen wie auch die „motivationale Basis" mobilisiert würden. Junge Frauen, die in der Adoleszenz keine Krise durchlaufen, stellt Nunner-Winkler fest, hätten keine Geschlechtsrollenkonflikte, sie verstehen die weibliche Rolle als mit Berufstätigkeit vereinbar, streben letztere an bzw. üben sie aus. Für die Frauen aber, deren Adoleszenz krisenhaft verläuft, beschreibt sie eine Bejahung der Leistungsgesellschaft, die mit einer kritischen Einstellung zur tradierten weiblichen Rollenerwartung korrespondiert (Nunner-Winkler 1985, S. 102).

Das hieße, daß zwar nicht jede 'Karrierefrau' Feministin ist, aber jedenfalls ein Bewußtsein davon haben muß, daß konventionelle Weiblichkeitsvorstellungen sie einschränken. Darüber hinaus rückt die Unterteilung in gesellschaftskritische Einstellung und kritische Einstellung der Geschlechtsrolle, die Nunner-Winkler vornimmt, die Fragen in den Blick, ob ein geschlechtsrollenkritisches Bewußtsein nicht auch eine Form des gesellschaftskritischen Bewußtseins sein kann und wie Geschlecht und Gesellschaft zusammenhängen und in ihren Zusammenhängen wahrgenommen werden. Aufgeworfen ist auch die Frage, wie erklärt werden kann, daß eine solche psychische Krise - folgt man Nunner-Winkler - bei manchen Individuen (mit verschiedenen Abläufen und Variationen) auftaucht, bei anderen Personen offenbar weniger oder gar nicht.

Zur Beantwortung dieser Fragen ist es hilfreich, sich einen älteren Text von Jeanne Lampl de Groot (1960) zu vergegenwärtigen: Die Psychoanalytikerin vertritt die Ansicht, daß die Adoleszenz eine depressive Reaktion auf den Verlust der Kindheit sei. Dieser Verlust müsse, und darin bestünde die Entwicklungsaufgabe, Schritt für Schritt durch Trauerarbeit umgewandelt werden. Dies sei ein Prozeß, der einen bedeutenden Anteil an der lebenslangen Aufgabe habe, die innere mit der äußeren Welt in Verbindung zu setzen. Lampl de Groots Vorstellung dieses Prozesses ist geschlechtsunspezifisch, kann aber einige Abläufe der weiblichen Adoleszenz sehr wohl erhellen.

Lampl de Groot hält fest, daß der zentrale Unterschied zwischen der Entwicklung in der Kindheit und der Entwicklung in der Adoleszenz die Rolle des Über-Ichs ist. Wenn sich Normen, Werte, Orientierungen und Einstellungen verfestigen sollen, muß das Über-Ich reorganisiert werden. Schwierig sei dies deshalb, weil mit der Ablösung von den Eltern auch Teile des internalisierten Über-Ichs aufgegeben würden. Dies sei, so Lampl de Groot, auch ein Stück Selbstaufgabe, da das kleine Kind seine Eltern idealisiere und so auch seine Größenphantasien bearbeite. Wenn nun mit der Ablösung von den Eltern auch diese Idealisierung teilweise zerstört wird, so greife dies auch einen „Grundpfeiler der Idealbildung" (Lampl de Groot 1960, S. 483) an und gebe als narzißtische Kränkung Anlaß zu Aggressionen wie auch zur Gefühls- und Reaktionslosigkeit auf äußere Impulse. Andererseits sei es möglich, daß Jugendliche an archaischen, idealisierten Eltern-Imagines festhalten, weil sie als Abwehr gegenüber Scham- und Schuldgefühlen dienen müssen, die durch intensive Feindseligkeit den Eltern gegenüber hervorgerufen werden. Die Prozesse der Adoleszenz führen - innerpsychisch betrachtet - zum Narzißmus und zur Herausbildung eines Ich-Ideals. Dieses Ich-Ideal wird neu organisiert und strukturiert, bereits introjizierte Eltern-Eigenschaften werden bekämpft. Die Herausbildung des Ich-Ideals als Instanz der Ethik und der Ideale ist dabei stärker für die Ausbildung von Oppositionsgeist und Allmachtsphantasien verantwortlich als die Reorganisation des Über-Ichs, das als Instanz der Normen, Verbote und Gesetze auf die Notwendigkeit zur Anpassung drängt.

Obwohl diese Äußerungen recht allgemein sind, können sie doch als eine Erklärungsfolie für die verschiedenen, zum Teil gegeneinander stehenden Beschreibungen weiblicher Adoleszenz herangezogen werden. Zum einen kann Nunner-Winklers Unterscheidung in Frauen mit krisenhafter und nicht krisenhafter Adoleszenz ein Stück weit erklärt werden: Eine unterschiedliche Ich-Ideal Entwicklung führt in dem einen Falle zur Herausbildung von Omnipotenzphantasien, die Vorgefundenes in Frage stellen. Im zweiten Fall werden die krisenverursachenden Größen- und Allmachtsphantasien durch eine narzißtische Identifikation mit der vorgegebenen weiblichen Rolle befriedet und vielleicht sogar ersetzt. Da man heute wohl davon ausgehen kann, daß die Frauenrolle eine Berufsorientierung beinhaltet und die Frau nicht ausschließlich auf die Mutterschaft verweist, bleiben die nicht-krisenhaften Frauen im Rahmen der vorgegebenen Identifikationsangebote; eine Entwicklung eines starken Ideals, das zu Konflikten mit dem Real-Ich führen würde, wird auf diese Weise vermieden. Lampl de Groot (1960, S. 482) bezeichnet die Adoleszenz als „Prozeß der Trauerarbeit" über den Verlust der frühen Elternimagines, der abhängig sei von der „nach innen gekehrten Aggression", die frühkindlich gegen die Eltern gerichtet war. Haß und Ambivalenzen gegen frühe Eltern-Objekte leben Mädchen und Frauen - darauf wies z. B. Janine Chasseguet-Smirgel (1964) hin - sehr viel stärker als Jungen in der Form aus, daß sie die Aggression nach innen und gegen sich selbst wenden. Das könnte erklären, daß eine Phase des Aufbegehrens, der Rebellion in den Studien über weibliche Jugend (außer wenn es um sog. Devianz geht) so selten vorkommt. Viel häufiger gibt es empirisches Material, das „nach innen gekehrte Aggression" in Form von Eß- und Menstruationsstörungen als Bewältigungsstrategie dieser Trauerarbeit dokumentiert.

In der Adoleszenz, so Lampl de Groot, müssen die inzestuösen Bindungen an die Eltern aufgegeben werden. Folgt man den Thesen feministisch-psychoanalytischer Autorinnen, wie z.B. Nancy Chodorow (1978) und Jessica Benjamin (1988), so ist die frühe Beziehung des Mädchens zum Vater immer von Defiziten gekennzeichnet. Da sie ihn nie gehabt hat, kann sie ihn auch nicht aufgeben, sondern muß ihn weiter suchen, und die weibliche Suche nach einem Freund, die die Mädchen-Studien beschreiben, bestätigt dies. Die frühe Beziehung zur Mutter hingegen wird, so Chodorow und Benjamin, nie vollständig aufgegeben. Dem entspricht, daß auch die Mädchen-Studien das Bild von der Ablösung von der Mutter nicht bestätigen. Sowohl Burger/Seidenspinner (1988) als auch Apter (1990) beschreiben, daß die Mutter für das emotionale Empfinden der Tochter während der Adoleszenz in der Regel wichtig bleibt. Da eine Abwendung vom mütterlichen Liebesobjekt nur eingeschränkt stattfindet, kann sie sich bei diesen Mädchen auch nicht als eine „Zerstörung eines Teils ihrer Persönlichkeit", wie Lampl de Groot es nennt, auswirken. Trotzdem fehlt den Mädchen häufig die Fähigkeit zur Selbstliebe; es fehlt an Möglichkeiten „Narzißmus, Aggression und Ambivalenz" (Erdheim) produktiv auszugestalten. Dies mag daran liegen, daß die für die Idealbildung notwendigen Größen- und Allmachtsphantasien durch eine Identifikation mit der einer traditionellen Weiblichkeitsrolle verhafteten Mutter zeitweise unterbunden werden. Andererseits ist denkbar, daß wenn richtig ist, daß Mädchen sich von ihrer Mutter nie ganz ablösen, auch Möglichkeiten zur Idealbildung erhalten bleiben, da eine kontinuierliche Beziehungserfahrung auch Stärke und Stütze für die Konflikte mit der Divergenz zwischen Ich-Ideal und Realität bedeuten kann. Selbst wenn Mädchen ein rigides, der patriarchalen Norm entsprechendes Über-Ich ausbilden, bleibt ein Potential für Idealbildung, d.h. auch für weibliche Selbstentwürfe vorhanden. Damit könnte erklärt werden, daß erwachsene Frauen im Laufe ihres Lebens neue Weiblichkeits-Definitionen entwickeln, realisieren und für deren gesellschaftliche Anerkennung streiten.

Literatur

Allerbeck, K., Hoag, W. (1985): Jugend ohne Zukunft? Einstellungen, Umwelt, Lebensperspektiven. München (Piper).

Apter, T. (1990): Altered Loves: mothers and daughters during adolescence. New York (St. Martin's).

Beck, U., Beck-Gernsheim, E. (1990): Das ganz normale Chaos der Liebe. Frankfurt (Suhrkamp).

Benjamin, J. (1988): Die Fesseln der Liebe. Psychoanalyse, Feminismus und das Problem der Macht. Frankfurt 1990 (Stroemfeld Roter Stern).

Bernfeld, S. (1927): Die heutige Psychologie der Pubertät. In: von Werder, L./Wolff, R. (Hg.): Antiautoritäre Erziehung und Psychoanalyse. Ausgewählte Schriften Band 3. Frankfurt 1970 (März), S. 691-747.

Blos, P. (1962): Adoleszenz. Eine psychoanalytische Interpretation. Stuttgart 1973 (Klett-Cotta).

Brown, L.M., Gilligan, C. (1992): Meeting at the crossroads. Women´s psychology and girl´s development. New York (Ballantine).

Brückner, M. 1983: Die Liebe der Frauen. Über Weiblichkeit und Mißhandlung. Frankfurt (Neue Kritik).

Burger, A., Seidenspinner, G. (1988): Töchter und Mütter. Ablösung als Konflikt und Chance. Opladen (Leske u. Budrich).

Chasseguet-Smirgel, J. (1964:) Psychoanalyse der weiblichen Sexualität. Frankfurt 1974 (Suhrkamp).

Chodorow, N. (1978): Das Erbe der Mütter. Psychoanalyse und Soziologie der Geschlechter. München 1985 (Frauenoffensive).

Cramon-Daiber, B. (1984): Ablösungskonflikte zwischen Töchtern und Müttern. In: Gravenhorst, L. u.a. (Hg.): Lebensort Familie (Alltag und Biographie von Mädchen, Bd. 2). Opladen (Leske u. Budrich), S. 115-150.

Deutsch, H. (1944): Psychologie der Frau. Bern, Stuttgart 1948-1954 (Huber).

Deutsches Jugendinstitut 1989: Familienalltag. Frauensichten - Männersichten. Reinbek (Rowohlt).

Düring, S. (1993): Wilde und andere Mädchen. Freiburg (Kore).

Eckart, C. (1988): Töchter in einer „vaterlosen Gesellschaft". Das Vorbild des Vaters als Sackgasse zur Autonomie. In: Hagemann-White, C., Rerrich, M. (Hg.): FrauenMännerBilder. Männer und Männlichkeit in der feministischen Diskussion. Bielefeld (AJZ), S. 170-193.

Eissler, K. (1958): Bemerkungen zur Technik der psychoanalytischen Behandlung Pubertierender nebst einigen Überlegungen zum Problem der Perversion. In: Psyche 20, 1966, S. 837-872.

Engel, U., Hurrelmann, K. (1989): Psychosoziale Belastungen im Jugendalter. Empirische Befunde zum Einfluß von Familie, Schule und Gleichaltrigengruppe. Berlin/New York (de Gruyter).

Engler, R., Ufer, G. (1986): „Auf die Dauer Mädchenpower" - Feministische Mädchenarbeit eines Mädchentreffs. In: Enders-Dragässer, U., Stanzel, G. (Hg.): Frauen, Macht, Schule. Frankfurt (Frauenliteraturvertrieb), S. 175-180.

Erdheim, M. (1988): Die Psychoanalyse und das Unbewußte in der Kultur. Frankfurt (Suhrkamp).

Faulstich-Wieland, H., Horstkemper, M. (1985): Lebenspläne und Zukunftsentwürfe von Jungen und Mädchen am Ende der Sekundarstufe I. In: Die Deutsche Schule, Nr. 6, S. 478-491.

Fend, H. (1990): Vom Kind zum Jugendlichen. Band 1, Bern/Stuttgart/Toronto (Huber).

Flaake, K. (1990): Geschlechterverhältnisse, geschlechtsspezifische Identität und Adoleszenz. In: Zeitschrift für Sozialisationforschung und Erziehungssoziologie, Heft 1, S. 2-13.

Flaake, K. (1991): Auf eigene Fähigkeiten vertrauen, statt sich „liebevoll" zurückzunehmen. In: pädextra, Heft 9, S.20-25.

Flaake, K., King, V. (Hg.) (1992): Weibliche Adoleszenz. Zur Sozialisation junger Frauen. Frankfurt (Campus).

Freud, A. 1960: Probleme der Pubertät. In: Psyche, Heft 1, S. 1-24.

Freud, S. 1905: Drei Abhandlungen zur Sexualtheorie. In: Studienausgabe Bd. V, Frankfurt 1972 (Fischer), S. 37-145.

Geissler, B., Oechsle, M. (1994): Lebensplanung als Konstruktion: Biographische Dilemmata und Lebenslauf-Entwürfe junger Frauen. In: Beck, U., Beck-Gernsheim, E. (Hg.): Riskante Freiheiten. Individualisierung in modernen Gesellschaften, Frankfurt (Suhrkamp), S. 139-167.

Hagemann-White, C. (1984): Sozialisation: weiblich-männlich? (Alltag und Biographie von Mädchen, Bd.1). Opladen (Leske u. Budrich).

Hagemann-White, C. (1992): Berufsfindung und Lebensperspektive in der weiblichen Adoleszenz. In: Flaake, King, S.64-83.

Hagemann-White, C., Hermesmeyer-Kühler, A. (1987): Mädchen zwischen Autonomie und Abhängigkeit. In: Schlapeit-Beck, S.13-30.

Hannover, B. (1992): Spontanes Selbstkonzept und Pubertät. Zur Interessensentwicklung von Mädchen koedukativer und geschlechtshomogener Schulklassen. In: Bildung und Erziehung, Heft 1, S. 31-46.

Hessische Mädchenstudie 1986: Zur Situation von Mädchen in der offenen Jugendarbeit, hg. von der Bevollmächtigten der Hessischen Landesregierung für Frauenangelegenheiten. Frankfurt.

Horstkemper, M. (1987): Schule, Geschlecht, Selbstvertrauen. Eine Längsschnittstudie über Mädchensozialisation in der Schule, Weinheim/München (Juventa).

Horstkemper, M. (1990): „Jungenfächer" und weibliche Sozialisation - Lernprozesse im koedukativen Unterricht In: Die Deutsche Schule, 1. Beiheft, S.97-109.

Horstkemper, M. (1990a): Zwischen Anspruch und Selbstbeschneidung - Berufs- und Lebensentwürfe von Schülerinnen. In: Die Deutsche Schule, 1. Beiheft, S. 17-31.

Horstkotte, A. (1985): Mädchen in der Provinz (Alltag und Biographie von Mädchen, Bd. 11), Opladen (Leske u. Budrich).

Hurrelmann, K. u.a. (1985): Lebensphase Jugend. Weinheim/München (Juventa).

IB-Mädchentreff Frankfurt (Hg.) ohne Jahr: Oh, island in the sun....Zehn Jahre Mädchentreff. Ein Stück Geschichte der Mädchenarbeit. Vervielfältigtes Manuskript.

Jensen, L.C. (1985): Adolescence: theories, research applications, St. Paul (West Publ.).

Keddi, B., Seidenspinner, G. (1990): Veränderter weiblicher Lebensentwurf und Individualisierung des Lebenslaufs. In: Neue Sammlung, Heft 4, S. 633-644.

Klüssendorf, R. (1992): Soviel Mutter wie möglich - soviel Beruf wie nötig - Identität und Lebenspläne von jungen Bankkauffrauen. In: Tillmann, S. 65-78.

Lampl de Groot, J. (1960): Zur Adoleszenz. In: Psyche, Heft 7, 1965, S. 477-485.

Mertens, W. (1994): Entwicklung der Psychosexualität und der Geschlechtsidentität. Bd. 2: Kindheit und Adoleszenz. Stuttgart/Berlin/Köln (Kohlhammer).

Mitscherlich-Nielsen, M. (1975): Neid und Emanzipation. Psychoanalytische Bemerkungen über den Feminismus. In: Neue Rundschau, Heft 4, S. 546-595.

Müller, S. (1984): Personal-soziale Entfaltung des Gewissens im Jugendalter. Eine moralanthropologische Studie. Mainz (Matthias-Grünewald).

Neubauer, G. (1990): Jugendphase und Sexualität: Eine empirische Überprüfung eines sozialisationstheoretischen Modells. Stuttgart (Enke).

Nunner-Winkler, G. (1985): Krisenverlauf und Wertorientierung. In: Baacke, D.Heitmeyer, W. (Hg.): Neue Widersprüche. Weinheim/München (Juvenat), S. 86-107.

Ostner, I. (1986): Die Entdeckung der Mädchen. Neue Perspektiven für die Jugendsoziologie. In: Kölner Zeitschrift für Soziologie und Sozialpsychologie. S.352-371.

Pagenstecher, L. u.a. (1985): Mädchen und Frauen unter sich. In: Kavemann, B.u.a. (Hg.) Sexualität - Unterdrückung statt Entfaltung (Alltag und Biographie von Mädchen, Bd. 9). Opladen (Leske u. Budrich), S. 99-106.

Pfister, G. (1990): Zurück zur Mädchenschule? Beiträge zur Koedukation. Pfaffenweiler (Centaurus).

Popp, U. (1992): „Heiraten - das kann ich mir noch nicht vorstellen" - Das psychosoziale Moratorium bei Jungen und Mädchen in der Oberstufe. In: Tillmann, S.51-64.

Rich, A. (1983): Zwangsheterosexualität und lesbische Existenz. In: List, E., Studer, H. (Hg.): Denkverhältnisse. Frankfurt 1989 (Suhrkamp), S. 244-280.

Sander, U., Vollbrecht, R., (1985): Zwischen Kindheit und Jugend - Träume, Hoffnung und Alltag 14-15 Jähriger. Weinheim/München (Juventa).

Scarbath, H. (1992): Abschied von der Kindheit - Jugend und Geschlecht in psychoanalytischer Sicht. In: Tillmann, S. 111-123.

Schlapeit-Beck, D. (1987): Mädchenräume-Initiativen-Projekte-Lebensperspektiven. Hamburg (VSA).

Schütze, Y. (1979): Psychoanalytische Adoleszenzforschung. In: Zeitschrift für Pädagogik, Nr.5, S. 779-786.

Seidenspinner, G., Burger, A. (1982): Mädchen '82. Eine repräsentative Untersuchung über die Lebenssituation und das Lebensgefühl 15- 19jähriger Mädchen in der Bundesrepublik, durchgeführt vom DJI-München im Auftrag der Zeitschrift brigitte. Hamburg (Gruner u. Jahr).

Tillmann, K.-J. (Hg.) (1992): Jugend weiblich - Jugend männlich. Sozialisation, Geschlecht, Identität. Opladen (Leske u. Budrich).

Waldeck, Ruth 1988: Der rote Fleck im dunklen Kontinent. In: Zeitschrift für Sexualforschung, Nr. 3, S. 189-205 (Teil 1) und Zeitschrift für Sexualforschung Nr. 4, S. 337-350 (Teil 2).

Winnicott, D. W. (1965): Das Jugendalter. Der mühsame Weg durch die Stagnation. In: ders.: Familie und individuelle Entwicklung. München 1978 (Kindler), S. 116-139.

Zeller, W. (1964): Konstitution und Entwicklung. Anthropologie und Psychologie der Kindheit und Jugend. Göttingen (Hogrefe).

Zielke, B. (1992): „Fehlgeleitete Machos" und „frühreife Lolitas" - Geschlechtstypische Unterschiede der Jugenddevianz. In: Tillmann, S. 28-39.

Zulliger, H. (1972): Die Pubertät der Mädchen, Bern/Stuttgart/Wien (Huber).

Katharina Liebsch
Universität Hamburg
Institut für Soziologie
Allende Platz 1
20146 Hamburg

Der Störfall

Micha Hilgers

Auf einer Hotelterrasse an der Lagune von Foz do Arelho begegnete ich vor einigen Jahren einem namhaften Professor für Reaktorsicherheit. Nennen wir ihn Professor Flach. Alsbald nach dem Genuß einiger Karaffen lokalen Weines begann Flach zu einem leutseligen Mann zu mutieren. Durch vogelartige Kopfbewegungen hatte er bereits meiner Lektüre entnommen, es mit einem Psychoanalytiker zu tun zu haben. Interessant. Was man da so mache. Ach was - auch im Umweltbereich. So, auch eine psychologische Komponente. Ja, glauben Sie denn, Kraftwerke würden - hihi - sozusagen menscheln. Doch wohl nicht. Aber ihre Betreiber? Sicher. Doch befasse er sich mit Sicherheitssystemen. Und - selbstverständlich - deren Optimierung. Man wolle - offen gesagt und mit allem Nachdruck - nichts unversucht lassen. Da sei er - hihi - sozusagen ganz auf meiner Seite. Das bringe nichts? Alle bisherigen Katastrophen in Reaktoren seien durch krasse Bedienungsfehler, durch Ignorieren oder Abschalten jener Sicherheitssysteme verursacht? Noch nie hätte das Versagen der Sicherheitsanlagen selbst zur Katastrophe geführt? Schon, schon, darum aber arbeite er an noch sicheren Systemen. Das sei unlogisch? Ja, was ich denn vorschlagen würde? Nur eine Lösung, nach seiner eigenen Fehleranalyse?
Eigene umfangreiche Recherchen bestätigten, räumte Flach ein, daß bisherige Unfälle in großtechnischen Anlagen keineswegs durch versagende Sicherheitssysteme, sondern vielmehr durch ihre grobe Manipulation oder Nichtbeachtung erfolgten. Hernach zog er sich, unter dem Eindruck des Gesprächs und dem Einfluß des Weines auf sein Zimmer zurück. Nur wenig später konnte man ihn allda lauthals und verstärkt durch die Hallen des ehrwürdigen Hotels toben hören. Man wurde Zeuge des GAU's eines braven Gelehrten, der seine Frau anschrie, weil seine Welt aus den Fugen geriet. Doch nicht etwa, daß unser Professor nun sein Weltbild revidierte, da seine inneren Alarmlampen einen Defekt anzeigten. Professor Flach tat, was ein wackerer Kraftwerksbetreiber in solch schwerer Stunde tut - er schaltete das Warnsystem ab. Warum ich all dies berichte? Weil sich im Kleinen wiederholte, was im Großen auch des Professors ausdrückliche Bestätigung fand: Nicht die Systeme versagten, sondern jene, die sie zu interpretieren haben. Flach nämlich kehrte am folgenden Abend zurück und tat als sei nichts geschehen. Der Professor hatte die Absurdität seiner Sicherheitsphilosophie eingestanden. Und nichts geschah. Sein Toben hatte nur eine Funktion: Lauter zu sein, als seine inneren Alarmglocken, schriller als die intrapsychischen Signale. Es geht eben nicht bloß um technische Abläufe in großtechnischen Anlagen. Die wären notfalls beherrschbar. Bloß jene, deren Aufgabe dies wäre, sind es nicht.

Dipl. Psych. Micha Hilgers
Psychoanalytiker DGIP/DGPT
Oppenhoffallee 7
52066 Aachen

Dr.Günter Ammon

Der mehrdimensionale Mensch

Zur ganzheitlichen Schau von Mensch und Wissenschaft

Zweite erweiterte Auflage
ca. 420 Seiten
45 Abbildungen
mit ausführlichem Glossar
und Sachregister
Paperback DM 34.-
ISBN 3-922109-10-1

In einer Gesellschaft, die durch einengende Bedürfnisverbote den Menschen dazu bringt, ein freud- und beziehungsloses, von Routine und Zwang bestimmtes Leben zu führen, bahnt sich die Vision eines neuen Menschen an. "Der mehrdimensionale Mensch" ist das humanistische Konzept, das der Berliner Psychiater und Psychoanalytiker Dr.Günter Ammon in jahrzehntelanger Auseinandersetzung mit dem breiten Spektrum des menschlichen Potentials entwickelt hat.
Mehrdimensionalität bedeutet bei Ammon immer das Potential an konstruktiver Lebensentfaltung, das aus dem Einklang von Körper, Geist und Seele erwächst. Ein weiterer wichtiger Beitrag zum weltweiten Aufbruch zur Errichtung einer menschenorientierten Zukunft.

Günter Ammon (geb. 1918), Dr.med., Arzt für Psychiatrie und Neurologie, Psychotherapie, Psychoanalyse, ist Begründer der ganzheitlichen und humanistischen Dynamischen Psychiatrie. Als Präsident der "World Association for Dynamic Psychiatry" WADP,Bern, und Begründer der "Deutschen Akademie für Psychoanalyse", DAP, München, ist er an Lehr- und Forschungsinstituten in Berlin, München und in Süditalien tätig.

»PINEL« Verlag für humanistische Psychiatrie und Philosophie GmbH

Kantstraße 120/121, D-10625 Berlin .Tel. (030) 313 26 98 / Fax (030) 313 69 59

Rezensionen

Eveline Viehböck und Ljubomir Bratic: Die Zweite Generation: Migrantenjugendliche im deutschsprachigen Raum. Innsbruck 1994 (Österreichischer Studien Verlag) 208 Seiten, 38,-- DM.

Das vorliegende Buch gibt eine Übersicht zur Lebenssituation von Migrantenjugendlichen, welche im deutschsprachigen Raum leben. Ihre Lebenswelten, Strategien des Umgangs mit zwei Kulturen und ihr Lebensgefühl werden neben Statistiken und Einzelinterviews mit betroffenen Jugendlichen dargestellt.

Zunächst führen die Autoren detailliert in die Entwicklung der europäischen Migration seit der Industrialisierung ein. Sie beziehen sich neben den Bevölkerungsverschiebungen während des Zweiten Weltkrieges und der schließlich staatlich geförderten Arbeitsmigration der fünfziger und sechziger Jahre auf die in den siebziger Jahren betriebenen Rückkehrförderungen und beschreiben die Veränderungen in der Migrationsrichtung in den achtziger Jahren. Hier werden, wie auch in den folgenden Kapiteln, detaillierte Grafiken angeführt, welche exemplarisch für die Bundesrepublik Deutschland, die Schweiz und Österreich die Migrationsentwicklungen zeigen.

Nachdem kurz auf die Situation von erwerbstätigen Migranten und der ausländischen Wohnbevölkerung eingegangen wird, geht es im weiteren um die schulische und berufliche Einbindung von Migranten der zweiten Generation. Hier werden neben Themen wie Interkulturelle Pädagogik, Sprachkompetenzen, Schwierigkeiten auf dem Arbeitsmarkt, im Schwerpunkt die Schülerzahlen der allgemeinbildenden Schulen behandelt.

Ferner gehen die Autoren auf die Sozialisation und Identitätsfindung bei Migrantenjugendlichen ein. Sie beziehen sich mit ihren Ausführungen auf Normen und Werte der Familie, welche durch die Heimatkultur geprägt werden und die sich oftmals konträr zu denen der Aufnahmegesellschaft zeigen. Sich ergänzende Voraussetzungen der Integration sind der kulturelle Hintergrund, repräsentiert durch die Eltern, sowie ein Anpassungsmechanismus, den die Aufnahmegesellschaft von den Migrantenjugendlichen fordert.

Weiterhin wird auf Themen wie Freizeitverhalten, Kriminalität, Erkrankungen und Remigration bei Jugendlichen der zweiten Generation eingegangen.

Es werden verschiedene psychosoziale Lebensbereiche der Migrantenjugendlichen aufgegriffen und sowohl wissenschaftlich als auch in Form von Einzelschicksalen dargestellt.

Insgesamt handelt es sich um eine detaillierte Einführung in die Thematik, welche besonders geeignet ist für diejenigen, die sich wissenschaftlich, beratend und therapeutisch mit Migrantenjugendlichen beschäftigen, als auch wichtig für alle, die alltäglich mit Jugendlichen ausländischer Herkunft zu tun haben und ihrer Lebenswelt näher kommen wollen.

Michaela Peponis

Fetsum Mehari: Migration und Krankheit: Psychosoziale Bedingungen und die Therapie der Schizophrenie im Exil. Frankfurt 1995 (IKO, Verlag für Interkulturelle Kommunikation) 120 Seiten, 26,80 DM.

Zunächst spannt der Autor einen umfassenden theoretischen Rahmen: Die Darstellung von Flüchtlingsbewegungen gerade auch in Afrika seit dem Zweiten Weltkrieg, bewaffnete Konflikte, Menschenrechtsverletzungen und sozioökonomische Gründe als Fluchtursachen sowie die Geschichte des Krieges in Eritrea umreißen den politisch-ökonomischen Hintergrund von Flüchtlingen aus Eritrea.

Außerdem geht der Autor auf wissenschaftliche Konzepte mit Erklärungswert für psychosoziale Migrationsfolgen ein: Phasenmodell des Flüchtlingslebens, Life-event-Forschung, Streßkonzepte, soziale Netzwerktheorie und Coping-Modelle sowie das Vulnerabilitäts-Streß-Modell schizophrener Erkrankungen.

Im empirischen Teil werden nach dem Konzept komperativer Kasuistik Vorgeschichte und Krankheitsentwicklung von vier an Schizophrenie erkrankten männlichen Eritreern biographisch analysiert und ausgewertet. Das beinhaltet auch die Befragung von Angehörigen und anderen Bezugspersonen. Als Kontrollgruppe werden zehn psychisch unauffällige männliche Eritreer mit vergleichbaren Flüchtlingserfahrungen nach ihren Adaptations- und Bewältigungsstrategien befragt. Insgesamt scheinen hilfreiche Orientierungsinformationen, subjektive Relativierung vorhandener Belastungen und positives Denken sowie die Entwicklung eigener Aktivitäten und der Aufbau eines eigenen sozialen Netzwerks die erfolgreiche Bewältigung der Migration zu begünstigen bzw. ihr Fehlen die Entwicklung von Krankheiten zu fördern.

Gerade soziale Unterstützung sollte dann auch die Pharmako- und Psychotherapie sowie die Rehabilitation der an Schizophrenie Erkrankten gezielt ergänzen.

Daß hier ein eritreischer Berater auf Probleme eritreischer Flüchtlinge unter Bezug auf deren anderen soziokulturellen Hintergrund ebenso theoriegeleitet wie engagiert eingeht, macht dieses Buch besonders für Psychologen, Sozialarbeiter und Ärzte interessant, die mit Angehörigen dieser Migrantengruppe arbeiten.

Georg Siefen

Jean Rahind Masumbuku: Psychische Schwierigkeiten von Zuwanderern aus den ehemaligen Ostblockländern. Weinheim 1995 (Deutscher Studienverlag) 168 Seiten, 34,-- DM.

Die psychosoziale Lage deutschstämmiger Zuwanderer und ihre psychischen Belastungen durch den Wechsel des politischen und kulturellen Bezugsrahmens sowie durch Erschütterung des Werte- und Normensystems und das Verlassen von Freunden und Verwandten stehen neben Berufswechsel, Statusverlust und Sprachschwierigkeiten im Mittelpunkt dieser vorwiegend qualitativen Untersuchung.

Als langjähriger Leiter einer psychologischen Beratungsstelle für ausländische Flüchtlinge und Aussiedler an einem psychologischen Institut einer norddeutschen Großstadtuniversität erläutert der Verfasser zunächst in einer Literaturübersicht wissenschaftstheoretische Grundbegriffe der Migration und geht auf psychische und psychosomatische Migrationsfolgen ein.

Mittels Familien- und Intensiv-Einzelgesprächen werden 11 Familien und eine Einzelperson - davon 21 Erwachsene und 34 Kinder und Jugendliche - aus der GUS, Polen und Rumänien befragt. In einer anderen etwa gleichgroßen Stichprobe Beratungssuchender bestätigen Befragungsergebnisse sowie der Einsatz des Gießener Beschwerdebogens eine hohe Ausprägung depressiver Symptome. Auch Alkoholismusgefährdung wird deutlich. Somit scheinen Aussiedler eine psychosozial besonders gefährdete Migrantengruppe zu sein.

Abschließend werden daher mehr spezifische Migrationsforschung, Vermeidung langer Aufenthalte in Übergangswohnheimen oder unnötig lange Zeiten bis zur Klärung des Aufenthaltsstatus gefordert. Hinzu kommen sollten qualifiziertere migrationsbezogene Ausbildungsangebote für medizinische, psychologische und sozialpädagogische Berater sowie großzügigere Niederlassungsmöglichkeiten und Beseitigung bürokratischer Einschränkungen für Aussiedler.

Seinen eigenen Forderungen nach Verständnis des historisch-politischen Hintergrundes der Aussiedlung und der subjektiven Bedeutung psychosomatischer Symptome wird der Autor bei der Interview-Interpretation nicht immer gerecht. Insgesamt handelt es sich jedoch um ein Buch, das wertvolle Anregungen für alle enthält, die sich wissenschaftlich, beratend oder therapeutisch mit Aussiedlerfamilien beschäftigen.

Georg Siefen

Giesela Zeller-Steinbrich: Wenn Paare ohne Kinder bleiben. Alternative Lebensperspektiven. Freiburg 1995 (Herder/Spektrum), 16,80 DM.

"Im Leben gibt es zwei Tragödien: Die eine ist die Nichterfüllung eines Herzenswunsches - die andere ist seine Erfüllung" (G. B. Shaw).

Das Nachdenken über den "Herzenswunsch", Kinder zu bekommen, ist das zentrale Anliegen der Autorin. Als Kinderanalytikerin und erfahrene Paar- und Familientherapeutin kennt sie den Schmerz von Paaren, die ungewollt kinderlos bleiben; aber auch die (Leidens-) Geschichten, die im Umfeld von erfolgloser und erfolgreicher Sterilitätsbehandlung, von Adoption und von ungewollter oder besonders ambivalenter Elternschaft für Erwachsene und Kinder entstehen.

Natürlich wendet sich das Buch vorwiegend an Paare, die unter der Nichterfüllung des Kinderwunsches leiden. Für sie bietet Frau Zeller-Steinbrich in den ersten beiden Kapiteln eine theoretisch gut fundierte Anleitung zu einem tieferen Verständnis des Kinderwunsches. Mit der Frage: "Ist Kinderkriegen natürlich ?" beginnt sie im ersten Kapitel, Herkunft und Entwicklung des Kinderwunsches bei beiden Geschlechtern in Kindheit und Jugend darzustellen ("Wie sich das Kind im Kopf entwickelt"); fährt fort mit der Charakterisierung dieses Wunsches im Erwachsenenalter vor dem Hintergrund von inneren Bildern des Frau- und Mannseins ("Eine Phantasie kommt zur Welt - Kinderwunsch und Wirklichkeit"); um schließlich unter dem Titel "Unbewohnbar wie der Mond - Kinderlosigkeit als Krankheit?" im vierten Kapitel medizinische und psychologische Hilfsmöglichkeiten vorzustellen, wobei sie in pragmatischen Ratschlägen und Warnungen mit ihrer persönlichen Haltung nicht hinterm Berg hält.

Eine besondere Qualität dieses Buches ist allerdings, daß auch Menschen, die sich bewußt für Kinderlosigkeit entschieden haben, und sogar Paare, für die sich der Kinderwunsch erfüllt hat, zu fruchtbarem (!) Nachdenken eingeladen werden.

Die drei folgenden Kapitel "Paare ohne Kinder im Legitimationsdruck", "Kinder in der Paarbeziehung - Paarbeziehung ohne Kind" und "Paare in der Lebensmitte" eröffnen Erkenntnisse für Leser(innen) in den verschiedensten Lebenslagen. Es gelingt der Autorin schließlich, im letzten Kapitel, in dem sie auch "Adoption als Wahlverwandtschaft" abhandelt, unter der Überschrift "Leben in ganzheitlicher Sicht" auf einen einfachen gemeinsamen Nenner hinzusteuern: "Wem fehlt nichts?"

Alle Menschen, so die Autorin, wollen ihre Möglichkeiten verwirklichen und haben mit Trauer, Scham und Schuldgefühlen zu kämpfen, wenn das nicht geht. Und niemandem bleibt es erspart, "die Verantwortung für Gelebtes und Ungelebtes zu übernehmen".

Die Herausforderung, sich aus den eigenen Möglichkeiten einen mehrdimensionalen Lebensentwurf zusammenzubasteln, trifft heute immer noch Frauen in stärker zugespitzter Dringlichkeit. Eingespannt zwischen hochgesteckten Erwartungen an die berufliche Eigenständigkeit einerseits und den von den Müttern überlieferten inneren "Weibs-Bildern" andererseits, zwischen dem Traum von der immerwährenden sexuellen Attraktivität einerseits und einer neuen Idealisierung der Mutterschaft andererseits, verausgabt sich manch eine im Versuch, die Quadratur des Kreises zu verwirklichen.

Der Kinderwunsch nimmt im bunten Strauß der weiblichen Aspirationen gewiß eine ganz besondere Stellung ein - gilt er doch als "natürlich". Die Autorin leitet eingangs zu einer sorgsamen Fragehaltung gegenüber dieser "Natürlichkeit" an: "... daß wir oft gar nicht sagen können, was genau uns fehlt. Und dann sehen wir fremde Kinder, und plötzlich stellt es sich wieder ein, das Gefühl: Das muß es sein! Ein Kind! (Seite 62).Die Vorstellung, ein Baby zu bekommen, wird häufig aus einem unbewußten Mangel heraus geboren: "Der Schrei nach dem Kind ist der Schrei nach der Mutter" (Helene Deutsch).

Die Autorin versucht dann im dritten Kapitel, bei der Auflistung von Kinderwunsch-Faktoren vor allem die Motivlage der erwachsenen Frau tiefenpsychologisch auszuleuchten, was im Rahmen des Buches nur andeutungsweise möglich ist. Dabei wirft sie eine Menge spannender Fragen auf, wenn sie es ablehnt, den Kinderwunsch auf ein Triebgeschehen zu reduzieren. "In dem ganzen Wirrwarr von überfordernden Weiblichkeitspostulaten" scheinen doch viele Frauen den Ausweg "Mutterschaft = weibliche Identität" zu wählen: als wäre trotz allem das Kind erst das Gütesiegel der vollen Weiblichkeit. Schwangerschaft und Geburt, so die Autorin, taugen weder als Kurzschluß zur weiblichen Identitätsfindung noch als Ausweis eines erfüllten Sexuallebens.

Unter dem Motto "Elternschaft ist eine Krise" führt die Autorin vor Augen, daß schon das "ganz normale" Kinderkriegen einen beträchtlichen Preis fordert. Wenn sie sich dann im vierten Kapitel gezielt an unfreiwillig kinderlose Paare wendet, entfaltet sie mit spürbarem Mitgefühl deren besondere Schwierigkeiten auf dem Weg zu Schwangerschaft, Geburt und Umgang mit den "Wunschkindern". Mit gut nachvollziehbaren Argumenten warnt sie vor unkritischer Anwendung medizinischer Fortpflanzungshilfen.

An die orientierende Darstellung der verschiedenen Behandlungsansätze ("Keine ist ohne Nebenwirkungen!") knüpfen sich Gedanken über die psychischen Folgekosten der Behandlung als solches und auch des Behandlungserfolges.

In ihrer sorgfältig abwägenden, stets die jeweilige Kehrseite mitbedenkenden Haltung macht die Autorin eindringlich darauf aufmerksam, wie prekär es ist, Kinderlosigkeit als Krankheit zu definieren: "... daß ... dadurch aus einem gesunden Menschen mit einem unerfüllten wichtigen Wunsch plötzlich ... ein(em) Patient(en) wird, mit dem etwas ganz Zentrales nicht stimmt." (Seite 75) Sie skizziert Möglichkeiten für kinder"freie" Paare, Stagnation in der Dyade zu vermeiden, und macht damit deutlich, daß biologische Elternschaft nicht der einzige Weg ist, psychische Generativität zu entwickeln. Dazu gehört nämlich, sich das Kind als Subjekt vorzustellen.

"Kann ich es mitsamt seinem Nichtkommenwollen akzeptieren, so wie ich ein bereits geborenes Kind mit allen, auch unerwünschten Eigenschaften akzeptieren lernen müßte?" (Seite 183)

In den möglichen Ausgängen, die Zeller-Steinbrich für die beschriebenen Konflikte entwirft und mit plastischen Fallbeispielen illustriert, schimmert die Verheißung durch, daß es möglich sein könnte, dem eigenen "Herzenswunsch" treu zu bleiben: ihn zu behalten und sich trotzdem mit seiner Nichterfüllung zu versöhnen (oder, als Gegenstück: in Fühlung zu bleiben mit seiner vitalen Potenz trotz seiner Erfüllung). "Wem es gelingt, einen solchen seelischen Freiraum zu schaffen, den das potentielle Kind einnehmen könnte, oder eben auch nicht, dem wird es auch gelingen, diesen Raum anders und sinnstiftend zu füllen, wenn sich biologische Nachkommen nicht einstellen." (Seite 184).

Gertraud Evers

Perry Meisel & Walter Kendrick (Hg.): Kultur und Psychoanalyse in Bloomsbury und Berlin. Die Briefe von James und Alix Strachey 1924-1925. Aus dem Englischen übersetzt und mit einem Vorwort versehen von Rotraut De Clerck. Stuttgart: Verlag Internationale Psychoanalyse. 1995, 494 S., 88.- DM

Wer bisher dachte, Wien sei nicht nur die Wiege der Psychoanalyse, sondern dort habe sie auch ihre wesentliche Gestalt erfahren, so wie wir sie heute kennen, der sieht sich nach der Lektüre des hier zu besprechenden Buches gründlich getäuscht: Berlin und London, das drückt schon der Titel des Buches aus, sind die entscheidenden kulturellen Zentren. die sie nachhaltig bestimmten; vor allem Berlin, denn dort waren um Karl Abraham diejenigen maßgebenden Persönlichkeiten versammelt, deren innovative Impulse bis heute anhalten; man denke nur an die vor 10 Jahren ungeahnte Renaissance der Psychologie Melanie Kleins in der Deutschen Psychoanalytischen Vereinigung. Wer außerdem bisher glaubte, die Briefe eines jung verheirateten Ehepaares drehten sich nur um Liebe, sieht sich ebenfalls getäuscht: Die Psychoanalyse ist es, von der ebenso James Strachey wie Alix Strachey fasziniert sind. Lesen wir sie, dann werden wir Zeuge, wie sich dieses Dritte, die Psychoanalyse, entwickelt und entfaltet: Wir erfahren dadurch indirekt mehr als direkte historische Recherchen aufdecken können. Wer schließlich, beeindruckt von Jones' bekannter dreibändiger Biographie Freuds, annahm, Ernest Jones wäre die alles beherrschende Person in London gewesen, wird durch das Buch eines besseren belehrt: James Strachey spielte eine nicht minder wichtige Rolle; jedenfalls, was die Verbreitung der Psychoanalyse im weiten englisch sprechenden Sprachraum betrifft. Überraschungen wie diese machen den Zauber der Lektüre der Strachey-Briefe aus. Davon waren offensichtlich die beiden Herausgeber, zwei Universitätsprofessoren für Englisch, berührt, als sie sich, unterstützt durch großzügige Forschungsstipendien, mit über 1000 Briefen der Stracheys befassten. Nicht anders scheint es Rotraut De Clerck ergangen zu sein, praktizierende Psychoanalytikerin in Frankfurt am Main, die sich ihrerseits, fasziniert vom Gegenstand, über viele Jahre ausgiebig mit dem kulturellen Hintergrund von Bloomsbury und Berlin beschäftigt hat. Sonst wäre ihr die schwierige Übertragung des damals typischen Chambridge-Jargons in eine adäquate deutsche Sprache nicht so gut gelungen. Sie zeigt die Zusammenhänge zwischen den beiden kulturellen Strömungen und der damaligen Psychoanalyse auf, setzt sich eigenständig literarisch damit auseinander und organisiert erfolgreiche Ausstellungen zum Thema (in Würzburg, Frankfurt am Main, Weimar).

War es aber wirklich der „Traum von einer besseren Welt", der die zeitgenössische Kultur ebenso wie die Psychoanalyse der damaligen Zeit charakterisierte, wie Rotraut De Clerck im Motto ihres ebenso ausführlichen wie fundierten Vorworts formuliert? Für den Rezensenten bleibt diese große Frage offen. Aber gerade das macht die Lektüre der Briefe so spannend, weil sie zwischen Traum und Wirklichkeit changieren.

Schlägt man Chroniken nach, was 1925 und 26 so geschah, dann wird folgendes klar: Historische Tatsache ist, daß mit dem Frieden von Versailles nach dem Ersten Weltkrieg, wie wir heute wissen, ein mehr als trügerischer Friede entstanden war. In Russland war aus dem Marxismus ein real existierender Kommunismus geworden. Obwohl in England bei konservativer Regierung äußere Ruhe herrschte, waren intern in den linksintellektuellen Kreisen von Bloomsbury, dem Londoner Universitätsviertel um den Russell Square, seit dem Club 1917 revolutionäre Ideen mit dem Ziel eines idealen Sozialismus und einer freien Sexualität en vogue. Und dazu gehörte eine als Kulturtheorie und Gesellschaftskritik verstandene Psychoanalyse.

In Deutschland war die Weimarer Demokratie zwar ständig von linken und rechten Kräften bedroht, die internationalen Wäh-rungsprobleme schienen aber nach der Genueser Weltwirtschaftskonferenz 1922 gelöst. Die deutschen Reparationen und die allierten Kriegsschulden lasteten zwar auf der gesamten Weltgesellschaft, der Zusammenbruch der New Yorker Börse 1929 ließ aber noch auf sich warten. Arbeitslosigkeit und Konkurse hielten sich noch in Grenzen. Der Zweite Weltkrieg lag in weiter Ferne.

Die politische Brisanz jener Jahre liegt aber schon in wenigen Fakten begründet: 1925 wird Hindenburg nach Friedrich Eberts Tod Reichspräsident, Hitler gründet die SS und veröffentlicht den ersten Teil von „Mein Kampf. Eine Abrechnung". Die intellektuelle Szene aber beschäftigt sich vorwiegend mit schöngeistiger Literatur (z. B. mit Ernst Tollers Dramen, Thomas Manns „Zauberberg", erschienen 1924, Carl Zuckmayers „Der fröhliche Weinberg", 1925 im Theater am Schiffbauerdamm uraufgeführt), und liest progressive Zeitschriften wie „Die literarische Welt" und satirische Blätter wie „Das Stachelschwein". Sie befaßt sich mit avantgardistischer Kunst („Die Brücke", „Die neue Sachlichkeit", das „Bauhaus") und mit der neuen Musik (Richard Strauß, Arnold Schönberg, Alban Berg, dessen „Wozzek" 1925 uraufgeführt wird).

Die Kunst profitiert von der Psychoanalyse; man denke nur an James Joyce, Robert Musil, Thomas Mann oder Hermann Hesse.

Was davon reflektieren nun die Briefe der beiden Stracheys?

Berlin ist nicht nur kulturelles sondern auch psychoanalytisches Zentrum der damaligen Zeit: Seit 1908 wirkt dort, gefördert von Freud, Karl Abraham, gibt es die „Berliner Psychoanalytische Vereinigung", existiert seit 1920 eine Poliklinik, gibt es die ersten Ausbildungsrichtlinien. 1910 war in Nürnberg die „Internationale Vereinigung" gegründet worden, 1913 in München das „Komitee".

1922 fand der Kongreß der Internationalen Psychoanalytischen Vereinigung, mit Freud persönlich, in Berlin statt. 1925 lehrten in Berlin Karl Abraham, Hans Sachs, Ernst Simmel, Carl Müller-Braunschweig, Felix Boehm, Max Eitingon, Ernst Simmel und Sandor Radó. Unter den zahlreichen Hörern waren so illustre Namen wie Franz Alexander, Melanie Klein, Karen Horney und Erich Fromm, die ihre Berliner Erfahrungen mit der Psychoanalyse auf die ganze Welt verbreiten werden (vgl. P. Kutter, 1992).

In London existierte seit 1919 die Britische Psychoanalytische Vereinigung, die 1925 aus 24 Mitgliedern bestand. Maßgebend waren darunter Ernest Jones, James Glover, Joan Riviere, John Rickmann und die vier Ladies Ella Sharpe, Nina Seari, Mary Chadwick und M. G. Lewis (vgl. P. King & A. Holder, 1992). Dort werden, übersetzt von James Strachey, zuerst bei "The Hogarth Press" die "Collected Papers" Freuds auf Englisch herausgebracht (mit den fünf wichtigen Fallgeschichten 1. Dora, 2. kleiner Hans, 3. Rattenmann. 4. Wolfsmann und 5. dem Fall Schreber); später folgt die berühmte "Standard Edition". Beide Briefeschreiber bemühen sich bis ins kleinste Detail um eine adäquate Übersetzung von Freuds Werken für die englisch lesende Welt, Alix zweifelt z. B., ob „empathy" das wiedergebe, was Freud mit "Einfühlung" meint, und fragt: Ist es nicht "zu aufgeblasen für solch einen subtilen Vorgang?" (S. 266). Melanie Klein revolutioniert die Psychoanalyse, zunehmend mutiger werdend, durch ihre kühnen Deutungen unbewußter sexueller und aggressiver Phantasien bei kleinen Kindern ("Du machst den Pululu von deinem Bruder kaputt, weil Du eifersüchtig bist", S. 232; Kinder übertragen genau so wie Erwachsene, S. 292) und ist "ganz vernarrt, England für ihre Sache zu erobern" (S. 339). Damit ist Berlin die Keimzelle der Melanie Kleinschen Psychoanalyse. Die Briefe enthalten viel Klatsch. z. B.: Die Analyse von X. ist "schief gelaufen" (S. 156), "Klatsch über Rank" (S. 183), "Virginia (Woolf) macht noch bissigere Angriffe als sonst auf die Psychoanalyse und Psychoanalytiker, vor allem auf letztere" (S. 389), Jones ist ein "schwankendes Rohr" (S. 288), "natürlich erwies er sich als Trottel" (ein gewisser Dr. Barkas, S. 320). (Vor)-urteile über die Deutschen fehlen nicht: Sie erscheinen "wirklich hoffnungslos; haben keine Ahnung, um was es geht" (nach einem Ballett; S. 152). Alix bittet James um englische Literatur, offensichtlich angewidert von den "abscheulichen Produkten einer trostlosen Sprache, genannt deutsche Literatur. Mann oh Mann, mit Ausnahme von Musik & Intellekt - was ja vielleicht Alles ist sind sie hoffnungslos. Sie haben nicht die geringste Vorstellung davon, wie man lebt" (S. 164) "Oh diese Hunnen!" (S. 200). Auch die Schweizer werden nicht geschont: "unsäglich niederschmetternd in ihrer Langeweile" (S. 326).

Die Liebe kommt nicht zu kurz: Sie erscheint bei James eher verhalten und sehr auf seine Frau konzentriert. Er nennt sie "teuerster Liebling“ und beklagt die Abwesenheit der Geliebten: "jedenfalls kann ich nichts tun, außer an Dich zu denken und zu wünschen, Du wärest hier, zum Reden und zum Küssen" (S. 382). Bei Alix ist die Liebe offen und frei schweifend: "platzend vor vaginaler Libido. Ich halte mich mit Kerzen und Bananen über Wasser" (S. 206). "Und wenn ich vorhabe zu kopulieren, lasse ich lieber das Tanzen aus" (S. 297). Sie tanzt und genießt das freie Leben in vollen Zügen. Sie grenzt sich einmal gegenüber James ab ("ein Traum, der nicht für Deine Ohren bestimmt ist", S. 379)), ein andermal bekennt sie offen, daß sie "die Zeit in Dr. Gross' Armen zugebracht" habe (S. 378). Kein Wunder, daß er Eifersucht und Neid entwickelt und sie bittet, "daß Du das Tanzen für eine Weile läßt" (S. 358). Er möchte zu ihr nach Berlin und auch bei Abraham in Analyse, was sie aber ablehnt. Später hat sie deswegen Schuldgefühle: "weil ich mich dagegen gesperrt habe, daß Du hierher kommst" (S. 372). Es gibt Hinweise auf das aktuelle Politische Geschehen: "Berlin brodelt vor Aufregung ... Schwarz-Weiß-Rot bedeckt mit Fahnen & angefüllt mit gröhlenden éphebes, alle abstoßend" (S. 224). Die "Unaufrichtigkeit hinsichtlich der Abrüstung" wird von Alix scharfsichtig erkannt (S. 256). All diese Aspekte erschienen dem Rezensenten bedeutsam. Andere Leser und Leserinnen werden andere Akzente sehen. Mehr zu sagen, wäre nicht opportun. Eine Rezension soll neugierig machen und nicht das Lesen des Buches ersetzen. Vieles bleibt noch zu entdecken. Der vorliegende, übrigens hervorragend editierte und durch die Übersetzerin mit vielen präzisen Anmerkungen, Errata und Fußnoten versehene, und durch ein differenziertes Sach- und Personenverzeichnis ergänzte Band, fordert dazu gerade heraus.

Literatur

King, P., Holder, A. (1992): Great Britain. In: Kutter. P. (Ed.l: Psychoanalysis International. A Guide to Psychoanalysis throughout the World. Vol. 1. Europe, Stuttgart: Frommann-Holzboog, 150-172 Kutter, P. (1992): Germany. a.a.O., 114-136

Peter Kutter

Ute Meiser: Sie leben mit den Ahnen. Krankheit, Adoption und Tabukonflikt in der polynesisch-tonganischen Kultur. Schriften zur Ethnopsychoanalyse. Frankfurt am Main: Brandes & Apsel, 1995, 215 S., 38,-- DM

Die Psychoanalyse ist seit dem Erstarken der akademischen Psychologie mit der ihr immanenten empirischen Forschung ins Kreuzfeuer der Kritik geraten. Vor allem die psychoanalytische Theorie Freuds mit Ödipus-Komplex, Penis-Neid und Abwehrlehre gilt vielfach, weil mit biologischen und sozialpsychologischen Befunden im Widerspruch, als überholt, unbewiesen und allenfalls heuristisch und zur Hypothesengenerierung tauglich. Am ehesten läßt man die psychoanalytische Methode gelten; als intensive Einzelfallstudie mit dem Ziel detaillierte qualitative Daten bei n = 1 zu gewinnen. Offen ist auch die Frage, welche Methode welchem Gegenstand adäquat ist; die psychometrische gegenüber bewußten Phänomenen, die psychoanalytische gegenüber unbewußten Prozessen. An welcher Stelle erreicht das Sammeln vieler Daten mit anschließender statistischer Auswertung seine Grenze und wo fängt die psychoanalytische Methode mit der ihr eigenen wissenschaftstheoretisch schwer einzuordnenden spezifischen Methode an?

Da macht ein Buch neugierig, in dem so interessante Fragen wie die Erziehung behinderter Kinder in einer uns nicht nur geographisch sondern kulturell sehr entlegenen und fremden Gesellschaft mit Hilfe von Gesprächen untersucht werden. Die verwendete Methode ist neuartig. Sie erinnert an teilstandardisierte Interviews und zwar insofern als sie einerseits, eher soziologisch orientiert, „harte" Daten direkt erfragt, andererseits, eher psychoanalytisch orientiert, auf Erlebnisdaten aus ist, die indirekt, unter Nutzung regressiver Prozesse in Übertragung und Gegenübertragung, indirekt erschlossen und interpretiert werden. Dabei hat die Autorin von vorneherein die besonderen Umstände einer anderen Kultur dadurch berücksichtigt, daß sie auf bewährte in der Literatur vorliegende ethnopsychoanalytische Ansätze zurückgriff. Der „Prozeß des Fremdverstehens" wird unter besonderer Berücksichtigung der Gegenübertragung detailliert beschrieben.

Der ethnopsychoanalytische Ansatz ist in ein Konzept von „action research" im Sinne von Kurt Lewin eingebettet, wie er z. B. in den gruppendynamischen Forschungen der „National Health Laboratories" der USA erprobt wurde; gekennzeichnet dadurch, daß die untersuchten Personen nicht wie in der traditionell empirisch vorgehenden Psychologie objektiv von außen beobachtet und beschrieben, sondern unter Einbeziehung von eigenen Eindrücken subjektiv verstanden werden, und zwar dadurch, daß beide in der Forschung beteiligten Personen gleichzeitig auf einer Handlungsebene agieren und auf einer Meta-Ebene reflektieren, was sie denken, fühlen und tun. Wie Meiser im einzelnen vorgeht, kommt sehr schön zum Ausdruck, wenn sie das beschreibt, was sich zwischen ihr und den beiden ausführlich untersuchten Frauen Moana und Melesi in der Beziehung abgespielt hat („Beziehungsanalyse"). Zuvor beschreibt sie kurz Ethnologie, Tradition und Kulturwandel auf Tonga, und zwar zunächst ganz allgemein und dann im besonderen bezogen auf den Umgang mit Behinderung.

Frau Meiser geht ebenso emotional engagiert und einfühlsam wie wissenschaftlich distanziert vor. Die einzelnen Schritte der Forschung sind deutlich getrennt: 1. Erfahrung der Beziehung, 2. Bericht der erfahrenen Beziehung hinsichtlich Psychodynamik, Übertragung und Gegenübertragung 3. eigene Interpretation des Erfahrenen, 4. weitere Interpretation unter Nutzung von Supervision und 5. endgültige Interpretation. Damit kann der Leser nachvollziehen, was bei beiden beteiligten Personen an äußeren Ereignissen und inneren Erlebnissen abgelaufen ist und wie die Verfasserin die damit unweigerlich verbundenen unbewußten Prozesse verstanden hat. Sie hat damit nicht nur intuitiv interpretiert sondern eine Vorgehensweise praktiziert, die durchaus als wissenschaftlich bezeichnet werden kann, auch im Sinne von empirischer Wissenschaft, weil die einzelnen Schritte der Datengewinnung detailliert beschrieben werden und absolut nachvollziehbar sind. Dabei ist es besonders beeindruckend, wie Frau Meiser schon bei der Erstbegegnung ebenso ihre eigenen Gefühle wie die ihrer Gesprächspartnerin wahrnimmt und zum diagnostischen Verständnis der Art der Begegnung zu nutzen versteht. In seltener Offenheit schildert sie ihre eigenen Gefühle und Phantasien und grenzt diese gegenüber den reaktiv als Reaktion auf die Übertragung der interviewten Frauen entstandenen Gefühlen ab. Auf diese Weise gelingt es ihr, die spezifischen Besonderheiten im Fühlen, Denken und Verhalten von Menschen einer anderen Kultur wahrzunehmen und entsprechend einzuschätzen. Dies wiederum wäre ihr nicht möglich, hätte sie sich nicht auch intensiv mit den besonderen Merkmalen der Kultur auf Tonga theoretisch beschäftigt. Psychoanalytische Konzepte wie die der Phasenlehre und der Narzismus-Theorie helfen dabei ebenso wie speziell ethnopsychoanalytische wie z. B. die vom Gruppen-Ich und vom Clan-Gewissen.

Mit diesem theoretischen Wissen im Hintergrund läßt sich die Autorin noch auf eine nähere Begegnung mit vier behinderten Jugendlichen ein. Im Ergebnis gelingt es ihr, besondere kulturelle Merkmale herauszuarbeiten, wie das Fehlen von Konkurrenz und Leistung, die besondere Bedeutung von Gabe und Gegengabe und die Selbstverständlichkeit, wie auf Tonga Kinder aus der eigenen Familie an andere Familie abgegeben und dort angenommen werden. Damit ergeben sich für unsere Gesellschaft interessante alternative Möglichkeiten, sonst unweigerlich entstehende Konflikte gar nicht erst entstehen zu lassen oder früh zu vermeiden (wie Schuldkonflikte, die zwangsläufig entstehen, wenn z. B. gesellschaftliche Normen verlangen, daß behinderte Kinder unbedingt in der Herkunftsfamilie bleiben müssen und daß das Abgeben eines Kindes an eine andere Familie gegen die herrschende Norm verstößt).

Für den Psychoanalytiker besonders spannend sind die Abschnitte, in denen Frau Meiser die Rolle der Phantasien der von ihr untersuchten Probanden beschreibt. Dabei ergeben sich interessante Parallelen mit unserer Kultur, wenn z. B. die „Geister" wie die unter Nutzung regressiver Prozesse entstehenden wiederbelebten „Imagines" von Mutter oder Vater verstanden werden, aber auch Unterschiede, wenn z. B. auf Tonga Möglichkeiten der Wiedergutmachen oder Vergebung angeboten werden, in Form von Ritualen, wie wir sie nicht kennen.

Ein weiterer Abschnitt des Buches befasst sich unter der Überschrift „Frauen im Kulturwandel zwischen Tradition und Modernisierung" mit den Merkmalen der Institution, wie sie die Autorin auf Tonga vorgefunden hat, z. B. zwischen Anpassung und Widerstand gegenüber westlichen Einflüssen. Es wird deutlich, wie Teile der Institution sich den westlichen Methoden unter Preisgabe eigener traditioneller Werte unterwerfen, während sich andere dagegen auflehnen und offen oder verdeckt vorgegebene eigenständige Methoden des Umgangs mit Behinderung beibehalten oder den westlich vermittelten sogar vorziehen. Dabei werden die Nachteile einer einseitig westlich orientierten Entwicklungshilfe drastisch deutlich. In krassem Gegensatz dazu ist es unserer auf einsamen Posten kämpfenden Forscherin möglich, aus ethnopsychoanalytischer Perspektive die Vorzüge einer traditionell gewachsenen Kultur mit ihren Riten und Zeremonien nicht nur wahrzunehmen sondern auch in ihren wohltuenden Effekten gelten zu lassen. Voraussetzung dazu ist ihre Fähigkeit, eigene vertraut gewordene Positionen probeweise zu verlassen und gegenüber Denken, Fühlen und Verhalten in anderen Kulturen offen zu sein und die eigenen Werte und Normen zu relativieren.

Methodologisch leistet die neuartige Kombination von ethnopsychoanalytisch orientiertem Vorgehen und action-research-Ansatz einen effektiven Beitrag zur aktuellen Methodendebatte in Psychologie und Psychoanalyse. Deswegen ist die Lektüre des Buches ebenso für empirisch forschende Psychologen wie für sich hermeneutisch verstehende Psychoanalytiker interessant. Geradezu spannend aber ist der Einblick in eine uns sehr entlegene und fremde Kultur, in deren Geschichte, deren Alltag und deren Problemlösungen. Die Gespräche lesen sich streckenweise wie Novellen. Sie regen nicht zuletzt durch den impliziten kontinuierlichen Vergleich der Kulturen zu neuen ebenso psychologisch wie ökologisch besseren Lösungen mancher Probleme unserer gegenwärtigen Kultur an.

Peter Kutter

Ulrike Becker: Trennung und Übergang, Repräsentanzen früher Objektbeziehung. Tübingen 1995 (edition discord) 176 Seiten, 28,- DM.

Ulrike Becker präsentiert ein interessantes und lesenswertes Buch. Sie bezieht Lernschwierigkeiten in der Schule auf vergangene Trennungserlebnisse in der frühen Kindheit. Die Bedeutung solcher Erlebnisse wird nach den Theorien und Beobachtungen von Mahler, Klein, Winnicut und Lacan im Detail besprochen. Die Autorin greift auch auf das berühmte Beispiel Freuds vom „Fort-und-Da-Spiel" seines Enkelkindes zurück. Die Bedeutung von Trennung in der frühen Kindheit wird auch im Bezug auf Ekstein und Bowlby besprochen und an vielen Beispielen aus der Literatur illustriert, obwohl diese auf diesem Gebiet noch spärlich ist. Sie zeigt, wie frühe Trennungserlebnisse sich später im Benehmen des Kindes auswirken. Ein Bezug auf Picasso erweitert die Argumentation.

Das Buch ist ein wichtiger Beitrag zur psychoanalytischen Pädagogik. Es ist zwar wissenschaftlich geschrieben, aber doch so, daß es jeder Lehrer verstehen kann. Die Bedeutung der frühen Objektbeziehungen wurde bisher in der psychoanalytischen Pädagogik eher vernachlässigt, trotz einiger Hinweise bei englischen und französischen Autoren. Zu fragen, wie frühe Kindheitserlebnisse viele Jahre später auf den Lehrer übertragen werden, ist ein wichtiger Beitrag der psychoanalytischen Pädagogik, und Ulrike Beckers Buch ist eine Art Pionierarbeit auf diesem Gebiet. Das Buch sollte gelesen und studiert werden.

Ernst Federn

AutorInnen

Brähler, Elmar, Prof. Dr., geb. 1946. Studium der Mathematik und Physik in Gießen, 1976 Promotion an der Universität Ulm für theoretische Medizin, 1980 Habilitation für Medizinische Psychologie an der Universität Gießen. Seit 1991 Leiter der Abteilung für Medizinische Psychologie und Medizinische Soziologie der Universität Leipzig.

Chamberlain, Sigrid, geb 1941, Studium der Sozialarbeit, Politologie, Soziologie und Diplom-Supervision, lebt als Supervisorin in Bad Vilbel bei FraNkfurt am Main.

Hilgers, Micha, Dipl.-Psych., Psychoanalytiker DGIP/DGPT, Dozent am Alfred Adler Insitut, niedergelassen in Aachen, war Sachverständiger der Bundestags-Enguète-Kommission „Schutz der Erdatmosphäre". Arbeits- und Publikationsschwerpunkte: Mobilitäts- und Verkehrspolitik (Total abgefahren. Psychoanalyse des Autofahrens, Herder Spektrum, 1992), Schamaffekte (Scham. Gesichter eines Affekts. Vandenhoeck & Ruprecht, Göttingen 1996), Dissozialität, Rechtsextremismus, Motivationsfragen der Umweltbewegung. Supervision von Umweltverbänden und psychiatrischen Institutionen.

Huck, Wilfried, geb. 1948 in Bühl-Baden, Studium der Medizin; Fachgebiet Drogenproblematik; seit 1985 Ärztlicher Leiter der Behandlungsabteilung für Drogenabhängige im Westf. Institut für Jugendpsychiatrie und Heilpädagogik. Veröffentlichungen zur Arbeit mit Drogenabhängigen bzw. Artikel über Drogenproblematik.

Kentenich, Heribert, Prof., Habilitation zum Thema „Psychosomatik der Reproduktionsmedizin" 1988. Seit 1988 Leiter der Arbeitsgruppe Reproduktionsmedizin an der UFK-Berlin. Seit 1994 Präsident der Deutschen Gesellschaft für Psychosomatik in Geburtshilfe und Gynäkologie (DGPGG). Seit Dezember 1995 Chefarzt der DRK-Frauenklinik, Berlin.

Kielhorn, Rita, Dr. med., seit 1967 Allgemeinärztin und Psychotherapeutin in Berlin-Kreuzberg. Seit 1968 Vorsitzende des Berufsverbandes der Praktischen Ärzte und Ärzte für Allgemeinmedizin Landesverband Berlin-Brandenburg, seit 1994 Vorsitzende der Deutschen Balintgesellschaft.

Liebsch, Katharina, Studierte Erziehungswissenschaften, Germanistik und Geographie in Hamburg und Osnabrück und promovierte 1993 mit einer Arbeit über psychoanalytische Frauenforschung, „Vom Weib zur Weiblichkeit? Psychoanalytische Konstuktionen in feministischer Theorie", Bielefeld (Kleine 1994). Seit 1994 ist sie als wissenschaftliche Assistentin am Institut für Soziologie der Universität Hamburg tätig. Ihre Arbeitsschwerpunkte liegen im Bereich der Sozialisationsforschung und der Frauenforschung, derzeit Arbeit an einer jugendsoziologischen Studie zum Thema „Scham, Ehre, Identität".

Löwenberg, Hagen, geb. 1959, Facharzt für Psychotherapeutische Medizin. Studium der

Medizin in Hannover, Approbation 1986. Tätigkeit in verschiedenen Kliniken, seit 1992 wissenschaftlicher Mitarbeiter in der Klinik für Psychotherapie und Psychosomatik am Universitätsklinikum Essen. In psychoanalytischer Ausbildung. Mehrere Veröffentlichungen auf dem Gebiet der Psychosomatik. Familie väterlicherseits immigrierte aus der Bukowina (heute Ukraine). Verheiratet, ein Kind.

Siefen, R. Georg, Dr. med., Dipl.-Psych., geb. 1947, Leitender Arzt der Westfälischen Klinik für Kinder- und Jugendpsychiatrie und Psychotherapie, Marl. Studium der Medizin, Soziologie und Psychologie in Frankfurt und Gießen, Weiterbildung zum Arzt für Kinder- und Jugendpsychiatrie, Psychotherapie und Neurologie und Psychiatrie, Rehabilitationswesen. In diesem Zusammenhang Tätigkeit an den Universitäten Gießen, Marburg, Köln und derzeit Lehrbeauftragter an der Universität Bochum.

Siemann, Anette. Seit 1994 Ärztin in Weiterbildung für Geburtshilfe und Gynäkologie, Dissertation 1995.

Tutar, Katrin, Dipl. -Psych., Klin. Psychologin/Psychotherapeutin BDP, Ausbildung in systemischer Familientherapie/-beratung, ist seit 1991 in der Psychologischen Beratungsstelle „Cactus" in Leipzig tätig. Arbeitsschwerpunkte: Psychologische Beratung und ambulante Therapie insbesondere bei Partnerschafts-, Erziehungs- und Integrationsproblemen sowie bei Eßstörungen, hauptsächliche Zielgruppe: Jugendliche, junge Erwachsene, binationale Paare und Familien, Migranten.

Vahedi, Nasser, Dipl.-Psych., geboren 1964 in Teheran. 1984 Migration in die BRD. 1988-1993 Studium der Psychologie in Würzburg mit Schwerpunkt Arbeits-, Betriebs- und Organisationspsychologie. 1994-95 als Doktorand und derzeit als wissenschaftlicher Mitarbeiter in der Abteilung für Medizinische Psychologie der Universität Ulm.

Worl-Sheon, Rhee Park, geb. 1952 in Kyung-Nam/Korea, Diplom-Psychologin. 1972 nach Deutschland immigriert. Arbeitete 5 Jahre als Krankenschwester. Über den Zweiten Bildungsweg Studium der Psychologie. Übt den Beruf seit 1987 aus. Klinische Psychologin, Ausbildung als Psychotherapeutin in der katathym-imaginativen Psychotherapie. Neben dem Hauptberuf aktiv in der koreanischen Frauengruppe seit 1975, beschäftigt sich mit den spezifischen psychosozialen Aspekten der Immigraten. Sie ist verheiratet und hat zwei Kinder.

Yüksel, Emine. Seit 1994 Ärztin in Weiterbildung für Geburtshilfe und Gynäkologie, sowie wissenschaftliche Mitarbeiterin im Forschungsprojekt vom BMBF „Psychosomatik der Sterilität".